Bernhard Grueber

Die Elemente der Kunsttätigkeit

Bernhard Grueber

Die Elemente der Kunsttätigkeit

ISBN/EAN: 9783743634343

Hergestellt in Europa, USA, Kanada, Australien, Japan

Cover: Foto ©Thomas Meinert / pixelio.de

Weitere Bücher finden Sie auf **www.hansebooks.com**

Die

Elemente der Kunstthätigkeit

erläutert

von

Bernhard Grueber,
Architekt und Professor der Baukunde.

Leipzig:

F. A. Brockhaus.

1875.

Vorwort.

Im Laufe eines drei Decennien umfassenden Wirkens als Lehrer an einer Akademie der Künste habe ich hinreichende Gelegenheit gehabt, mich mit den Bedürfnissen derartiger Anstalten vertraut zu machen und hierbei oft schmerzlich empfunden, daß ein Lehrbuch, durch welches die Gesetze des Sehens, der Farben und Formenbildung in leichtfaßlicher Weise erklärt werden, zur Zeit noch fehle und für Lehrer wie Schüler gleich wünschenswerth sei.

Da man es an Kunstschulen und höhern technischen Lehranstalten in der Regel zwar mit talentvollen, aber den verschiedensten Alters- und Bildungsgraden angehörenden Zöglingen zu thun hat, wird sich, wenn anders der Unterricht für alle nutzbringend sein soll, eine etwas populäre Vortragsweise um so mehr empfehlen, als der in Jahren vorgerückte Theil der Zuhörer nur durch eine solche angeeifert werden kann. Unter Berücksichtigung dieser Verhältnisse ergaben sich Anlage und Tendenz des vorliegenden Buches von selbst: wenn auch die ursprüngliche Absicht, angehenden Künstlern einen Leitfaden zu bieten, festgehalten wurde, gesellte sich während der Ausarbeitung das Bestreben hinzu, dem Werke eine möglichst gemeinnützige, dem ganzen kunstliebenden Publikum zugängliche Haltung zu verleihen. Hervorgegangen aus freien Vorträgen, wie sie die wechselnden

Anforderungen des Tages bedingten, wurde diese Form auch dem Ganzen zu Grunde gelegt, als die geeignetste, um den vielgegliederten Stoff zu bewältigen und die theoretischen Abschnitte mit einer kunstgeschichtlichen Uebersicht in Verbindung zu bringen.

München, am 1. Mai 1875.

Der Verfasser.

Inhalt.

	Seite
Vorwort	V

I. Die Künste in ihren Wechselbeziehungen 1
Die griechische Kunstanschauung. Die Musen. Kunstformen und Kunstgattungen. Die bildenden Künste und ihre Zusammengehörigkeit.

II. Licht und Farbe 19
Der Blumenflor. Die menschliche Hautfarbe. Die achromatische Tonleiter. Die farbige Tonleiter. Haupt- und Nebenfarben. Die Mischungsverhältnisse und deren Meß- und Wägbarkeit. Farbentafel und Farbenglobus. Mehrfach gebrochene Töne. Besondere Eigenschaften der Farben. Harmonie und Disharmonie. Vergrößerung, Verkleinerung, Wärme und Kälte.

Die bisher aufgestellten Farbentheorien. Classification der Farben. Finsterniß und Licht, Beleuchtung und Reflex. Das Weiße in seiner farbigen Eigenschaft. Newton's Optics. Goethe's Entwurf einer Farbenlehre. Schopenhauer: „Ueber Sehen und Farben."

III. Bildung und Charakteristik der Formen 66
Anregung. Arten der Formen. Erzeugnisse des Mechanismus. Krystallformen. Pflanzenformen. Animalische Bildungen. Die menschliche Gestalt. Verwandtschaft zwischen Form und Farbe. Geometrische Grundgestalten: Dreieck, Pyramide, Rechteck, Würfel und Ballen. Bogenlinie und Kugel. Ueberhöhte Rundformen. Die Polygone, Prismen, Säulen und Pfeiler. Kolossale und miniaturartige Verhältnisse.

IV. Sehen, Bild und Horizont 96
Das Sehen als Verstandesthätigkeit. Verwechselung der Sinneswerkzeuge. Das richtige Sehen. Sehachse und Sehwinkel. Das Bild. Der Horizont. Anordnung des Horizonts. Wolkenbildungen und Landschaft. Figurenbild und Horizont. Situationsbilder und dramatische Darstellungen. Das Stillleben.

	Seite
V. Künstlerische Bestrebungen in vorgeschichtlicher Zeit	125

Die Entwickelung des Ornaments. Thonformerei, Webkunst, Schmuckarbeit. Vorherrschen des geometrischen Elements. Anfänge der Metalltechnik. Das Stein-, Bronze- und Eisenzeitalter. Der Stiftshüttenbau. Das nordeuropäische Alterthum. Heidnische Grabmale, Steinringe und Befestigungsbauten. Die Pfahlbauten. Mexicanische Kunstwerke.

VI. Die Kunstthätigkeit der alten Culturvölker 150

Geographisches Vorkommen der Kunstdenkmale. Fortschritte und Zurückbleiben einzelner Völkerschaften. Vortheile der weißen Hautfarbe. Theilnahmlosigkeit der dunkelfarbigen Stämme.

Die Kunst der Chinesen.

Indische Kunstwerke. Grotten- und Tempelbauten, Bildhauerei und Malerei. Das indische Schönheitsideal.

Aegyptische Kunst. Alter und Entwickelung. Pyramiden, Tempel, Hypogeen und Obelisken. Kolossalstatuen und Reliefarbeiten, Malerei und Kleinkünste. Einfluß auf Europa.

Assyrische Denkmale. Unentwickelte Terrassenarchitektur und durchgehender Ziegelbau. Der Baalstempel. Höherer Stand der Bildhauerkunst.

Medo-persische Kunst. Persepolis und die Königsgräber. Einklang zwischen Baukunst und Bildnerei. Griechische Künstler in Persien.

Die Kunstübung in Kleinasien, Phönizien und Palästina. Tumulen und Felsengräber in Kleinasien, ägyptische Denkmale daselbst. Primitiver Zustand der phönizischen Bildhauerwerke. Der Tempel Salomo's und dessen Palast. Der Aphroditetempel zu Paphos.

VII. Die Kunst des classischen Alterthums 190

Griechenland und seine Colonien. Die griechischen Stämme. Der ionische und dorische Stil als nationale Ausdrucksweisen. Einwanderungen aus Aegypten, Kleinasien und Phönizien nach Griechenland. Heroen- und Künstlermythen. Das Pelasgerthum. Das griechische Tempelschema und die ältesten Sculpturwerke. Anfänge der Malerei.

Das Perikleische Zeitalter. Kunstschulen. Die Bauunternehmungen des Perikles. Phidias, Polyklet und Myron. Die Maler Polygnotos, Zeuxis und Parrhasios. Die Polychromie.

Das Alexandrinische Zeitalter. Veränderungen durch den Peloponnesischen Krieg. Das Aufgeben des dorischen Baustiles. Blüte des ionischen und Beginn des korinthischen Stils. Praxiteles, Lysippos und Deinokrates. Scopas und die Niobidengruppe. Euphranor und Apelles. Uebersiedelung griechischer

Künstler nach Rom. Hellenisch-römische Sculpturen. Die Malereien in Herculanum und Pompeji. Vasenmalerei und Kleinkünste.

Etrurien und Rom. Die Pelasger in Italien. Etrusker und Umbrier. Grabdenkmale. Der Gewölbebau. Tuscische Tempelbauten und Säulenordnungen. Verschmelzung der italischen und hellenischen Bauformen in Rom, die Bogenstellungen und Uebereinanderreihung verschiedener Baustile. Arten der römischen Gebäude. Etrurische Sculpturen, Erz- und Terracottaarbeiten. Toreutik und Ornamentenkunst. Malerei. Wiederaufleben der etrurischen Architektur in der Renaissance. Uebersicht der griechisch-italischen Kunstthätigkeit.

VIII. **Von deutscher Art und Kunst** 226
  Rundreise durch Deutschland. Schilderung der einzelnen Länder und der daselbst vorkommenden Kunstdenkmale.
  Alemannien und Schwaben.
  Baiern und Oesterreich.
  Franken und Hessen.
  Thüringen.
  Obersachsen, Lausitz, Nordböhmen und Schlesien.
  Niedersachsen, Westfalen und Meclenburg.
  Friesland und Batavien.
  Pommern, Ost- und Westpreußen.
  Brandenburg.

Schlußbetrachtungen 275
Namens- und Ortsregister 283

I.

Die Künste in ihren Wechselbeziehungen.

Als Einleitung.

Es wird kaum einen Menschen geben, welcher nicht sein Lieblingsplätzchen hätte, der nicht seine Spaziergänge mit Vorliebe an gewisse Stellen lenken, dort, wenn es anders die Witterung erlaubt, seine Blicke längere Zeit auf bestimmten Punkten ruhen lassen und zuletzt ungern sich abwenden würde, um den Heimweg anzutreten. Schon im Kindesalter macht sich diese Eigenthümlichkeit bemerkbar, zumal bei jenen Ausflügen, welche familienweise nach entferntern Orten gemacht werden und wobei man unterwegs auszuruhen genöthigt ist. Welch ein Suchen der Kleinen nach einem angenehmen Ruheplatze! Wie oft hört man nicht die Worte: „Hier ist's nicht gemüthlich, dorthin lasset uns sitzen, es sitzt sich viel netter dort!" — Fragt man nach der Ursache, weshalb diese oder jene Stelle auch im Wiederholungsfalle vorgezogen wird, weiß weder jung noch alt eine genügende Aufklärung zu geben. In der Regel ist, wenn man der Sache auf den Grund fühlt, eine anmuthvollere Gruppirung der Bäume oder sonst ein landschaftlicher Effect die Ursache der Platzwahl.

Das seltsamste Beispiel einer solch unwillkürlichen, bis zum Mechanismus gesteigerten Vorliebe für ein genau bestimmtes Umschauplätzchen bietet uns eine Anekdote aus dem Leben des Philosophen Kant. Der große Denker pflegte bei seinen Meditationen in der Stube auf- und abzuschreiten, indem er ausruhend die Blicke auf einem gegenüberstehenden Thurm haften ließ. Da geschah es, daß gelegentlich einer Dachreparatur der Thurm abgedeckt und der daraufbefindliche Knopf entfernt wurde. Durch diese an seinem Horizont entstandene Lücke fühlte sich Kant so gestört, daß er erst nach vollendeter Thurmreparatur und als der Knopf wieder am alten Orte befestigt worden war, seine unterbrochenen Arbeiten aufnehmen und mit gewohnter Ruhe fortsetzen konnte.

Man hat diesen, von Kant's Freunden als vollkommen wahr bezeichneten Vorgang den Sonderbarkeiten beigezählt, denen sich der Philosoph hinzugeben pflegte; allein die Sache verdient in anderer Hinsicht Beachtung, weil sich darin das angeborene selbst durch die trockenste Lebensweise nicht zu vertilgende Gefühl für den Einklang der Linien kundgibt. (Die Lebensweise des Vaters unserer neuern Philosophie war bekanntlich die gleichförmigste und nüchternste, welche gedacht werden kann: so außergewöhnlich der Denker, ebenso spießbürgerlich sein Aeußeres und seine Gewohnheiten.)

Wie einerseits das Auge schon in frühester Jugend übereinstimmende Linien aufsucht und sich mit Behagen in denselben ergeht, so empfindet andererseits auch das Ohr Wohlgefallen an dem gemessenen Zusammenwirken mehrerer Töne und fühlt sich durch grelle Zwischenlaute unangenehm berührt. In diesen noch unklaren Empfindungen offenbart sich uns das erste und wichtigste aller Kunstgesetze, welches wir mit dem Namen Rhythmus zu bezeichnen pflegen.

Der Rhythmus, welcher sich bald offen, bald verdeckt durch das ganze Weltleben hinzieht, erscheint als diejenige Eigenschaft, welche allen Künsten, wenn auch in verschiedenem Grade, eigen ist, welche das künstlerische Schaffen von den gewöhnlichen Tagesverrichtungen unterscheidet und sogar den letztern eine gewisse Weihe zu geben vermag. Daher lieben es viele Arbeiter, theils um sich selbst anzueifern, theils um ihren monotonen Beschäftigungen einigen Reiz zu verleihen, bei ihren Handgriffen und Bewegungen den Takt einzuhalten, so die Schmiede, Faßbinder, Drescher und Schiffer. Dieses Hereinziehen des Rhythmus in die mannichfaltigsten Arbeiten ist zunächst Ursache, daß eine Grenzlinie zwischen der werktäglichen Thätigkeit und der Kunstübung nicht gezogen werden kann.

I. Die Künste in ihren Wechselbeziehungen.

Die Griechen, welche von allen Völkern zuerst Untersuchungen über das Schöne anstellten, bezeichneten die Künste als göttliche Emanationen: sie sollten nach der Mythe Töchter des Zeus und der Mnemosyne sein, also Abkömmlinge der schöpferischen Kraft und des Gedächtnisses, eine Definition, welche sich unmöglich feiner und bezeichnender geben läßt. Diese Zeustöchter oder Musen hatten sich in die verschiedenen Kunstfächer getheilt; ihre besondern Namen und Thätigkeiten sind:

Klio, die verkündende und sagenkundige, ist Schutzgöttin der Geschichtschreibung;
Urania, die himmlische, Muse der Sternkunde;
Kalliope, die schönstimmige, Muse des Heldengedichtes oder Epos;
Melpomene, die singende, Göttin des Trauerspiels und schwermüthigen Gesanges;
Thalia, die blühende, Göttin des Schauspiels;
Euterpe, die erfreuende, Muse des Flötenspiels und lyrischen Gesanges;
Erato, die liebliche, Muse der Liebeslieder;
Polyhymnia, die liederreiche, Göttin der erhabenen Musik und der Hymnengedichte; .
Terpsichore, die schwebende, Muse der Tanzkunst.

In hohem Grade bemerkenswerth und von dem feingebildeten Sinne der Griechen zeugend, erscheint die Unterscheidung zwischen den Arten der Dichtung, welche jedoch in allen Formen in Verbindung mit der Musik auftritt. Sechs von den Musen repräsentiren die verschiedenen Gattungen der Poesie, und Terpsichore, die siebente, reiht sich an als fröhliche Begleiterin der Musik und des Gesanges.

Astronomie und Geschichte, welche von den Römern nicht mehr den Künsten beigezählt wurden, sind von den Griechen mit Recht in dieses Gebiet verlegt worden. Daß die Himmelskunde und die gesammte Naturforschung in ihren großen Zügen dem künstlerischen Streben nicht entrückt seien, hat in neuester Zeit Alexander von Humboldt mit unumstößlicher Klarheit durch seinen „Kosmos" dargethan. Die Geschichte ist in ihren Elementen darstellender Art, also Kunstfach: Wahl und Behandlung des Stoffes, Gruppirung der Ereignisse und handelnden Personen wie die Verflechtung der Einzelheiten zu einem Ganzen gehören dem künstlerischen Schaffen an. Erst durch die kritische Forschung, welche in jener Zeit, als sich der Mythus von den Musen entwickelte, ziemlich unbekannt war, wurde die Geschichtschreibung mit den strengen Wissenschaften in nähere Verbindung gebracht.

Die Musen selbst besaßen im Sonnengott, dem farbenprächtigen Helios, einen Anführer oder Oberherrn, welcher in dieser Eigenschaft den Namen Musagetes führte.

Es befremdet, daß nicht allein die eigentliche Musik und die Redekunst, sondern auch Malerei, Plastik und Architektur in der Musenreihe fehlen, daß überhaupt in dem zur Personificirung geneigten Griechenthum von diesen fünf Kunstfächern nur die Bildhauerei einen eigenen Beschützer, den Hephästos, unter den Göttern gefunden hat. Indem uns Homer mit den Arbeiten dieses Gottes (eines Sohnes des Jupiter und der Juno) bekannt macht, führt er uns in eine nach der Natur gezeichnete Bildhauerwerkstätte alter Zeit. Hephästos fertigt den kunstreich in Erz getriebenen mit vielen Figuren und Symbolen ausgestatteten Schild des Achilleus, nebenan brausen die Blasebälge, es schmilzt im Ofen das dunkle Metall mit weißlichem Zinn, während die Töpferscheibe sich dreht.

Die Baukunst war eine von den Nebenbeschäftigungen der aus Jupiter's Gehirn entsprungenen Athene (Minerva), welche unter ihren vielen Attributen auch Senkblei und Richtscheit führte. Soweit wir dem römischen Schriftsteller Vitruvius ohne Bedenken folgen dürfen, war man im allgemeinen geneigt, für die Architektur eine mehr wissenschaftliche als künstlerische Grundlage anzunehmen.

Bei weitem jüngern Ursprungs als Baukunst und Bildnerei ist die Malerkunst, welche nicht vor der Mitte des fünften Jahrhunderts vor Christus zu solcher Bedeutung gelangte, um als selbständiges Fach angesehen zu werden. Ohne einer besondern Gottheit unterstellt zu sein, hatte die Malerei in dem Musenführer Apollo ihren Schirmherrn.

Eine unabhängige Musik kannten die Griechen nicht, ihr Leier- und Flötenspiel diente stets dem declamatorischen Vortrage oder dem Tanze zur Begleitung; bei den Gesängen galt es als

Hauptaufgabe, daß jedes Wort, jede Betonung der höchst ausgebildeten Sprache genau verstanden werde. Eine Oper nach unserm heutigen Zuschnitte, bei welcher der Text sozusagen bedeutungslos ist, würde dem feinfühlenden Athenienser nicht allein unverständlich gewesen sein, sondern er dürfte sich aller Wahrscheinlichkeit nach mit Entsetzen abgewendet haben. Dagegen läßt sich mit Sicherheit annehmen, daß die Melodien eines Mozart ihn bezaubert hätten.

Die in Griechenland und Rom eifrig betriebene und hochangesehene Redekunst erfreute sich eines etwas anrüchigen Patronats, welches der Götterbote Mercurius (Hermes), Beschützer der Kaufleute, Advocaten und Diebe, ausübte.

In dieser gedrängten Uebersicht der von den Musen und einigen Göttern ausgeübten Schirmherrschaften spiegelt sich die griechische Kunstanschauung am bündigsten: sie erscheint für unsere Gegenwart um so beachtenswerther, als wir nicht allein die griechischen Bezeichnungen, sondern die ganze Eintheilungsweise beibehalten haben. In der Kunst lebt die hellenische Mythologie ununterbrochen fort: Der Dichter, der Maler und Bildhauer kann ebenso wenig ohne Apollo und die Musen bestehen, als der Geschichtschreiber ohne Kenntniß der alten Sagen, Epen und mythischen Persönlichkeiten.

Der ausgesprochene Zweck aller Künste ist Darstellung, es soll eine geistige Erscheinung oder eine der Wirklichkeit entnommene Erinnerung den Sinnen vorgeführt werden.

Je nach Art der Darstellung hat man die Künste eingetheilt:
a) in redende, als Schauspiel, Dichtung, Redekunst und Geschichtschreibung;
b) in bildende, als Sculptur, Malerei und Baukunst;
c) in tönende, Gesang und Instrumentalmusik.

Die Tanzkunst, welche man als vierte Unterabtheilung geltend machen könnte, wird gewöhnlich als ein Zweig der Schauspielkunst angesehen, wiewol sie mit Malerei und Bildhauerei, auch mit Musik vielfach zusammenhängt.

Die zeichnenden oder bildenden Künste unterscheiden sich auffallend von den übrigen, indem sie körperhaftes Material verarbeiten, wodurch ihre Gebilde Dauer erhalten, während die redenden und schallenden Künste dem Augenblick angehören. Dabei ist jedoch der Zusammenhang aller Künste ein so inniger, daß Alberti's Ausspruch: „Ein Künstler unterscheide sich von dem andern nur durch das Instrument, welches er zufällig in die Hand genommen", noch immer volle Geltung besitzt.

In Bezug auf Form und Durchbildung lassen sich zwei sehr verschiedene Kunstrichtungen unterscheiden, nämlich eine mathematische und eine nachahmende.

Nachahmende Künste sind: Poesie, Schauspiel und Tanzkunst, Geschichtschreibung, Redekunst, Malerei und Sculptur. Alle diese Fächer entnehmen ihre Stoffe der umgebenden Natur und bilden sie je nach Beschaffenheit ihrer Mittel durch. Der Landschaftsmaler, der Redner, Schauspieler und Bildhauer wirken gleich dem Dichter durch das Vorführen organischer Gestaltungen: sie entwickeln aus den gegebenen Elementen durch Nachahmung eine zweite veredelte Natur und rufen in erhöhtem Grade jene Gefühle wach, welche durch die Wirklichkeit angeregt werden. Der Vortrag ist allverständlich und klar ausgesprochen.

In den mathematischen oder rhythmischen Künsten dagegen ist die Vorstellung dunkel und unfaßbar: sie wirken durch Zeit- und Raumgrößen und gewähren der Phantasie ein um so freieres Spiel, je weniger die leitende Idee zu Tage tritt. Musik und Architektur sind vorzugsweise rhythmische Künste. Diese bilden den künstlerischen Gegensatz zu den erstgenannten: in der Baukunst und Musik ist das mathematische Element herrschend und der Gedanke verschleiert, in der Malerei und Bildhauerei liegt der Gedanke offen und der Rhythmus ist verhüllt. Zwischen diesen beiden Extremen steht das Drama, welches von allen Dichtungsarten die menschlichen Handlungen und ihre innersten Beweggründe in vollster Schärfe darlegt, so ziemlich in der Mitte.

Die Malerei besitzt zwei Mittel, den Rhythmus anzudeuten, nämlich das Linienspiel und die Farbe: oft wirken beide zusammen, oft werden sie als Gegensätze angewendet. Die gebräuchlichste Art des Linienrhythmus ist die Pyramidenform,

I. Die Künste in ihren Wechselbeziehungen.

indem die Darstellung sich in einem Mittelpunkte gipfelt und nach beiden Seiten hin abdacht. Auch die umgekehrte Pyramide wird nicht selten gewählt, daß die dargestellten Gegenstände sich von dem am tiefsten liegenden Mittelpunkt nach den beiden Seiten hin aufbauen. Die erstere Methode eignet sich mehr für figürliche, die letztere für landschaftliche Anordnungen. Reichere Liniengruppen bewegen sich stets wellenförmig, sind also, wenn man sie zerlegt, nichts anderes als aneinandergereihte oder verflochtene Pyramiden, deren in einem wohlgeordneten Bilde nicht mehr als drei zusammengefügt werden sollen und von denen die mittlere regelmäßig den Hauptgegenstand zu enthalten hat. Eine Ausnahme von dieser Regel machen nur die fortlaufenden Friesbilder, deren Gruppen jedoch als einzelne Werke zu betrachten sind.

Je weniger die mathematische Form in einem Gemälde wahrzunehmen ist, um so nachhaltiger wird die künstlerische Wirkung sein; fehlen aber darf diese Form nie, denn bei gänzlichem Mangel würde das Werk in seine Bestandtheile aufgelöst und hörte auf, ein künstlerisches Gebilde zu sein.

Licht und Schatten bewegen sich ebenfalls in den durch das Pyramidensystem vorgezeichneten Gesetzen und sind bei richtiger Anwendung oft im Stande, die fehlende Harmonie der Zeichnung zu ergänzen, wobei es keineswegs geboten ist, daß Schatten oder Farbe den allgemeinen Contouren folgen. Man gewahrt dieses in den Stimmungsbildern (Landschaften, Stillleben u. dgl.) am deutlichsten, indem ein und dieselbe Fläche, Gewand, Wasser, Baulichkeit je nach künstlerischem Ermessen hier beleuchtet, dort verdunkelt und in andere Linien zerlegt oder einer zweiten Gruppe zugetheilt werden kann.

Das Hauptlicht wird sich jederzeit gegen den Mittelpunkt einer Bildfläche hin concentriren und zwar infolge der rhythmischen Gesetze. Um keinen Verstoß gegen diese Vorschriften zu begehen, wird jeder Maler gut thun, sogleich beim Beginn eines Werkes aus den obern und untern Mittelpunkten Dreiecke nach den entgegengesetzten Endpunkten zu ziehen und die beigefügten Schemate im Auge zu behalten.

Es bezeichnen, Fig. 1, die Punkte 1, 2, 3, 4 die Bildfläche: der obere und der untere Mittelpunkt des Gemäldes sind durch

5, 6 angegeben. Will man nun eine Figurengruppe nach der stehenden Pyramide anordnen, hat sich die Hauptdarstellung innerhalb des Dreiecks 1, 2, 5 zu bewegen. Im Felde A, als im Mittel, werden sowol das höchste Licht wie die größte Farbenstärke Platz finden, die Eckfelder B, B dagegen sind dem Beiwerk einzuräumen. Es versteht sich von selbst, daß die das Dreieck bildenden Linien nicht streng eingehalten und überhaupt nicht augenfällig werden dürfen, sondern daß sowol die Figuren mit ihren Extremitäten und Gewändern übergreifen, wie andererseits Luft und Beiwerk sich stellenweise hereinziehen. Allbekannte und für das Studium der Gruppirung besonders empfehlenswerthe, nach der stehenden Pyramide entworfene Kunstwerke sind: die Mehrzahl der von Leonardo da Vinci, Rafael, Tizian, Andrea del Sarto und Correggio ausgeführten sogenannten heiligen Familien, die Sixtinische Madonna von Rafael, die Pieta des Michel Angelo, die Dreieinigkeit von Albrecht Dürer u. a. m.

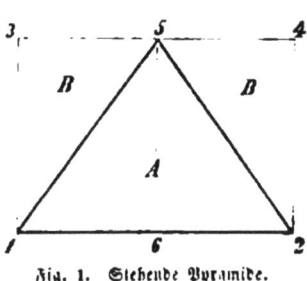

Fig. 1. Stehende Pyramide.

Bei dem Gebrauch der verkehrten oder getheilten Pyramide, Fig. 2, welche bei Glorienbildern, Waldpartien und sich gegenüberstehenden einzelnen Figuren gern benutzt wird, bauen sich die Gruppen in Form rechtwinkeliger Dreiecke aus dem gemeinschaftlichen Mittelpunkt 6, nach den gegenüberliegenden Spitzen 3—4 auf; die Darstellung wird alsdann in die beiden Felder C, C verlegt, während sich über das Mittelfeld D ein fast überreiches Licht ergießt. Es ist in diesem Falle mit intensiver Farbe und grellem Licht sehr hauszuhalten, auf daß die Ecken in gebrochenen Tönen verbleiben. Als vorzügliche Anordnungen nach der getheilten Pyramide verdienen aufgezählt zu werden:

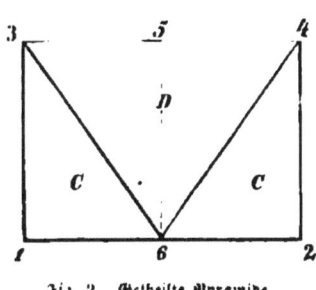

Fig. 2. Getheilte Pyramide.

I. Die Künste in ihren Wechselbeziehungen. 9

Diana und Aktäon, Wandgemälde in Pompeji;
Latona verwandelt die Bauern, von Rubens;
Christus und die Samariterin, von mehrern Künstlern, namentlich von Tizian und Paul Veronese, in ähnlicher Weise dargestellt;
Der Morgen, von Claude Lorrain.

Das Aneinanderreihen und Verflechten mehrerer Dreiecke zu größern Compositionen kann auf verschiedene Weise bewerkstelligt werden, doch dürften durch das beigefügte Schema Fig. 3,

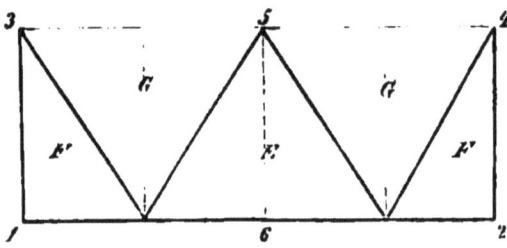

Fig. 3. Reicheres Pyramidensystem.

welches unzähliger Versetzungen fähig ist, die meisten Fälle erklärt werden. Das Mittelfeld E enthält die Hauptgruppe, die Felder F, F' Nebenfiguren, G, G Beiwerke und Luft. Nach diesem System sind die erhabensten Meisterwerke aller Zeiten geschaffen worden: so die Schule von Athen und die Messe zu Bolsena von Rafael, der Sündenfall von Michel Angelo, die Himmelfahrt Mariä von Tizian, die Hochzeit von Kanaan von Paul Veronese. Der letztgenannte Meister verdient namentlich in Bezug auf Anordnung das sorgfältigste Studium. Auch von den Künstlern der Neuzeit wurde obige Eintheilungsweise häufig benutzt, so von Carstens, Thorwaldsen, Cornelius, Kaulbach, Bendemann, Piloty u. a.

Die Liniengesetze der Malerei haben auch in Bezug auf Sculptur Geltung, ja sie sind hier noch strenger einzuhalten. Da bei plastischen Gebilden auf natürliche Beleuchtung angetragen werden muß und das Licht je nach Verhältnissen verschieden wirken kann, hat der Künstler vor allen Dingen

Sorge zu tragen, daß sich in der Mitte seines Werkes eine ergiebige und vortretende Fläche befindet, um eine große Lichtmasse aufzunehmen. Starke Vertiefungen, Gegenstände, welche schneidende Schatten werfen, sind aus der Mitte einer Darstellung fern zu halten.

Die nach dem gleichseitigen Dreieck angeordnete Gruppe des Laokoon gewährt in dieser Beziehung ewig gültige Vorschriften über Benutzung der künstlerischen Mittel. Neben dem feinsten Linienrhythmus spricht sich in diesem Bildwerke ein ebenso richtiges Erfassen des tragischen Vorgangs wie tiefes Naturstudium aus.

Es ist im Laokoon, einem von drei rhodischen Künstlern ausgeführten, aber ganz gewiß von einem Einzigen erdachten Werke, das Aeußerste wiedergegeben, was die Nachbildung leisten darf; ein Schritt nach der einen oder andern Seite hin weiter, und das Gebilde steigert sich entweder zur Caricatur oder sinkt zur leeren Naturcopie herab. Uebertreibungen in Ausdruck und Bewegung sind jedoch für den Bildhauer leichter zu vermeiden als zu große Annäherung an die Natur. Diese letztere macht jene Vergeistigung des Materials, welche das echte Kunstwerk bedingt, zur Unmöglichkeit. In ihrer höchsten Vollendung hat die Bildhauerkunst der Farbe zu entbehren: daß die Griechen zur Zeit des Phidias ihre Statuen ganz oder theilweise bemalten, mochte zunächst aus altüberlieferten religiösen Gebräuchen herrühren; das Verfahren scheint bereits um die Mitte des vierten Jahrhunderts vor Christus aufgegeben worden zu sein. Lysippos und Praxiteles haben ihre Arbeiten schwerlich angestrichen, und von der großen Anzahl griechischer Künstler, welche in Rom wirkten, wissen wir zufolge gründlicher Untersuchungen, daß sie sich nicht der Uebermalung bedienten.

Im Relief nähert sich die Sculptur der Malerei in hohem Grade und unterliegt vollständig deren Gesetzen; hier ist auch die Anwendung von Farbe zulässig und unter gewissen Bedingungen sogar geboten.

Nächst dem Bildhauer hat sich insbesondere der Landschaftsmaler zu hüten, in völlige Nachahmerei der umgebenden Natur zu verfallen; die neue französische Schule, welche leider auch in Deutschland und England großen Anklang gefunden hat, ist bereits auf dem Wege, den geistigen Gehalt sammt dem Rhythmus aufzugeben, um ausschließliches Nachahmen herrschen zu lassen. Die Umgebung aber, wie sie sich unsern Blicken darbietet, ist im seltensten Falle, man darf wol sagen gar nie, so beschaffen, um ohne alle Sichtung in ein Kunstgebilde aufgenommen werden zu können. Eine grüne Wiese mit ein paar daraufstehenden kleinen Bäumen und überzogen von wolkenlosem Himmel wird trotz vorzüglichster Ausführung ebenso wenig im Gemälde befriedigen, als wir uns von diesem Gegenstande in Wirklichkeit angezogen fühlen. Namentlich ist der Vordergrund eines jeden Landschaftsbildes sorgfältig zu ordnen, wenn eine durchgehende Stimmung erreicht werden soll. Gerade in dieser Beziehung wird von den Künstlern der Neuzeit außerordentlich viel gesündigt, wozu das theilweise Benutzen von Photographien wesentlich beizutragen scheint.

Bei dem Bestreben, ein gedachtes oder der Natur entnommenes landschaftliches Motiv durchzubilden, muß alles Gesuchte oder Gekünstelte vermieden und zugleich der zu Grunde gelegte Rhythmus bis zur Unscheinbarkeit verhüllt werden; im Figurenbilde hingegen dürfen die Grundregeln bemerkbarer hindurchschimmern.

Wie in der Malerei liegt auch in der Geschichtschreibung und der Erzählung das rhythmische Element verdeckt; es darf nicht auffallend betont werden, doch bereits in etwas höherem Grade vorhanden sein als in der Maler- und Bildhauerkunst. Namentlich spielt der Rhythmus eine große Rolle bei Anordnung des Stoffes zu einem Gesammtbilde. Wie in der Weltgeschichte selbst die Begebenheiten bald ruhig dahinwogen, bald sich drängend überstürzen und ein immerwährender Wechsel von Flut und Ebbe stattfindet, so wird auch der Geschichtschreiber in seinem Vortrage steigen und fallen, hervorheben oder abgleichen müssen. Mit der trockenen Forschung und Beweisführung hingegen hat die Kunst keine Verwandtschaft.

Das Hinübergreifen in das dramatische oder malerische Gebiet, welches in unsern Tagen zunächst durch Macaulay in die Geschichtschreibung eingeführt wurde, ist der Sache selbst in hohem Grade schädlich, weil durch ein solches Verfahren der Leser auf einen parteiischen Standpunkt gedrängt wird und

I. Die Künste in ihren Wechselbeziehungen.

über den einzelnen Bildern das Ganze aus den Augen verliert. Die mit unübertrefflicher Meisterschaft gezeichnete Vertheidigung von Londonderry, der nicht minder anziehend vorgetragene Proceß der Bischöfe und andere Beschreibungen qualificiren den Historiker Macaulay zu einem ausgezeichneten Erzähler, verringern aber den Werth seiner „Geschichte Englands" wesentlich.

Dagegen ist es der Redekunst, in welcher die Rhythmik ungleich mehr als in der Geschichtschreibung sich geltend macht, erlaubt, in die verschiedensten Fächer hinüberzugreifen. Der Redner darf malen und dichten, er nimmt das Schauspiel, die Geschichte und sogar die Musik zu Hülfe, um seine Absicht zu erreichen. Gewöhnlich verdeckt er seine Ziele, behauptet das Gegentheil von dem, was er anstrebt, regt die Phantasie der Zuhörer auf und zwingt sie am Ende, aus eigenem Antriebe zu thun, was seine verborgene Absicht ist. Bei seinen Uebergriffen in andere Fächer darf der Redner jedoch nie länger weilen, als der gesuchte Beleg es unumgänglich erheischt.

Das Drama mit seinen Unterabtheilungen haben wir schon als diejenige Kunstgattung bezeichnet, in welcher die nachahmenden und rhythmischen Grundlagen mit nahezu gleichen Kräften zusammenwirken. Gleich sehr den Verstand wie das Gefühl anregend, würde das Schauspiel unter allen Künsten die erste Stelle einnehmen und eins der wirksamsten Mittel zur Belehrung und Veredlung des Menschengeschlechtes darbieten, wenn anders von der Fülle des gegebenen Stoffes ein richtiger Gebrauch gemacht würde. Daß diesem nicht so ist, daran sind Verhältnisse schuld, welche außerhalb der künstlerischen Sphäre liegen. Das gegenwärtige Lustspiel und das sogenannte Conversationsstück sind nach und nach so verflacht, daß von künstlerischer Weihe selten eine Spur getroffen wird. Auch in diesem Fache verdanken wir den Franzosen viel des Ueblen, zunächst aber die zur Mode gewordene Oberflächlichkeit und den damit verbundenen Widerwillen gegen geistige Anregung.

Ob dem Zwecke des Schauspiels die gebundene Sprache

oder die Prosa besser entspreche, ist eine in der Gegenwart vielfach erörterte noch offene Frage: bei allem Enthusiasmus für die letztere werden doch die Vorzüge der metrischen Sprache für das höhere Gebiet nicht in Abrede gestellt werden können.

Gleich dem Schauspiel schildert auch das Heldengedicht die menschlichen Handlungen, Leidenschaften und Kämpfe: es kann sich sowol in Bezug auf Sprache wie Anordnung mehr der rhythmischen Form nähern als das Drama, doch hat der erzählende Ton die Grundlage zu bilden. Ob das Epos in der That ausgestorben und der Roman an seine Stelle getreten sei, wie vielfach behauptet wird, mag dahingestellt sein: jedenfalls müssen großartige Ereignisse den Stoff zu einer solchen Dichtung liefern und an derartigen Gelegenheiten scheint es gegenwärtig nicht zu fehlen. Dabei ist nicht zu übersehen, daß die eigentlichen Epen sich allmählich aus Volksgesängen entwickelt haben, folglich diese vorangehen müssen.

Die Lyrik, nächst der Landschaftsmalerei die sinnengefälligste und lieblichste der Künste, hält das darstellende Element nur mit schwachem Faden fest, um der Rhythmik möglichst freien Spielraum zu gewähren. Diese letztere überwuchert in der That den Vortrag oft so sehr, daß er ganz verblaßt. Der Spötter Heine lacht über jenen Handwerksburschen, welcher die zweite Zeile des allbekannten Liedes „Leidvoll und freudvoll" also corrumpirt: „Gedanken sind frei." Die Sache aber ist bezeichnend, denn drei Viertheilen der sangliebenden Menschenkinder liegt nicht das mindeste an den einzelnen Worten des Liedes, sobald der Inhalt in den ersten Zeilen angedeutet ist. Was braucht der arme Wanderer mehr als die zwei Worte: „Leidvoll und freudvoll." Dieser volle Brustaccord hat sein Herz geöffnet, er fühlt ohne weitere Erklärung, was nachkommen wird, und seine Augen werden feucht. Auf dem Lande hört man viele Lieder, z. B.: „Ich saß und spann vor meiner Thür", oder: „Ein Pilgermädel jung und schön", hundert und hundertmal mit tiefem Gefühl absingen, ohne daß, mit Ausnahme des Anfangs, ein richtiger Satz beibehalten würde. Der Sinn ist bereits in den Rhythmus übergegangen, daher wird der Text entbehrlich.

I. Die Künste in ihren Wechselbeziehungen.

Wie ganz anders in hohen Kreisen!

Eine gefeierte Sängerin sitzt am Klavier und trägt das Uhland'sche Lied „Der Wirthin Töchterlein" in seelenvoller Weise vor. Ringsum schlechtverbissenes Gähnen auf verwelkten Gesichtern. Der nie fehlende Enthusiast stößt ein „magnifique" aus gefühlvoller Brust, wird aber an fernern Ergießungen durch seine Nachbarin verhindert, welche das Urtheil fällt, daß Demoiselle Adele jüngst in der Soirée bei X. besser bei Stimme gewesen sei. Dieser geistreiche Ausspruch aus dem Munde einer gewiegten Kennerin findet allgemeine Anerkennung: Lied und Sang sind vergessen, man setzt sich zu den Karten, und im Saale verbleibt nur der Bewunderer, welcher die Sängerin ersucht, ein von ihm verfaßtes Lehrgedicht demnächst vorzutragen.

———

Noch unfaßbarer als in der Lyrik liegt die leitende Idee im Tanze, wobei man freilich weder an unser heutiges Ballet, noch weniger an einen sogenannten Ball denken darf. Diese edle Kunst, welche Schiller mit den Worten „schöngeschlungene seelenvolle Tänze" so treffend bezeichnet, hat ganz und gar den rechten Weg verloren. Unser Ballet ist eine offene Schule der Sinnlichkeit, und man braucht nicht Minos oder Rhadamanthos zu sein, um dieses Urtheil zu bestätigen. Haben auch einzelne ehrenwerthe Künstler und Künstlerinnen dem herrschenden Unwesen entgegengearbeitet, konnten ihre Anstrengungen, da sie weder von unten noch oben Unterstützung fanden, keinen durchgreifenden Erfolg herbeiführen. Die Tanzvergnügungen der Gegenwart aber haben vom künstlerischen Ursprung auch die letzte Spur abgelegt und lassen sich am richtigsten mit Hetzjagden vergleichen. Anklänge an echte Volkstänze trifft man zumeist im Süden, so in der Campagna di Roma, in Albano und den umliegenden Orten. In graziösen Schritten beim Geklapper der Castagnetten entwickelt das Mädchen ihr Charakterspiel: sie schmollt, sie flieht, sie nähert sich und wirft dem Tänzer das Tamburin zu, der es freudig auffängt und mit flehenden Geberden seine Werbungen beginnt. Jede Bewegung ist wohlgemessen, und nie werden die Grazien Anlaß finden, das Gesicht abzu-

I. Die Künste in ihren Wechselbeziehungen.

wenden. Auch in dem Reigen der Alpenbewohner, in der Mazurka (welche man jedoch in Polen selbst sehen muß) und in der französischen Menuet haben sich Ueberreste alter Nationaltänze erhalten.

Diese flüchtigen Umrisse werden die engen Beziehungen, welche zwischen den Künsten stattfinden, deutlich erkennen lassen: ein und derselben Quelle entsprungen, theilen sie sich in verschiedene Ströme, von denen jeder seine eigene Bahn bricht und doch den gemeinsamen Ursprung verräth.

Wir wenden uns nunmehr den ganz rhythmischen Fächern, der **Architektur** und der engverwandten **Musik**, zu, um ihre Bildungsweisen näher zu betrachten.

Musik und Baukunst — die ewigen Felsmassen von Theben und Memphis in nächster Verwandtschaft mit dem verrauschenden Schall des Augenblicks! Und doch ist es nicht anders, Architektur ist versteinerte Musik.

In diesen beiden Künsten ist das Nachahmungsbestreben ganz verschwunden, der leitende Gedanke durchaus verschleiert. Beide Künste sind in ihren Grundprincipien mathematischer Natur und wirken ausschließlich durch das Reich der Töne. Hier wie dort sind es zwei Haupttonarten, aus denen sich die übrigen Verhältnisse entwickeln. Zuerst bemerken wir den großen Naturlaut, den Mollton, die Horizontale der Baukunst. Das Meer bewegt sich in leichtem Wellenschlage, es zeichnet sich der Strand in flachen Linien, die Wälder flüstern und die Abendwolken ziehen herauf.

Der Geist Gottes schwebt über den Wassern!

Doch die eine Linie bringt kein Gebäude, der einzelne Ton keine Melodie hervor. Es greift der Mensch in die Schöpfung ein, man hört den Hammerschlag, der Meißel klingt, die Feile kreischt: es thürmt sich die Säule, die Decke spannt sich darüber und Jubelhymnen erschallen. Die Senkrechte ist auferstanden, das musikalische Dur.

Die Linien steigen und fallen, sie wechseln, vermengen, durchdringen sich und kommen wieder zum Vorschein: es sind die Schallwellen, die Gliederwerke, welche sich in regelmäßigen

Wiederkehrungen über das Ganze hin ergießen. Aber die beiden Haupttöne genügen nicht zum vollendeten Kunstgebilde, es muß Rückstauungen geben, eine gewisse Unruhe ist nothwendig, um ein lebensvolles Bild hervorzubringen: die schiefe Linie und der Bogen werden in das Bauwerk aufgenommen, die Musik braucht Dissonanzen, Gegenwirkungen.

Zwischen diesen elementaren Bedingungen hindurch, aufwärts und abwärts sprossen und ranken wunderholde Blumen; es eröffnet sich das Reich der Melodien, die Ornamentik leert ihr Füllhorn, um das Gebäude auszustatten und dort auszugleichen, wo etwa Lücken geblieben sind. Endlich über alles hin ergießt sich gleich dem Abendschimmer die Harmonie, welche alle Theile umfängt und das Kunstwerk bekrönt. Harmonie wird erzielt, indem die Tonart, welche von vornherein angeschlagen ist und die dem Gebilde zu Grunde liegt, von Anfang bis zum Ende eingehalten wird. Durch jedes Wechselspiel, durch das Größte wie Kleinste muß dieser Grundton sich hinziehen und widerklingen. Indem die einzelnen Theile durch Harmonie zum Ganzen verbunden werden, bildet sie das wichtigste der rhythmischen Gesetze.

Aus den hier entwickelten Grundgesetzen lassen sich unschwer die bedenklichen Folgen erkennen, welche das Vermengen der Kunstformen, insbesondere der mathematischen und nachahmenden, mit sich führt. Das sogenannte Malen in der Musik, das Hereinziehen von Naturlauten und das Schildern einzelner Vorkommnisse kann einem Tonwerke nur zum Schaden gereichen, weil die nachahmende Form der rhythmischen geradezu entgegenstrebt. Ebenso waren die Nachahmungen natürlicher Gebilde im Fache der Baukunst stets die Anzeichen des Verfalles. Das Umwandeln der Pfeiler in Baumstämme, der Gewölberippen und Zierglieder in Astwerke bezeichnet den tiefsten Stand der gothischen Architektur. Die täuschend der Wirklichkeit nachgebildeten Blumengewinde und Buschwerke der Pompadourzeit verrathen nur Hohlheit und Entartung, wie die gemachten Muschelgrotten und Tropfsteinhöhlen jedes gesunde Auge beleidigen.

I. Die Künste in ihren Wechselbeziehungen.

Trotz ihrer verschiedenen Grundlagen sind doch die bildenden Künste, Malerei, Sculptur und Baukunst, so innig miteinander verwebt, daß die eine ohne die andere nicht bestehen und nicht gedacht werden kann. Der Bildhauer oder Maler wird nie in seinem Fache die höchste Stufe erstreben, wenn er sich nicht einige Kenntnisse der Architektur angeeignet hat, wie andererseits der Baumeister ohne Verständniß und Zuhülfenahme der beiden andern Künste schwerlich ein ganz vollendetes Werk wird hervorbringen können. Michel Angelo Buonarotti, der universellste Künstler, welcher je gelebt und der in allen drei Fächern das Außerordentlichste geleistet, stellte die bildenden Künste in der Gestalt von drei gleichen durcheinandergeschlungenen Kreisen dar, ein Symbol, dessen Erfindung die tiefe Einsicht des Meisters beurkundet.

Es soll hier keineswegs ausgesprochen sein, als ob den einzelnen Fächern die volle Selbständigkeit mangle und Meisterwerke ersten Ranges nur durch Vereinigung aller bildenden Künste hervorgebracht werden können. Das Zusammenwirken soll keine Verschmelzung herbeiführen, sondern eine gegenseitige Unterstützung, auf daß jedes Fach frei und unbehindert sich zur höchsten Blüte entfalte und zwar neben dem andern, wie dieses einst in Griechenland und späterhin in Italien geschehen ist. Wenn die Baukunst für Räumlichkeiten sorgt, auf daß sich Malerei und Plastik frei bewegen können, wirken diese wieder zurück, um die architektonischen Linien zu heben und strenge Formen zu vergeistigen.

Ein Sinnspruch scheint das Zusammenwirken der drei Künste am deutlichsten auszudrücken:

> Hernieder wir schweben
> Der Göttinnen drei,
> Dem Werke zu geben
> Die ewige Weih':
> Was immer verliehen der Himmlischen Gunst,
> Das höchste der Güter verbleibet die Kunst.
>
> Mit Brücken am Strome
> Wir einen das Land,
> Und fügen zum Dome
> Der Steine Verband.

I. Die Künste in ihren Wechselbeziehungen.

    Den Marmor besieget
    Des Meißels Gewalt,
    Er formt sich geschmieget
    Zur Göttergestalt.

    Und glühendes Leben
    Im Grunde erwacht,
    Den Umriß zu heben
    Mit farbiger Pracht.

    Wir bilden und schaffen
    In flüchtiger Zeit,
    Erlisten, erraffen,
    Wo Schönes sich beut.
Was immer verliehen der Himmlischen Gunst,
Das höchste der Güter verbleibet die Kunst.

II.

Licht und Farbe.

Es werde Licht!

War es ein Mensch, der dieses Wort gesprochen — ist es altägyptische Weisheit, oder haben Samum und Wellenschlag dem herumirrenden Moses jenes unermeßliche Schöpfungsbild zugehaucht, welches er uns enthüllt? Wir wissen es nicht. Schauerlich erhabene Klänge sind es, welche herüberrauschen aus einer Vorwelt, als das Licht geschieden wurde von der Finsterniß und die Sonne hineingestellt in die ewige Nacht.

Somit waren geschaffen Weiß und Schwarz, die beiden Elemente, aus denen alles Leben hervorging, die großen Gegensätze, welche selbst form= und farblos, alle Farben und Gestalten erzeugten.

Gab es eine Form vor Entstehung des Lichtes? Wir müssen es bezweifeln, selbst wenn wir den gewagtesten Hypothesen unserer Geologen beipflichten wollten. Noch weniger als faßbare Gestalten konnten die Farben ohne Licht und ohne die mit demselben eng verbundene Wärme bestehen, wenn anders die Structur des menschlichen Auges und unser Wahrnehmungsvermögen als Grundlage gelten.

Mit einem Ahnungsvermögen, dessen nur der gottesbegeisterte Seher fähig, hat Schiller in dem herrlichen Räthsel: „Wir stammen unser sechs Geschwister von einem wundersamen Paar", den Ursprung und die Zusammengehörigkeit der Farben in bündigerer Weise ausgesprochen, als es bisher alle Forscher gethan haben. Farbe ist die eigentliche unmittelbare Tochter des Lichtes. Führt die Entstehung der Gestalten und Farben in ein für den menschlichen Forschungsgeist unzugängliches Reich zurück, sind wir doch im Stande, die Eigenschaften derselben mit wissenschaftlicher Schärfe nachzuweisen.

Das erste Verhältniß, welches sich dem kindlichen Auge, sobald es aus der Dunkelheit erwacht, mit abschreckender Gewalt aufdrängt, ist die Helle: die achromatische Stufenleiter zwischen Weiß und Schwarz erscheint als frühester geistiger Eindruck, welchen der Mensch empfindet. Bald verschwindet die Furcht vor dem Lichte, und mit Behagen sucht das junge Auge die Flamme einer Lampe, es schaut stundenlang in das lodernde Feuer, bis sich zuletzt eine vom ersten Eindruck entgegengesetzte Empfindung einstellt: das Kind fängt an die schwarze Farbe zu fürchten. Es will nicht mehr im dunkeln Zimmer bleiben, es erschrickt, selbst wenn niemals die leiseste Drohung stattgefunden hat, vor dem Schornsteinfeger und vor schwarzgekleideten Personen.

Diese Wahrnehmungen gehören der frühesten Jugendzeit an, sie werden regelmäßig schon im ersten Jahre gemacht. Erst wenn dieses zurückgelegt ist, stellt sich einiges Unterscheidungsvermögen für Farbe ein. Wie bei allen wilden Völkern ist auch beim Kinde das Roth die erste Farbe, welche erkannt und bevorzugt wird. Von dieser höchsten Stufe der Tonleiter steigt es herab zu den hochgelben, gelben und grünen Tinten, dann folgt die blaue Farbe und zu allerletzt wird das Violett unterschieden, indem es gewöhnlich drei bis vier Jahre dauert, ehe dieser Ton sich dem Auge einprägt.

Betrachten wir nun unsere Umgebung, die amorphen und organischen Bildungen, betrachten wir endlich den Menschen selbst in seinem äußerlichen Verhältniß zur Farbe.

Im Blumenflor, wo sich die Farbenpracht am reinsten und lebensvollsten ausspricht, zeichnet sich der Kreislauf des Jahres in folgenden großen Zügen, welche die Wechselwirkungen von Licht und Finsterniß aufs deutlichste aussprechen.

Die Schneedecke schmilzt und aus der schwarzen zum Theile noch erstarrten Erdkrume ringen sich, dem Schnee entsprechend, die ersten Frühlingsboten, gekleidet in das zarteste Weiß. Die stille Anemone, das Schneeglöcklein und das bescheidene Gänseblümlein durchziehen Hain und Flur, die Blüten der Bäume und Gesträuche reihen sich an lange vor Entfaltung des Laubes. Es ist die seligste Zeit des Jahres, die Periode der süßesten Düfte.

Tag und Wärme nehmen zu, die gelbe Farbe wird vorherrschend. Primeln, Butterblumen, Ranunkeln und Arniken überziehen die Wiesen mit blendendem Schimmer, während die Felder der Oleiferen meilenweit erglänzen.

Es naht die Zeit des vollen Lichtes, der höchsten Wärme, und die rothe Farbe erscheint: erst in lieblich zartem Hauch der bräutlichen Rose, dann in rascher Steigerung, bis der glühende Mohn aus den Aehrenfeldern wetterleuchtet und die Purpurnelke den Culminationspunkt andeutet.

Die Sichel schwirrt, die Sense klingt und die holden Kinder Florens sterben. Die Farben der nachfolgenden Geschlechter neigen der Schwermuth zu: Blau und Violett treten an die Stelle von Roth und Gelb, es blühen Rittersporn und Eisenhut, die Distelblumen drängen herbei, ihnen folgen die traurigen Zeitlosen und zuletzt die fahlen Astern. Der Tag geht zu Ende, Wald und Flur entfärben sich, die Erde wird dunkel und das trübwollige Edelweiß deutet den baldigen Schnee an.

Eigentlich schwarze Blumen gibt es nicht.

In ähnlicher Weise zeigt sich das Farbenspiel am Menschen selbst, wobei der normale Zustand und eine gemäßigte Zone vorausgesetzt werden. Mit gleichmäßiger Blässe ist das Kind überzogen beim Eintritt in die Welt, mehrere Wochen sind erforderlich, um einen farbigen Anflug auf Mund und Wangen zu bewirken. Hell sind die ersten Härchen, welche an den Schläfen kräuseln, und es dauert oft zehn bis zwölf Jahre, ehe die bleibende Farbe sich einstellt. Allmählich dunkelt die Haut und nimmt je nach Beschaffenheit einen mehr oder minder gelblichen oder röthlichen Ton an (fleischfarb gehört zu den verdünnten gelbrothen Tönen), die Wangen röthen sich, Lippen und sonstig vorragende Theile gewinnen schärfere Farbenprägung, die Haare ihre bestimmte Haltung. Es kommt die Zeit der vollen Kraft: das Mädchen blüht in rosiger Schöne und seine Lippen zeigen den reinsten Purpur, wie andererseits die Farbe des Mannes den Erzeugnissen des Hochsommers, den reifenden Früchten, nähert.

Es schwankt die Wage, und die Zeit scheint stillzustehen — leise, leise ziehen bläuliche Tinten an den Schläfen und am Halse hin, die Färbung neigt zum Violett, die Haare bleichen und der Kreislauf eilt dem Schlusse entgegen: das Auge verdüstert sich, die Lippen werden blau, die Haare weiß und das Tagwerk ist vollbracht!

Aehnlich wie in diesen Beispielen gestalten sich die Farbenverhältnisse überall, wo wir ihnen nachspüren. Der Edelstein, welcher tief unten im Schoße der Erde gegraben wird, die Alpenrose auf schwindeliger Höhe und das Weltmeer empfangen ihre Färbung aus gleicher Quelle: alle Farben, die physiologischen wie die körperhaften verdanken ihren Ursprung der Brechung des Lichtes durch die Atmosphäre. Ohne diese letztere, ohne die gasartige Hülle, welche die größern Planeten umgibt, kann es keine Farbe geben. Auf dem atmosphärelosem Monde würde unser Auge nur Weiß und Schwarz und die zwischen diesen Extremen liegende achromatische Tonscala gewahren.

Dunkelfarbig und düster sind alle mineralischen Gebilde, bei deren Entstehung das Licht abgeschlossen war: wir nennen die Schiefer, Wacken, Steinkohlen, Basalte und Klingsteine. Gefärbte und bunte Steinarten, wie Marmor und Porphyre, sind theils im Ganzen, häufiger jedoch in ihren Bestandtheilen längere Zeit den Einwirkungen des Lichts ausgesetzt gewesen, mögen sie nun auf vulkanischem oder plutonischem Wege entstanden sein. Es bedurfte einer außerordentlich hohen Licht- und Wärmeentwickelung, bis die Gesteine sich färbten, daher nur in den Tropenländern schöne Steinfarben getroffen werden. Diese Thatsache war schon den Römern bekannt, welche ihren Giallo, den Cipollino, Paonazetto, den Rosso und Verde nebst andern prachtvollen Marmorarten in Aegypten und Nubien holten.

Das unterirdische Weiß deutet in der Regel auf Wachsthum hin: weiß sind die meisten Krystalle, wie auch die Wurzeln und Pflanzen, welche sich unter Zutritt von Luft, aber ohne Licht entwickeln, weißlich erscheinen alle Keime, wenn sie aus dem Boden hervorbrechen. Dieselbe farblose Stufenleiter, dieselbe Abdachung vom hellsten Licht bis zum tiefsten Dunkel, welche wir als Eigenthümlichkeit des Mondes bezeichnet haben, ist also auch im Innern der Erde vorwaltend: sie besteht unabhängig von jeder Färbung und wird im achromatischen Bilde, in der Photographie, am vollendetsten jedoch im Kupferstich ausgedrückt.

Ehe wir in das Gebiet der Farben eintreten, müssen die Eigenschaften der farblosen Tonleiter um so sorgfältiger betrachtet werden, als alle Farbenerscheinungen dieser Stufenleiter zwischen Weiß und Schwarz unterliegen. Um ein genaues Verständniß zu erzielen, sei ein einfach mechanisches Verfahren mitgetheilt, jeden achromatischen wie farbigen Ton mittels Wage und Maßstab herstellen zu können.

Da die natürlichen Farbenkörper vermöge ihrer verschiedenen Gewichte und Ergiebigkeiten sich nicht zu Experimenten eignen, hat man solche Ersatzmittel anzuwenden, welche bei gleichem Volumen und Gewichte sich leicht färben lassen und jede Farbe in vollster Intensität annehmen. Nur dann, wenn gleiche Quantitäten mit gleichen Gewichten aufeinanderwirken, ist es möglich, die Mischungsverhältnisse mit voller Sicherheit zu bestimmen. Ein Kubikzoll von weißem Farbenstoffe muß genau so schwer sein, als ein Kubikzoll von schwarzer, blauer, gelber oder rother Farbe. Diese unumgänglich nothwendige Bedingung kann nur durch Färbung eines ursprünglich weißen Körpers erzielt werden, zu welchem Zwecke sich die weißen Quarz- oder Marmorgesteine am besten eignen. Diese Steine werden pulverisirt, gewaschen, durchgesiebt und zuletzt etwas gebeizt. Von solchem weißen Pulver oder feingekörnten Sande mache man eine hinlängliche Quantität (etwa 1 bis 1½ Kubikdecimeter) zurecht und theile sie in fünf gleiche Theile. Der erste Theil hat in der ursprünglich weißen Farbe zu verbleiben, der andere wird gelb, der dritte roth, der vierte blau und der letzte schwarz in solcher Stärke gefärbt, daß die Farbe zu möglichst voller Kraft gelangt.

Als Färbemittel können nur Lasurfarben angewandt werden, weil das Gewicht des Sandes nicht verändert werden darf: zum Rothfärben bedient man sich des Cochenille-Karmins, zum Blau des blauen Karmins, zum Schwarz einer Gallapfeltinctur. Die Bereitung dieser Laugen verursacht keine Schwierigkeiten, und nur die Herstellung einer schönen sattgelben Farbe, welche weder ins Grünliche noch Rothe spielt, erfordert besondere Aufmerksamkeit:

denn eine rein gelbe Lauge läßt sich nur aus mehrern Substanzen (sehr gereinigtem Gummigut und Indischgelb oder Safran) bereiten.

Die also gefärbten Sande werden in einzelnen Behältnissen aufbewahrt; man kann mit denselben auf trockenem Wege alle denkbaren Mischungen und Schattirungen hervorbringen, und es gibt unter der Sonne keinen Farbenton, welcher nicht aus diesen Elementen erzeugt werden könnte.

Die Herstellung der achromatischen Tonleiter.

Es wird ein Bretchen von beiläufig 8 Zoll Länge und 1½ Zoll Breite durch kleine Querleisten in eine beliebige, jedoch ungerade Anzahl von Fächern zerlegt, in der Art, wie die allbekannten Farbenkästchen eingerichtet sind und wie durch die Tabelle Fig. 4 verdeutlicht wird. Die Anzahl der Gefache soll nicht unter 15 sein, weil sonst die Deutlichkeit leidet, aber auch nicht mehr als 21 betragen, um die Untersuchungen nicht übermäßig auszudehnen. Die Fächer sind aneinanderzureihen und zu numeriren, haben etwa $\frac{1}{6}$ Quadratzoll groß zu sein und sind bestimmt, die Mischungen aufzunehmen. Hierauf wird das erste Feld, Nr. 1, mit rein weißem, das letzte, Nr. 21, mit schwarzem Sande angefüllt. Das Feld Nr. 2 erhält eine Mischung von 19 Theilen Weiß und 1 Theil Schwarz, Nr. 3: 18 Theile Weiß und 2 Theile Schwarz — bis in gleichmäßiger Zu- und Abnahme auf dem Felde Nr. 11 je 10 Theile Weiß mit ebenso vielen Theilen Schwarz zusammentreten und Nr. 20 mit einer Mischung von 19 Theilen Schwarz und 1 Theil Weiß bedeckt wird, wie die nachstehende Tabelle zeigt:

Nummer	1	2	3	4	5	6	7	8	9	10	11	12	13	14	15	16	17	18	19	20	21
Theile Weiß	20	19	18	17	16	15	14	13	12	11	10	9	8	7	6	5	4	3	2	1	0
Theile Schw.	0	1	2	3	4	5	6	7	8	9	10	11	12	13	14	15	16	17	18	19	20
Benennung der Töne	Weiß	Lichte Zwischentöne									Grau	Dunkle Zwischentöne									Schw.

Fig. 4. Achromatische Tonleiter.

Von allen Zwischentönen besitzt der Ton Nr. 11 die höchste Wichtigkeit, nämlich das reine Grau, aus gleichen Theilen von Schwarz und Weiß erzeugt. In dieser gleichmäßig abgewogenen Mischung von Licht und Dunkelheit trachten alle Gegenstände und Farben, welche sich dem Auge darstellen, zusammenzutreffen oder sich aufzulösen. In solchem Grau würde uns das Firmament erscheinen, wenn die Erde keine Atmosphäre hätte. Ohne Rücksicht auf Weiß, Grün, Roth oder Gelb hüllt die Ferne sich in Grau, von diesem Mitteltone wird jedes sichtbare Object eine um so größere oder geringere Quantität annehmen, je nachdem es dem Auge näher oder ferner liegt. Grau in Grau zeichnen sich alle Hintergründe, mögen sie nun durch Gebirge, Wälder, Meere oder Sandwüsten gebildet sein.

Achromatische Bilder haben stets ein etwas trockenes und hartes Ansehen, welches bei Zeichnungen und Photographien dadurch gemildert wird, daß man den Ton des Papiers mit dem des Auftrags (Tusche, Kreide u. s. w.) möglichst in Einklang zu bringen sucht.

Daß die Farben genau dieselbe Scala zwischen Weiß und Schwarz durchlaufen, daß jede Farbe sich nach der einen Seite hin im Lichte, nach der andern im Dunkel auflösen kann, und zwar mit Beibehaltung ihres eigenthümlichen Charakters, ist schon angedeutet worden. Um diese Reihenfolge zu erklären, kann man die obige in 21 Theile zerlegte Tabelle wieder anwenden; doch werden sich hier die Töne vom Mittelpunkte aus nach beiden Seiten hin abdachen.

Die Herstellung der farbigen Tonleiter.

Im Mittelfelde an derselben Stelle von Nr. 11, welche oben dem reinen Grau eingeräumt wurde, hat nun die ungebrochene Farbe in vollster Kraft zu erscheinen. Es wurde deshalb in Fig. 5 das Zeichen *H* als Inbegriff der Farbenhöhe in der Mitte angesetzt. Die hier einzutragenden Farben haben solche Intensität zu besitzen, wie sie im körperhaften Zustande durch reinstes Chromgelb, Karmin und Ultramarin gezeigt werden. Von H aus stufen sich die Farben zur Linken gegen Weiß, zur Rechten gegen Schwarz so lange ab, bis sie sich in den beiden Extremen verlieren.

In das erste Feld links neben H wird eine Mischung von 9 Theilen Farbe und 1 Theil Weiß, rechts von ebenso vielen Farbetheilen und 1 Theil Schwarz eingetragen: in die beiden angrenzenden Felder (rechts und links) je 8 Theile Farbe und 2 Theile Weiß oder Schwarz. Auf diese Art fährt man nach der Scala fort, bis auf dem zehnten Felde links reines Weiß, rechts reines Schwarz zu stehen kommen.

Die Hinneigung einer Farbe zum Lichte nennt man Höhe des Tones, die Hinneigung zum Dunkel aber Tiefe. Von besonderer Wichtigkeit ist, daß bei allen Mischungen reinstes Weiß und Schwarz zur Anwendung kommen, nur in diesem Falle verändern die Farben ihren ursprünglichen Charakter nicht.

Die Tabelle Fig. 5 veranschaulicht das Verfahren.

Abdachung	10	9	8	7	6	5	4	3	2	1	H	1	2	3	4	5	6	7	8	9	10	Abdachung
Theile Farbe	0	1	2	3	4	5	6	7	8	9	Volle Farbe	9	8	7	6	5	4	3	2	1	0	Theile Farbe
Theile Weiß	10	9	8	7	6	5	4	3	2	1		1	2	3	4	5	6	7	8	9	10	Theile Schw.
Qualität der Farbe	Weiß	Farbenhöhe									Intensität	Farbentiefe									Schw.	Qualität

Fig. 5. Farbige Tonleiter.

Anmerkung. Wenn man die achromatische Stufenleiter mit 15 Feldern ziemlich deutlich erklären kann, werden bei der Farbenscala nicht weniger als 21 Felder ausreichen. Je mehr Nummern, um so annehmlicher gestaltet sich das Farbenspiel, doch steigern sich die damit verbundenen Mühen außerordentlich.

———

Um die Farben selbst und ihre gegenseitigen Beziehungen in einem leichtfaßlichen Bilde zu überschauen, kann man sich dieselben um einen Kreis gelagert denken und die drei Haupt- oder Stammfarben an die Spitzen eines in den Kreis eingeschriebenen gleichseitigen Dreiecks stellen. An die obere Spitze des Dreiecks kommt Roth zu stehen, als Ausdruck der höchsten

II. Licht und Farbe.

Kraft, welche die Natur hervorzubringen im Stande ist: zur Linken der Basis wird Gelb, zur Rechten Blau anzusetzen sein; von Gelb steigern sich die Töne zum Roth hinauf, von dort sinken sie schwächer werdend zum Blau hinunter. Diese drei an den Dreieckspitzen aufgestellten Farben Roth, Gelb und Blau wurden schon von den Griechen als Urfarben anerkannt, aus deren Vermischungen, wie aus ihren Verbindungen mit den Elementen Weiß und Schwarz, alle Arten von Nebenfarben und untergeordneten Tönen entspringen. Nebenfarben entstehen, wenn zwei Hauptfarben mit gleicher Stärke aufeinandertreffen und sich so innig vermischen, daß weder die eine noch andere vorwaltet. Gelb und Roth erzeugen das Orange, Roth und Blau das Violett, Blau und Gelb das Grün. Es kann zwischen je zwei Hauptfarben nur eine einzige Nebenfarbe liegen; der Abstufungen aber oder Farbentöne gibt es unzählige.

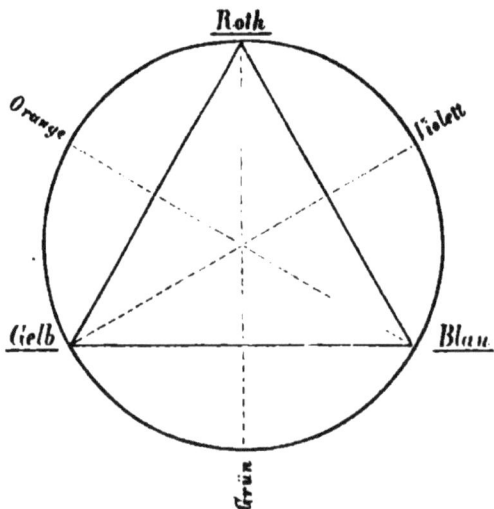

Fig. 6. Einfacher Farbenkreis.

Vorstehendes Schema Fig. 6 erklärt das Verhältniß der Hauptfarben zu den Nebenfarben und die Art, wie jede der letztern im Verein mit der gegenüberliegenden Hauptfarbe das vollkommene Farbenspiel von Gelb-Roth-Blau enthält.

28   II. Licht und Farbe.

Nur dann, wenn alle Hauptfarben zusammenwirken, entsteht volle Harmonie; mögen nun die drei Farben unvermischt nebeneinanderstehen oder je zwei derselben zu einer Nebenfarbe verschmolzen werden. So sind **Roth** und **Grün**, **Gelb** und **Violett**, **Blau** und **Orange** vollkommen harmonische Zusammenstellungen, weil in jeder alle Hauptfarben vorhanden sind. Die je durch eine Haupt- und eine Nebenfarbe hervorgebrachte Wirkung erscheint sinnengefälliger als die Zusammenstellung der drei unvermischten Hauptfarben: der Reiz des Geheimnisses, welcher den Nebenfarben eigen ist, regt zugleich an und befriedigt das Auge.

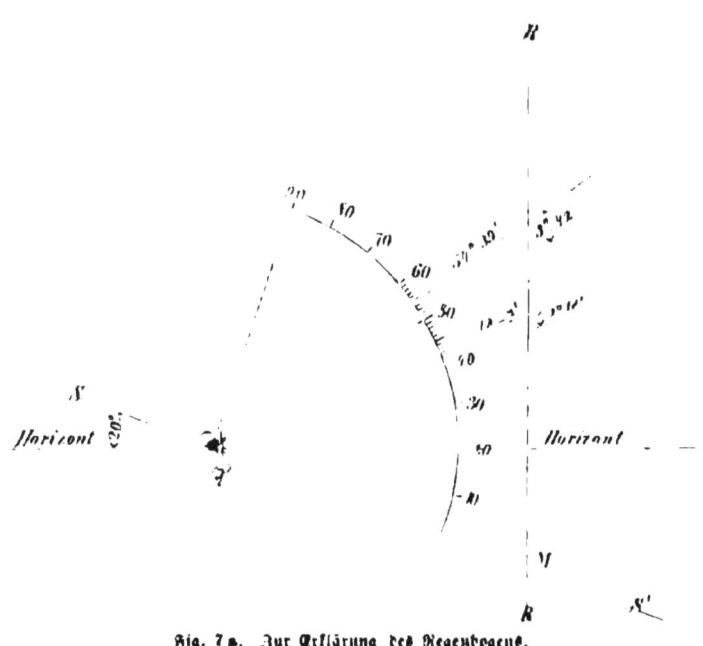

Fig. 7 a.   Zur Erklärung des Regenbogens.

Der sogenannte Indigoton, welchen einige Theoretiker als Hauptfarbe aufstellen wollen, weil dieser Ton einige besondere Eigenschaften besitzt, ist in Wahrheit nur ein untergeordneter Ton dritten Ranges, gemischt aus Blau und Schwarz unter Beimengung einer geringen Quantität von Roth, welcher letztere Zusatz nur beiträgt, das tiefe Blau gesättigter hervortreten zu lassen.

II. Licht und Farbe.

Warum man einen Ton, welchen jeder Maler leicht mischen kann, zu einer Hauptfarbe stempeln und auf solche Weise die wundervolle von der Natur angeordnete Harmonie zerstören will, würde unbegreiflich erscheinen, wenn die Sache nicht einen andern Hintergrund hätte. Zunächst war es den angeblichen Farbentheoretikern darum zu thun, Steine auf den verketzerten Goethe zu werfen: dann thut es kleinen Seelen allzu wohl, einen großen Geist zu verunglimpfen. Der Pferdefuß verbirgt sich nach altem Brauch in der Mönchskutte, wie einst im Processe Galilei's. Aus diesem Grunde wurde die auf falschen Principien beruhende Farbenlehre Newton's hervorgesucht und verhimmelt.

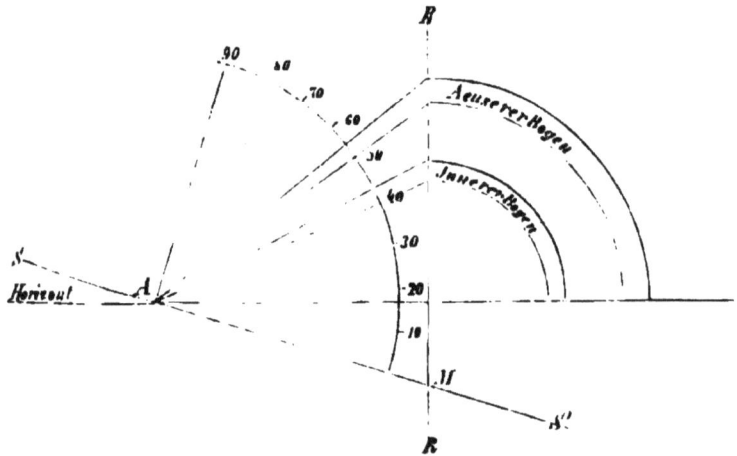

Fig. 7b. Zur Erklärung des Regenbogens.

Wie aber Galilei's berühmtes Wort: „E pur si muove", trotz aller Anfechtungen zu Ehren gekommen ist, wird auch die von Goethe aufgestellte Farbentheorie zur ausschließlichen Geltung gelangen, weil dieselbe in den ewigen Naturgesetzen wurzelt. Arthur Schopenhauer, welcher die Lehre von den physiologischen Farben mit der ihm eigenen Schärfe und Klarheit behandelt hat, anerkennt den Indigoton ebenso wenig als Farbe, als er von irgendeinem Künstler alter und neuer Zeit den Farben beigezählt worden ist. Bei der Einreihung dieses Tones unter die Halbfarben müßten auch die übrigen Nebentinten, welche sich im Regenbogen deutlich zeigen, als Halbfarben anerkannt werden, wodurch der Einklang wiederhergestellt würde.

II. Licht und Farbe.

Im gewöhnlichen Sprachgebrauche werden sowol die Haupt- wie Nebenfarben mit gleicher Anerkennung als Farben aufgezählt, und zwar der Reihe nach: Gelb, Orange, Roth, Violett, Blau und Grün, wie sie der Farbenkreis zeigt. Weiß und Schwarz, welche im körperhaften Zustande von den Technikern zu den Farben gerechnet werden, sind nichts anderes als Licht und Schatten. Weiß bezeichnet in der Technik das reine Licht, Schwarz die Abwesenheit eines jeden Lichtes: diese zwei Extreme haben insofern Aehnlichkeit, als beiden jeder farbige Anhauch fehlt.

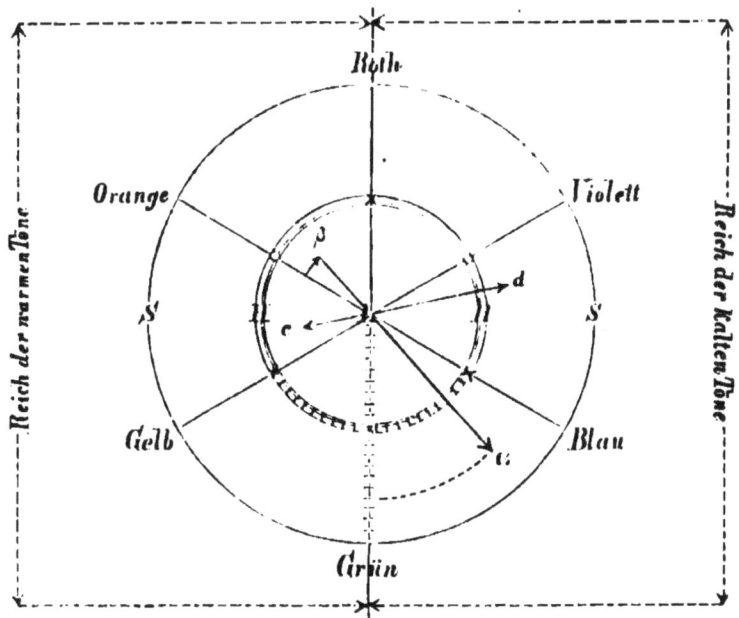

Fig. 8 a. Vollständiger Farbenkreis und Bestimmung der Töne.

Den Farbenkreis verfolgend, bemerken wir, daß jede Farbe eine doppelte Tonleiter durchlaufen kann, nämlich:

a) vom höchsten Licht (Weiß) bis zum tiefsten Dunkel (Schwarz), die Scala der Farbenhöhe und Tiefe, welche bereits durch Fig. 5 erklärt worden ist, und

b) von je ihrer eigenen vollen Reinheit (Intensität) bis wieder zur vollen Reinheit der nächsten Farbe, die Scala der Farbenübergänge.

II. Licht und Farbe.

Unsere Kunstsprache ist noch nicht genugsam durchgebildet, um den Unterschied zwischen diesen beiden Tonleitern gehörig auszudrücken, weshalb von Künstlern wie Laien jede Nuancirung kurzweg als Ton bezeichnet wird. Verständlicher würde sein, die farbigen Abstufungen „Tinten" die höhern oder tiefern Schattirungen aber „Töne" zu benennen.

Alle Töne und Tinten sind meß- und wägbar, wobei man wieder die Tabellen 4 und 5 zu Grunde legen kann, jedoch mit solchen Modificationen, daß die Farbenübergänge in eine Kreislinie eingetragen werden.

Um nun das ganze Farbenreich in ein einziges Bild zusammenzufassen, wird das aus zwei concentrischen Kreisen bestehende Schema Fig. 8 a aufgestellt. Der mit L bezeichnete Mittelpunkt bezeichnet das volle weiße Licht, die äußere Kreislinie S S das gänzliche Aufhören des Lichtes, nämlich Schwarz. Jede von S nach L gezogene Linie durchläuft die ganze Scala von Schwarz bis Weiß, wie es in Fig. 5 gezeigt worden ist.

Die innere Kreislinie H H, welche zwischen Weiß und Schwarz in der Mitte liegt, bezeichnet den Höhen- oder Intensitätspunkt der Farben, wobei die Haupt- und Nebenfarben wieder in derselben Ordnung wie in Fig. 6 angesetzt werden. Jeder zwischen zwei Hauptfarben hinziehende Kreisabschnitt, gleich einem Drittel der Kreislinie, wird in 21 Theile zerlegt, welche Theile die einzelnen aus dem Vermischen der jemaligen beiden Farben entstehenden Tinten bezeichnen. Um bequem zu operiren, kann man den Drittelkreis als gerade Linie zeichnen und nach Fig. 8 b verfahren, wenn z. B. die zwischen Gelb und Blau liegenden Mischungen erklärt werden sollen.

Nummer		1	2	3	4	5	6	7	8	9	10		11	12	13	14	15	16	17	18	19	20	21	
Theile Gelb		20	19	18	17	16	15	14	13	12	11		10	9	8	7	6	5	4	3	2	1	0	
Theile Blau		0	1	2	3	4	5	6	7	8	9		10	11	12	13	14	15	16	17	18	19	20	
Beschaffenheit des Tones	Gelb	Warme gelbgrüne Töne										rein. Grün	Kalte blaugrüne Töne											Blau

Fig. 8 b. Abstufung zwischen je zwei Hauptfarben.

Mit Hülfe der Tabellen Fig. 8 a und 8 b ist es leicht, jeden Farbenton in seinen verschiedenen Eigenschaften zu bestimmen und den harmonisch damit correspondirenden Gegensatz aufzufinden.

Anmerkung. Es kann das gesammte Farbenbild auch in Kugelform, als Globus, dargestellt werden, wie es der Maler Runge gethan hat. Bei dieser Darstellungsweise werden die beiden Pole als Weiß und Schwarz angenommen, der Aequator aber als Farbenkreis, der alle Farben und Uebergänge in voller Intensität zeigt. Jeder Meridian enthält alsdann die durch Fig. 5 erklärte Abstufung der Töne zwischen Weiß und Schwarz, indem der dort mit H bezeichnete Punkt gleich ist mit dem Aequator des Globus. Für die Darstellung auf einer Fläche ist ohne Zweifel das oben unter Fig. 7 beigeschaltete Farbenbild faßlicher und auch praktisch verwendbarer. Die Anfertigung eines Farbenglobus ist zwar eine äußerst mühselige Arbeit, doch verdient derselbe für Schulen sehr empfohlen zu werden, und es sollte namentlich an jeder technischen Schule ein Farbenglobus vorhanden sein.

Praktische Anwendung der beiden Tafeln 8.

Es sei ein dunkelgrüner Kleider- oder Möbelstoff gegeben, und man wünscht zu wissen, welcher Aufputz am besten passe?

Die erste Frage ist, ob und um wie viele Töne der vorhandene Stoff dunkler sei als die auf dem Punkte H, Fig. 5, eingehaltene Farbenstärke. Durch Auf- und Abschieben eines Stückchens Zeug auf der Tonleiter wird diese Frage schnell entschieden sein, worauf durch eine Vergleichung mit der Mischungsscala, Fig. 8, bestimmt wird, aus wie vielen Theilen Gelb und wie vielen Theilen Blau der zu untersuchende Ton gemischt ist. Es stimme nun der Stoff mit dem auf Fig. 8 mit α bezeichneten Punkt des Farbenbildes überein, so wird der Ton ein tiefes Blaugrün sein, nur drei Grade vom reinen Blau entfernt, folglich aus 18 Theilen Blau und 2 Theilen Gelb bestehend. Da außerdem der Punkt α jenseit der Intensität liegt und gegen Schwarz hinneigt, sind, wie aus der Tabelle zu ersehen, noch $6^{1}/_{2}$ Theile Schwarz beigemengt.

Um die harmonirende Farbe des Aufputzes zu finden, wird aus α eine Linie durch den Mittelpunkt L gezogen, welche jenseit desselben den Farbenkreis in der Richtung zwischen Orange und Roth zu treffen hat. An dieser Linie befindet sich bei β

der gewünschte Aufputzton, bestehend aus einem um drei Theile Roth verstärkten Orange, einer Farbe, welche dem Zinnober nahe kommt.

Ein Mädchen mit hellblonden, sogenannten semmelfarbigen Haaren möchte sich einen Hut anfertigen, der besonders gut läßt.

In diesem Falle sind zwei Dinge in Betracht zu ziehen, nämlich die Haarfarbe und die Hautfarbe, aus welchen beiden ein Localton zu vermitteln ist. Da helle Blondinen in der Regel ein frisches mäßig geröthetes Incarnat besitzen, darf dem semmelfarbigen Haarton, welcher zwischen Hochgelb und Weiß etwa die Mitte einzuhalten pflegt und dem etwas Roth beigemengt ist, noch ein fernerer Zusatz von annähernd $1\frac{1}{2}$ Theilen Roth zugesetzt werden. Die aus der Haar- und Gesichtsfarbe vermittelte Localtinte wird mithin zwischen Gelb und Orange gegen Weiß hin liegen, also ein sehr verdünntes Rothgelb sein, wie es in Fig. 8 bei c angedeutet ist. Die durch den Mittelpunkt nach d gezogene Linie gibt an, daß violettes Blau von ziemlicher Tiefe für den Hut am besten entspricht. In dem Maße, als die Färbung stärker wird, z. B. bei röthlichen Haaren, wird verdünntes Orange als Localton anzunehmen sein, in welchem Falle reines Blau zu empfehlen ist. Bei ungewöhnlicher Steigerung der Haarfarbe, den brennendrothen Haaren, wird sogar Blaugrün gute Dienste leisten.

Bei Blondinen gilt im allgemeinen, daß die Hautfarbe gehoben werden darf, während sie bei stark brünetten Personen eher abzuschwächen ist. Der dunkeln Südländerin läßt ein Schmuck von Korallen oder Rubinen, ein purpurfarbenes Mieder, weil sie einen Ueberfluß an Farbe hat. Die Blondine würde durch solche Ausstattungen verblassen: sie bedarf der blauen und bläulichen Gewänder, um zu gelten.

Weil aber der Teint nicht selten auffallend mit den Haaren contrastirt, namentlich bei Personen mit blauen Augen und dunkeln Haaren, welche meist blaß gefärbt sind, ist eine sehr wichtige Farbeneigenschaft zu berücksichtigen, daß Weiß oder Schwarz zwischen zwei Farben eingeschoben, eine Neutralisirung bewerkstelligen. Bleiche, kränklich aussehende Leute sollen daher, wenn sie dunkle Kleider tragen, nie versäumen, einen weißen Streifen zwischen der Haut und dem Gewande einzuschalten.

Die Neutralisirung durch Weiß oder Schwarz ist jedesmal anzuwenden, wenn Farben oder Tinten von gleicher Tiefe unmittelbar nebeneinandergereiht werden. Alle Farben, selbst die beiden innigst harmonirenden Roth und Grün, schaden sich gegenseitig, wenn sie in gleicher Stärke aneinandergestellt werden. Helle Töne von gleicher Farbentiefe zerfließen und hinterlassen den Ausdruck der Mattigkeit; dunkle gleichtiefe Töne wirken viel störender und verursachen ein beunruhigendes Bild. Erstere sind am leichtesten durch schwarze, die zweiten durch weiße Streifen zu trennen.

Mehrfach gebrochene Töne.

Alle bisher erörterten Farbentöne sind entweder Mischungen aus zwei Hauptfarben (Töne ersten Ranges), oder sie sind mit Weiß oder Schwarz versetzt (Töne zweiten Ranges). Diese sämmtlichen Mischungen zeichnen sich durch Klarheit aus, kommen aber in der Natur viel seltener vor, als die mit einer dritten Farbe gebrochenen Tinten, welche man Töne dritten Grades zu benennen pflegt und in welchen neben Weiß oder Schwarz alle drei Hauptfarben, aber in ungleichen Quantitäten, enthalten sind. Die dritte Beimengung muß jederzeit eine verhältnißmäßig geringe sein, denn sobald alle drei Hauptfarben mit gleicher Kraft zusammengestellt werden, tödten sie sich gegenseitig ab und es entsteht ein abscheulicher, dem Straßenkothe ähnlicher Ton, welchen die Maler Schmuzfarbe nennen. Sobald sich durch wiederholtes Farbenmischen die Schmuzfarbe auf der Palette eingestellt hat, ist es Zeit, sie abzuwischen, denn es hilft kein Zusatz mehr, um einen klaren Ton herauszubringen.

In den meisten Fällen ist das Zusetzen einer dritten Farbe (ein schwaches Brechen des Tones) für den künstlerischen Bedarf unumgänglich nothwendig: die unendlich wichtigen braunen Tinten können nur durch mehrfache Brechungen erzielt werden, auch die sogenannten Naturtöne bestehen ausnahmslos aus Verbindungen aller Farben. Die meisten der im Handel vorkommenden Farbstoffe sind nicht rein, sondern enthalten neben dem Grundton die verschiedensten Beimengungen, namentlich die Ockerarten, die braunen und grünen Erden, das Eisenroth, der Kobalt u. s. w. Selbst dem gereinigten Bleiweiß sind mehrerlei farbige Bestandtheile untermischt, wie auch alle Bindemittel einigen Farbstoff enthalten.

Der Landschaftsmaler arbeitet beinahe ausschließlich mit Tönen dritten Grades, und in den Werken der großen Coloristen wird man selten ganz intensive Farben erblicken: Weiß und Schwarz in reinem Zustande kommen in den Bildern eines Tizian, Correggio und Rembrandt fast niemals vor.

Werden die gebrochenen Töne licht gehalten, sind sie nämlich mit Weiß vermischt und liegen auf der hellen Seite der Tonleiter, zeigen sie sich als gelbgrauliche, gelbröthliche oder als grünlich-bläulich- und lilafarbschimmernde Töne, deren Zusammengehörigkeit und harmonirende Gegensätze ohne Anstand nach der Tabelle Fig. 8 a bestimmt werden können. Da jedesmal eine Hauptfarbe, sei es Gelb, Roth oder Blau, vorwaltet, wirkt diese mit der zweiten Beimengung als bestimmender Localton, indem auf den dritten Zusatz keine Rücksicht genommen wird. Die gebrochenen lichten oder matten Töne sind sehr beliebt als Anstriche von Häusern und großen Flächen; sie verdienen auch in allen jenen Fällen empfohlen zu werden, wo die natürliche Farbe der Materialien nicht eingehalten werden kann.

Jedoch muß an dieser Stelle bemerkt werden, daß alle von der Natur erzeugten Farben unendlich klarer und leuchtender sind als die künstlichen Anstriche.

Kleidsam sind die matten lichten Farben nicht, so tausendfältig sie getragen werden. Nicht allein, daß das Hinüberspielen in alle Tonarten keine Gesichtsfarbe hervorheben kann, theilen auch die matten Töne bei ihrem zerfließenden Charakter der nächsten Umgebung einen Schimmer mit, welcher in keinem Falle vortheilhaft wirkt. Bei Männertrachten, in denen ein gewisser Ernst vorwalten darf, erinnern die lichtgebrochenen Töne nur allzu sehr an Halbheit und Charakterlosigkeit: die Frauen aber, welche stets durch den Anzug gehoben werden wollen, bedürfen, und zwar je klarer ihre Hautfarbe ist, um so mehr der vollen ungebrochenen Kleiderfarben.

Im allgemeinen besitzen die Frauen ein unendlich feineres Gefühl für Farbenharmonie als die Männer, von denen die

Mehrzahl für Zusammenstellung und Nuancirung der Töne unempfindlich ist.

In der Verdunkelung bezeichnet man alle mehrfach gebrochenen Tinten mit dem gemeinschaftlichen Namen Braun, und unterscheidet zahllose Spielarten, als gelb-, gold-, roth-, grün-, grau-, viol- und schwarzbraun. Viele Stoffe, insbesondere vegetabilische, zeichnen sich durch scharf ausgeprägte braune Töne aus, z. B. Eichen-, Nußbaum-, Mahagoni- und Palissanderholz, ferner besitzen Bister, Sepia, Umbra, Kafe, Weichsel, Malve, Kastanie und Kupfer sehr eigenthümliche Abstufungen des braunen Tones.

Für Leben und Verkehr haben die dunkelbraunen Tinten ungleich höhere Bedeutung als die lichtbräunlichen. Beinahe alle dunkelbraunen Töne sind kleidsam, viele in ausgezeichneter Weise: Braun macht einen dem Auge angenehmen und schmeichelnden Eindruck, es vermittelt zwischen grellen Tinten und beruhigt zugleich, wenn schneidende Lichter vortreten. Deswegen gebrauchen die Aquarellmaler viel lieber Sepia und Bister als schwarze Tusche bei ihren Zeichnungen. Einige Sorten von Braun gehören zu den glänzendsten Farbenerscheinungen, so das Weichselbraun, gemischt aus Purpurroth, Blauschwarz und etwas Gelb, ferner das Viol- oder Malvenbraun und das satte Grünbraun, welches vielen tropischen Pflanzen eigen ist. In Bezug auf Kleidsamkeit sind jene Regeln, welche gelegentlich der Neutralisirung vorgetragen wurden, wohl zu beachten, daß nämlich Töne von gleicher Tiefe nicht nebeneinandergestellt werden dürfen. So werden die sepia- und bisterartigen Farben brünetten Personen schlecht lassen, weil diese Töne mit der Hautfarbe zu sehr übereinstimmen, während Grünbraun vortheilhaft wirkt.

Da bei den dunkelbraunen Tönen eine einzige Grundfarbe vorzuherrschen pflegt, dient diese jedesmal zur Bestimmung des harmonirenden Gegensatzes.

Besondere Eigenschaften der Farben mit Bezug auf Weiß und Schwarz.

Das reine Weiß ist die lichteste Erscheinung, welche sich unserm Auge darstellt, und darf vom künstlerischen Standpunkt als gleichbedeutend mit dem Lichte angenommen werden, welches der durch ein Prisma oder eine Linse geleitete Sonnenstrahl auf einer hellen Fläche erzeugt. Als Farbe entsteht der weiße Ton durch einfache Trübung und Verdichtung eines ursprünglich hellen durchsichtigen Stoffes: Schnee, Wasserschaum, Salz und Glaspulver können als solche Trübungen angeführt werden.

Die Sonne selbst erscheint in um so reinerm Weiß, je weniger die Luft durch Dünste getrübt ist. Je mehr sie sich dem Horizonte nähert, wo jederzeit eine größere Ansammlung von Dünsten stattfindet, um so mehr nimmt sie eine dunkle Färbung an, welche erst ins Gelbliche übergeht und nach Verhältnissen ins Rothe und sogar bis zum Purpur gesteigert werden kann. Vor dem Eintritt anhaltenden Regenwetters z. B. zeigt sich die untergehende Sonne kupferfarbig, ein von den Landleuten zur Erntezeit sehr gefürchtetes Anzeichen.

Weiß kann auch hervorgebracht werden, indem man gefärbten Gegenständen die Farbe entzieht, sie bleicht, was auf natürlichem wie künstlichem Wege bewirkt werden kann. Bei dem Proceß des Bleichens ist sehr bemerkenswerth, daß den meisten dunkeln Gegenständen durch die Einwirkungen von Sonne und Regen die Farbe entzogen wird, während durchsichtige und lichtfarbige Körper unter denselben Verhältnissen dunkler werden. Nicht allein vegetabilische und animalische Producte, Leinwand, Haare, Wolle, Wachs u. s. w., lassen sich weiß bleichen, sondern auch Gesteine verlieren ihre Farbe. Die im Bruch beinahe ganz schwarzen Basalte verbleichen bis zu einem weißlichen Grau, der dunkelviolette Amethyst wird an der Sonne in wenigen Jahren gelbröthlich und rothbrauner Marmor fleischfarben. Zerschlägt man solche gebleichte Steine, kann man deutlich erkennen, daß die Entziehung der Farbe nicht allein die Oberfläche betroffen hat, sondern bis auf eine gewisse Tiefe eingedrungen ist. Bei Basalt kann das Bleichen bis auf eine Tiefe von etwa drei Linien nachgewiesen werden. Diesen Beispielen gegenüber verdunkeln

Glas, weiße Quarze und andere lichte Gesteine, nicht etwa wegen beigemengter färbender Substanzen, sondern durch die Einwirkung von Luft und Licht. Das weißgelbe Tannenholz wird an der Sonne in kurzer Zeit braungrau, die weiße Kalktünche gelblich, eine weiße Wurzel schwärzlich.

Aus diesem erhellt, daß zwischen Weiß und Schwarz ein fortwährender Wechselverkehr stattfindet.

Weiß hat die Eigenschaft zu vergrößern und sich am weitesten in die Ferne zu tragen. Die vergrößernde Eigenschaft des weißen Tones macht sich am deutlichsten bemerkbar, wenn der zur Hälfte beleuchtete Mond auf klarem Nachthimmel steht und die unbeleuchtete Hälfte auch gesehen wird. Die helle Mondsichel erscheint auf dem tiefblauen Hintergrunde als völlig weiß und wird selbst dem ungeübtesten Auge viel größer vorkommen als der daneben sichtbare unbeleuchtete Mondkörper. Tycho de Brahe bestimmte die Vergrößerung des beleuchteten Theiles auf ein Fünftel des scheinbaren Monddurchmessers.

Die durch Weiß herbeigeführten Vergrößerungen bewirken indeß keine Unförmlichkeit, weil die Körperschatten weißer Gegenstände sich sehr scharf ausprägen: große weiße Flächen aber, Schneefelder, herabgeweißte Gebäude u. dgl. ermüden und beängstigen das Auge, ohne jedoch mißfällig zu sein. Das sogenannte unreine Weiß (ein von Malern häufig gebrauchter, aber nicht richtiger Ausdruck, weil unreines Weiß jederzeit Farben enthält) erzeugt Formlosigkeit.

Schwarz ist Abwesenheit des Lichtes und galt von je als Zeichen der Trauer und des Todes, hat auch diese Bedeutung in unserer Gegenwart beibehalten. Als Farbestoff wird Schwarz durch Verkohlung, halbe Verbrennung pflanzlicher und thierischer Substanzen hervorgebracht, auch wird es häufig gegraben als mineralische Kohle. Der Charakter dieser Farbe ist ein ernster und feierlicher, weshalb die schwarze Tracht von Priestern und Amtspersonen vorzugsweise gewählt wird. Das Ehrfurchtgebietende des Schwarz kann sich unter Umständen bis zum abschreckenden steigern, wie man ehemals die Kerker der lebenslänglich Verurtheilten schwarz anzustreichen pflegte, um sie so furchtbar als möglich auszustatten. Gegenwärtig spielt Schwarz in der Männertracht eine übermäßig bevorzugte Rolle und ist dank der allmächtigen Mode fast zur ausschließlichen Geltung gelangt. Wenn auch nicht in Abrede gestellt werden soll, daß schwarze Kleider vielen Personen gut lassen, darf doch nicht übersehen werden, daß die Farbe nur für Erwachsene und zunächst für solche, die einen unklaren Teint besitzen, paßt, daß sie in Masse niederdrückend wirkt und des malerischen Reizes entbehrt.

Als vollkommener Gegensatz des Weißen kann Schwarz nicht anders als verkleinern. Schmächtige Personen, besonders Frauen von zarter und zugleich etwas dunkler Hautfarbe, müssen vermeiden, sich schwarz zu tragen; für Kinder passen derartige Kleider nicht.

Daß Schwarz in der Farbenreihe als bindendes und brennendes Glied eine große Bedeutung hat, wird im weitern Verlaufe erörtert werden.

Ehe wir die farbigen Verhältnisse weiter verfolgen, haben einige Bemerkungen, welche man Axiome der Farbentöne nennen möchte, voranzugehen.

Das Licht vergrößert, der Schatten verkleinert: jeder, auch der blendendste Farbenton ist dunkler als Weiß, jede Farbe heller als Schwarz. Farbe ist Schatten, welcher je nach Beschaffenheit einen weißen Hintergrund verdunkelt, auf schwarzem Grunde aber in der Regel nicht mehr gesehen werden kann, sondern eingesogen wird.

Diesen Bedingungen zufolge stellt sich die gelbe Farbe als das Product vorgeschrittener Trübung des Sonnenstrahles dar: Gelb ist dem Lichte am nächsten verwandt, saugt aber die Strahlen ungleich mehr ein als Weiß, ist daher nicht so weit in die Ferne wirkend. Die gelbe Farbe trägt vorzugsweise den Charakter der Fröhlichkeit und wirkt anregend auf die Sinne. Ein gelb, gelblich oder gelbbräunlich ausgemaltes Zimmer reizt den Appetit, ladet zu muntern Gesprächen ein und erfüllt uns mit einer gewissen Behaglichkeit: doch muß die Farbe rein bleiben und darf besonders keine Störungen durch Graublau erleiden. Schwefelgelb, ein durch Blauschwarz etwas gebrochener, noch nicht entschieden grünlicher Ton, gehört zu den unangenehmsten Erscheinungen; auch das Fahlgelb mancher welkenden Pflanzen und das sogenannte Zeisiggrün können hierher gezählt werden. Diesem gegenüber bewirken leise Hinneigungen zu Roth stets freundliche Eindrücke: die Detailformen treten lebhaft hervor und runden sich in harmonischen Tinten ab, weshalb Herbstlandschaften, in denen verdunkelte gelbe und orangefarbige Tinten vorwalten, so anmuthig stimmen. Gelb verleiht den Formen Fülle und zieht das Auge an: gefallsüchtige Frauen werden in gelben Kleidern am meisten ihre Rechnung finden.

Wird das Gelb in der Richtung gegen Roth hin zum Orange oder Gelbroth gesteigert, geht das Gefühl der Behaglichkeit und des sanften Sinnenreizes allmählich in Aufgeregtheit und zuletzt in Uebermuth über; daher Kinder, wilde Völker und spectakelsüchtige Leute an Farben wie Mennige und Zinnober ganz besonderes Vergnügen haben. Bei dem auffallenden und herausfordernden Wesen dieser Farben ist es begreiflich, daß sie beschaulichen Menschen misfallen und zornmuthige Thiere, Hähne, Stiere, in Wuth versetzen können. Frauen werden sich hüten, Kleider von solch auffallenden Tönen zu tragen, doch kann Zinnoberroth in kleinen Partien eine sehr angenehme Wirkung hervorbringen. Die Vortheile hochrothen Schmuckes für starkgefärbte Personen sind schon angeführt worden: in solchen Fällen wirkt grelles Roth eher mildernd, als daß es aufregt.

Vermöge ihrer herausfordernden Eigenschaften besitzen die mennigartigen Farben ein kriegerisches Gepräge, eignen sich deswegen zu Uniformen für Soldaten, wobei aber zu berücksichtigen ist, daß Roth von Truppenkörpern, welche den Feind überraschen sollen, nicht getragen werden darf, weil diese Farbe zu sehr auffällt und sich weit in die Ferne trägt.

Der Culminationspunkt aller Farbentöne ist das reine Roth, welches weder vom Gelben noch vom Blauen die geringste Beimischung enthalten darf. Es wird, wie schon Goethe erkannte, am richtigsten durch echten Karmin dargestellt, welcher auf weißer Porzellanschale aufgerieben wird. Weder die prismatischen

II. Licht und Farbe.

Versuche noch der Regenbogen zeigen die rothe Farbe in voller Reinheit, weil hier wie dort ein zuverlässiger Hintergrund fehlt. Alle mit Hülfe optischer Mittel dargestellten rothen Tinten neigen dem Orange zu, während die meisten körperhaften rothen Farben etwas Blau enthalten.

Neben dem Ausdruck höchster Pracht liegt in der rothen Farbe weder jene abstoßende noch unruhige Eigenschaft, welche sowol im Orange wie im Violett zu Tage tritt.

In der Natur kommt reines Roth äußerst selten vor, nur wenige Blumen zeigen es in ganzer Vollkommenheit, und nie erscheint die Farbe in massenhaftem Auftreten. Von den Schriftstellern des Alterthums wurde die rothe Farbe mit dem Namen Purpur bezeichnet, ein Ausdruck, welchen auch Goethe beibehalten hat, obwol er unter dieser Bezeichnung einen andern, den Alten vielleicht unbekannten Ton versteht. Der Purpur der Alten war ein gesättigtes Amaranth, Goethe aber benennt das von allen Beimengungen freie Roth mit dem Namen Purpur.

Wie diese Farbe in der Natur gewissermaßen als Auszeichnung auftritt, galt sie auch schon vor viertausend Jahren als Zeichen der höchsten Würde: die ägyptischen Pharaonen, die assyrischen Herrscher erkannten den Purpurmantel als die ihnen ausschließlich zukommende Auszeichnung. „Den Purpur tragen" galt im alten Rom als gleichbedeutend mit dem Innehaben des Thrones.

In seiner Verdünnung, nämlich in der Vermischung mit Weiß, erzeugt das Roth die freundlichste und liebenswürdigste aller Farben, das Rosenroth, welches stets als Symbol der Jugend galt und in welches sich zunächst die Jugend kleiden soll. Das schmiegsame Wesen, die versteckte Scham- und Schalthaftigkeit, welche dem Rosa innewohnen, machen es sehr geneigt heranblühende Mädchen auszuzeichnen, ohne daß ein Streben nach Gefallsucht oder Effecthascherei mit solcher Kleidung verbunden wäre. Nach zurückgelegtem zwanzigsten Jahre sollten rosafarbene Kleider nicht mehr getragen werden. Die Anmuth dieses Tones wird bedeutend erhöht durch weiße Einfassung: Rosa steht auch trefflich zu Stahlgrün und sogar zu Schwarz, aber nicht zu Blau und am allerwenigsten zu Gelb.

Von Roth als der höchsten Stufe des Farbenkreises gegen Blau herniedersteigend, zeigt sich alsbald, daß viele von den Eigenschaften, welche dem Orange zuerkannt worden sind, in den violetten Tinten wiederkehren: hier wie dort ist Unruhe vorhanden, doch wirkt sie im Violett nicht aufregend, sondern zur Sehnsucht stimmend. Es werden deshalb die Töne, welche abwärts vom Roth gegen Blau hin liegen, passive oder leidende Farben genannt, im Gegensatz zu den activen, welche vom Gelb zum Roth aufwärts steigen.

Durch Beimengung von sehr wenigem Blau geht Roth in die sogenannte Karmoisin= oder Amaranthfarbe über, ein Ton, welcher neben ernster Pracht bereits einige Schwermuth ausdrückt. Noch mehr dem Blau sich zuneigend, werden die Töne immer unruhiger, bis das aus gleichen Theilen von Roth und Blau bestehende reine Violett hervorgebracht wird. Diese Farbe hat das Eigenthümliche, daß sie in kleinen Partien höchst angenehm wirken kann, bei massenhaftem Vorkommen aber aufs empfindlichste stört. Violett angestrichene Häuser oder Säle wirken abschreckender als ganz schwarze, namentlich ist die Farbe unangenehm bei gleichmäßigem Auftrage, wenn keine Abstufungen durch Licht und Schatten zwischentreten.

Dagegen bricht Violett die Strahlen aufs mannichfaltigste, kann daher als Kleiderfarbe einen großen Zauber üben: so gewährt violetter Sammt durch seine Spiegelungen stets neue prachtvolle Bilder. Man hat es aber in diesem Falle, was wohl zu merken ist, nicht mit einem gleichartigen Tone, sondern mit einer Fülle von Erscheinungen zu thun, welche als Complemente sich gegenseitig unterstützen. Die gegenwärtig sehr beliebten und von Frauen häufig getragenen violetten Wollstoffe zeigen die Farbe nicht in ihrer Reinheit: das Violett ist hier jedesmal mit mehr oder weniger Gelb versetzt, wodurch die innewohnende Unruhe gemildert wird.

In verdünntem Zustande, nämlich mit Weiß gebrochen, ist Violett unter dem bezeichnenden Namen Lila vorzugsweise die Farbe der Sentimentalität. Röthliches Lila ist unruhiger als bläuliches, stimmt aber trefflich mit Grün, während bläuliches mehr mit Gelb harmonirt und blonden Mädchen wohl läßt.

II. Licht und Farbe.

Blau ist diejenige Farbe, welche in größter Massenhaftigkeit auftritt: das Firmament, das Weltmeer und die Ferne sind in Blau gehüllt. Durch dieses Auftreten werden die Eigenschaften von selbst vorgezeichnet: Blau erscheint uns als ein unnahbares vor unsern Augen zurückweichendes Element. Die französischen Maler der Neuzeit charakterisiren diese Farbe kurzweg mit den Worten: „Blau macht ein Loch." Gallait, der erste aller lebenden Farbenkünstler, vermeidet mit übertriebener Aengstlichkeit die Anwendung jeder blauen Tinte.

Nichtsdestoweniger sehen wir das Blau gern, wir freuen uns, wenn die Wolken sich zertheilen und die Himmelsfarbe durchblicken lassen: wir lieben namentlich das reine Hellblau der Blumen, wenn es wie am Vergißmeinnicht aus gesättigtem Grün hervorblickt. Der Name dieses Blümchens drückt am deutlichsten den Begriff aus, welchen wir mit der blauen Farbe verbinden. Abschied und Ferne, ein Anflug von Trauer und die Erinnerung an das Jenseits sind mit dem schönen Himmelsblau verbunden: ein Gefühl, welches bei zunehmender Farbentiefe bis zur Betrübniß gesteigert wird.

In massenhaftem Auftrage stimmt Blau ernsthaft, doch darf die Farbe nie dunkel gehalten werden. Für Berathungssäle, Gerichtsstuben und ähnliche Localitäten ist lichtes Blau die geeignetste Farbe. Dagegen erscheint die Anwendung blauer Anstriche an den Außenseiten geradezu als widersinnig und verwerflich, weil hierdurch ein Gebäude der Luft ähnlich gemacht, also aufgelöst wird. Kräftige Bautheile, welche tragen und unterstützen sollen, dürfen nie bläulich angestrichen werden. Bei großer Verwandtschaft zu Schwarz werden blaue Kleiderstoffe nicht für bleiche und mattfarbige Personen zu empfehlen sein, aber denen mit klarem Teint, insbesondere den Blondinen, vortrefflich stehen. Da Blau verkleinert und die Formen schmächtig erscheinen läßt, werden Leute von bedeutender Fülle sich mit Vortheil dieser Farbe bedienen, während den zartgegliederten und magern davon abzurathen ist. Kindern und jungen blühenden Mädchen stehen lichtblaue Kleider und Schmucksachen recht wohl: sie verleihen zugleich ein schüchternes und bescheidenes Ansehen.

Die ruhigste und befriedigendste aller Farben ist das Grün,

welches zwar massenhaft, aber selten ganz rein vorkommt. Es ist die Farbe, bei welcher man am liebsten weilt, deren Erscheinung alle Herzen mit Freude erfüllt, wie ihr Scheiden mit Bangigkeit wahrgenommen wird. Der hervorbrechende Grashalm wie das meilenweite Gefilde zeigen sich gleich angenehm, und es liegt keinerlei Mislaut in der grünen Farbe, solange sie nicht verunreinigt wird.

In einem grünen Gemache wird man sich am wohnlichsten fühlen, Räume, in denen man lange verweilt, Arbeits- und Schlafzimmer sind daher mit lichtgrünen Tinten auszumalen. Im Winter werden grüne Kleider einen ungemein erfreulichen Eindruck hervorrufen. Weil aber die Farbe selbst sehr gefällt und das Auge gefangen nimmt, wird volles intensives Grün nicht kleidsam sein können, sondern den Träger einigermaßen in den Schatten stellen. Nur Kinder behaupten sich in starkgrünen Kleidern, sonst werden alle Personen, welche keine frische blühende Hautfarbe besitzen, eher verlieren als gewinnen. Gelbgrün, dessen zur Gemeinheit hinneigender Charakter angedeutet worden ist, darf von Männern wie Frauen gemieden werden: es entstellt und macht die Formen aufgedunsen, ohne jene liebenswürdige Fülle hervorzubringen, welche als Eigenschaft der gelben Farbe gerühmt wurde.

Blaugrün aber und das sogenannte Stahlgrün kleiden Jung und Alt, Knaben und Mädchen, mögen sie blond, braun, roth oder schwarz sein. Auch das lichte Blaugrün kleidet und eignet sich vorzüglich zum Aufputz weißer, rosa- und lilafarbiger Stoffe. In der Natur kommen klare blaugrüne Tinten ungleich seltener vor als gelbgrüne, am häufigsten jedoch werden gebrochene braungrüne Töne gesehen, wie denn in Wiesen und Wäldern das Braungrün vorherrscht, sobald die ersten Frühlingstage abgelaufen sind.

Harmonische Zusammenstellungen.

Die Art, wie die Farben sich ergänzen und wie die entsprechenden Töne gefunden werden, ist bei Erklärung des Farbenkreises besprochen worden. Es unterliegen jedoch die harmonischen

Zusammenstellungen je nach Höhe und Tiefe der Töne, Quantität und Qualität des Farbengehaltes unendlichen Modificationen, weshalb einige Zusätze nothwendig werden.

Der reinste und wohlthuendste Farbenaccord wird durch die Zusammenstellung von Roth und Grün hervorgebracht, keine andere Farbenverbindung läßt sich im entferntesten mit dem Zusammenwirken dieser beiden Farben vergleichen und gewährt so vollständige Harmonie. Wird aber die eine oder andere Farbe etwas gegen Gelb hin gestimmt, wie es im Roth des Zinnobers oder im Zeisiggrün der Fall ist, nimmt die Harmonie im selben Verhältniß ab, als der gelbe Zusatz vermehrt wird.

Sehr schlecht harmoniren gelbgrüne und gelbe, blaugrüne und blaue Töne, sie wirken um so unangenehmer, je mehr ihre Tiefe zunimmt. Ein altes Sprichwort sagt: „Gelb und Grün ist Narrenfarbe." Goethe fällt ein ähnliches Urtheil, indem er Gelb und Grün als „heiter, aber gemein", Blau und Grün als „widerlich" bezeichnet. Auch Blau und Violett harmoniren nicht und stoßen sich ab. Dagegen steht das röthliche Violett trefflich zu Grün, wie auch die mannichfaltigen Schattirungen des Lila: röthliches Lila bewirkt in der Zusammenstellung mit Grün sogar einen vollständigern Einklang als gelbliches Roth.

Orange und Blau bedingen sich gegenseitig und rufen volle Harmonie hervor, doch ist der Zusammenstellung ein trockenes und sogar hartes Gepräge eigen, welches sich erst bei Verdünnung des Orange verliert. Es erscheinen überhaupt die lichten, nämlich mit Weiß versetzten Töne des Orange dem Auge annehmlicher und in der Aneinanderreihung mit andern Farben wohlklingender als die volle ungebrochene Orangefarbe.

Ungleich schmelzreicher als die eben geschilderte Zusammenstellung von Blau und Orange zeigt sich die von Gelb und Violett. Diese beiden Farben liegen in ihrer gegenseitigen Tiefe am weitesten auseinander, sie harmoniren daher jederzeit vollständig, mögen sie nun in ganzer Stärke oder in ihren verschiedenen Abstufungen nebeneinandergebracht werden. In der Anreihung an Gelb verliert das Violett seinen unruhigen Charakter.

Vergrößerung und Verkleinerung, Wärme und Kälte.

Die vergrößernde Eigenschaft des Lichtes wurde bereits erwähnt und war schon im hohen Alterthum bekannt, es haben Plato, Aristoteles und Diogenes von Laërte über dieses Verhältniß Untersuchungen angestellt. Mit der Vergrößerung und Verkleinerung steht in engster Beziehung das „sich in die Ferne tragen und das Verschwinden der Farben". Das Verhältniß der Vergrößerung oder Verkleinerung hängt aber nicht allein von dem Grade des Lichtes ab, sondern zugleich von der farbigen Beschaffenheit der Gegenstände.

So wird eine Pomeranze von vierzölligem Durchmesser in der Entfernung von zehn Schritten bedeutend größer aussehen als eine gleichgroße und gleich dunkle Kugel von blauer Farbe, und es macht sich hier das Plus und Minus auffallend bemerkbar. Die Maler gebrauchen die Bezeichnungen „warm und kalt", welche jedenfalls das Verhältniß bündiger ausdrücken.

Zieht man aus dem Scheitelpunkte des Farbenkreises Fig. 7, nämlich aus Roth, einen Perpendikel nach Grün, werden die warmen Tinten von den kalten haarscharf getrennt: es liegen die sämmtlichen warmen Töne zur linken, die kalten zur rechten Hand, reines Roth und reines Grün bilden alsdann neutrale Mittelpunkte. Der wärmste Ton steht links genau in der Mitte zwischen Roth und Grün, der kälteste an dem entgegengesetzten rechtseitigen Punkte: der erstere ist gelbliches Orange, der zweite tiefes Blauviolett.

Alle warmen Töne enthalten Gelb und nähern sich dem Auge, alle kalten Töne enthalten Blau und entfernen sich. In diesem Anziehen und Abstoßen liegt die Ursache der ungleichen Vergrößerung gleichheller, aber verschiedenfarbiger Gegenstände. Obgleich Weiß sich am weitesten in die Ferne trägt, runden sich doch gelbliche Objecte mehr ab und erscheinen voller, weil Gelb die Körperschatten weniger ausprägt als Weiß. Der magerste Arm wird in einer gelben Jacke voll erscheinen und ein platter Leib gerundet. Sogar die tiefen gelbbraunen und gelbgrünen Tinten, das Goldbraun und Olivengrün besitzen noch diese Eigenschaft und verleihen Fülle. Gegenstände, welche klein aussehen sollen, werden sehr unzweckmäßig mit dieser Farbe ausgestattet.

Gelbe Handschuhe und Stiefletten passen nur für ungewöhnlich kleine Hände und Füße: es ist im höchsten Grade widersinnig, wenn Männer von derbem Gliederbau bei festlichen Anlässen, Bällen u. dgl., hellgelbe Handschuhe tragen, wo dann die Hände wie Bärentatzen aus den schwarzen Fracks hervorragen. Für große Hände sind blaugraue Handschuhe zu empfehlen.

Gelbliche, gelbbraune, hellgrüne und lederfarbige Kleiderstoffe sollen nicht sehr dick sein, auf daß sie schmale Falten und gezogene Schatten werfen: dicke gelbliche Stoffe sehen übermäßig wulstig aus.

Die rothen Farben, sowol Karmin und Amaranth wie der feurige Zinnober, lassen die Formen in großer Feinheit erscheinen, doch verkleinert Amaranth nicht unerheblich. Rothe Kleiderstoffe dürfen dick sein und breite Falten werfen, auf daß die Verkleinerung nicht zu sehr überhandnehme. Roth leuchtet nicht im selben Grade wie Gelb und verschwindet deshalb früher: weil es aber die auffallendste aller Farben ist, gebraucht man es vorzugsweise zu Flaggenzeichen und Signalen, welche weit gesehen werden sollen. Man bedient sich aber zu diesen Zwecken nicht der Karminröthe, sondern eines mit Gelb vermischten Tones, wie Zinnober oder Mennige, welche beide etwas vergrößern, weil sie auf der Plusseite liegen. Für Bildergalerien und ähnliche Anstalten wird gern ein gesättigtes Dunkelroth oder Rothbraun als Hintergrund gewählt, weil ein solcher Grund alle Formen und Farben deutlich hervortreten läßt und dem Zerstreuen der einfallenden Beleuchtung vorbeugt.

Blau und Schwarz verkleinern am meisten, doch wird Blau die Gegenstände mehr in die Ferne zu rücken scheinen als Schwarz. Diese Eigenschaft steht in sonderbarer Beziehung zu der Vergrößerung, welche durch die gelbe Farbe bewirkt wird.

Indem Blau alle Gegenstände in die Ferne rückt, wird es einen geschlossenen Raum nicht verkleinern, sondern die entgegengesetzte Wirkung hervorbringen. Weil die Wände eines blaugetünchten Zimmers sich nach allen Seiten von dem betrachtenden Auge zu entfernen suchen, wird der Raum selbst größer erscheinen, als er in Wirklichkeit ist. Diesem gegenüber werden gelbe Wände vom Auge angezogen und näher gerückt, daher sich die Räumlichkeit zu verkleinern scheint.

Lichtblaue Töne mit leisem Schimmer von Roth zeigen sich besonders flüchtig: kräftiges Blau aber, wie die Farbe der Kornblume, wirkt bei massenhaftem Vorkommen in einer Landschaft so störend, daß die schönste Ansicht förmlich in Fetzen zerrissen wird. Den vollgültigen Beweis liefert ein blau uniformirter Truppenkörper, welcher in Reih und Glied durch eine grüne Flur marschirt.

Die grüne Farbe ist zwar weithin sichtbar, namentlich das helle reine Grün, doch verlieren die grünen Töne schon in geringer Entfernung ihr Feuer und gewinnen ein bräunliches Ansehen. Dem Farbenkreise zufolge gehört die eine Hälfte der grünen Töne der warmen, die andere der kalten Seite an; jedoch kommen in der Natur meist warme Töne vor, und es fehlen im Pflanzenreiche tiefe blaugrüne (kalte) Tinten beinahe gänzlich. Intensives ganz reines Grün wird selten gesehen: die im schönsten Frühlingsschmuck prangenden Wiesen und Saatfelder erscheinen in gebrochenen Farben, sobald man ein grüngefärbtes Seidentuch danebenhält.

Diejenige Farbe, welche am ersten ihren Charakter verliert, ins Rothgraue übergeht und bald ganz verschwindet, ist Violett. Es macht sich bei dieser Farbe wieder dieselbe Eigenthümlichkeit bemerkbar, welche bei den grünen Tönen auffällt. Es verliert sich nämlich bei allen Mischungen mit Blau, sowol im Grünen wie Violetten, der blaue Ton früher und bleibt die gelbe oder rothe Grundfarbe zurück. Es wird mithin das dem Luftton entstammende Blau von der Luft wieder eingesogen.

Bei ihrer außerordentlichen Empfindlichkeit und Beweglichkeit, dem immerwährenden Verlangen sich zu nähern und wieder abzustoßen, besitzen die Farben noch die sonderbare Eigenschaft, daß sie sich gegenseitig zu verdrängen und sogar aufzureiben trachten. Dieses Streben zeigt sich zunächst in der quantitativen Farbenwirkung: die größere Masse sucht jederzeit die kleinere zu überwältigen oder umzuwandeln. Liegen mehrere ungleich große Streifen von ähnlichen Farbentönen unmittelbar aneinander, werden die kleinern Flächen den Ton der größern anzunehmen scheinen, so zwar, daß selbst ein geübtes Auge den Unterschied nur mit Mühe wahrnimmt. Fügt man aber zwischen die Streifen schmale weiße oder schwarze Bänder, verschwindet die Unruhe augenblicklich und jeder Ton erhält wieder seine ursprüngliche Beschaffenheit.

Neben diesen räuberischen Uebergriffen haben wir noch eine zweite Eigenthümlichkeit zu verzeichnen, nämlich das gegenseitige Hervorrufen, Unterstützen und Fortbilden der Farben bei richtigen Zusammenstellungen. So wird durch schönes Roth ein verblaßtes Grün wieder zu reinem Glanze erhoben, wie andererseits schmuzigrothe Blumen aus saftigem Grün in frischer Pracht hervorblicken. Wie oft täuscht sich der Blumenfreund, wenn er glaubt, eine besonders schöne Nelke oder Rose zu brechen, wie ganz anders sehen die gepflückten Früchte aus als die auf dem Baume hängenden? Unreife grüngelbe Kirschen sehen vollkommen gezeitigt aus, sobald sie auf violetter Schale präsentirt werden; die Purpurtraube winkt doppelt einladend im strohgelben Körbchen und die Orange glüht zwischen blaugrünen Blättern am feurigsten. Mangeln die Complemente oder Ergänzungsfarben, werden sich auch Monotonie und Leerheit einstellen.

Abstoßende und widerwärtige Zusammenstellungen von Farben kommen in der Natur viel häufiger vor, als es den Anschein hat. Bei oberflächlicher Betrachtung werden Mistöne gewöhnlich übersehen, theils weil das Auge über unangenehme Erscheinungen schnell hinweggleitet, theils weil sich für die empfangene Störung bald ein Ausgleich darbietet. Ganz anders verhält es sich im geselligen Leben, wo ein Verstoß gegen Kleidung nicht selten eine dauernde Abneigung hervorbringen kann und die Farbenwahl öfters den Menschen kennzeichnet. Einen Mann, der sich im himmelblauen Rock mit apfelgrüner Weste und lilafarbigen Beinkleidern präsentirt, wird man von vornherein für einen Gecken halten und diesen Eindruck nicht schnell los werden. Gegen die Sittsamkeit einer Dame, welche in einem schwefelgelben Mieder, orangefarbigen Kleide und grasgrünen Ueberwurf einhergeht, wird mancher Zweifel auftauchen, wenn sie auch das zurückgezogenste Leben führen sollte.

Zwischen dem Wirbelreihen der ganzen und gebrochenen Farben, mitten im fröhlichen Getümmel der Töne bewegen sich unaufhörlich hin und her die beiden Elemente Weiß und Schwarz. Sie binden und trennen, mildern, verstärken und vervollkommnen das Gesammtbild: sie dürfen weder fehlen noch übermäßig betont sein, wenn vollständige Harmonie erreicht werden soll.

Wie die Extreme sich berühren, stehen auch Weiß und Schwarz sich nahe und bringen oft, so seltsam es scheinen mag, den gleichen oder einen ähnlichen Eindruck hervor. Eine stille Würde umzieht sowol das eine wie das andere Element. Weiß umhüllt den Neugeborenen, wenn er bewußtlos den ersten Gang zu vollbringen hat, weiß war die ehrenhafte Toga des jungen Römers wie das Kleid der Vestalin, und weiß ist das Leichentuch, in welches König und Bettler eingewickelt werden. Der geheimnißvolle Priester des Osiris, der fromme Cistercienser wie die stille Begutte wählten die weiße Tracht, welche immer als Sinnbild der Reinheit und Jungfräulichkeit gegolten hat.

Die anspruchlose Weihe geht zum feierlichen Ernst, zur Klage über, indem Schwarz ohne alle Vermittelung an die Stelle des lieb gewordenen Weiß tritt. Im schwarzen Rocke steht der Jüngling vor den gestrengen Examinatoren, im gesteiften schwarzen Kleide wallt die Jungfrau zur ersten Communion, schwarz ist die Amtstracht und priesterliche Gewandung, ein schwarzer Trauerzug begleitet die geliebte Mutter zu ihrer Ruhestätte, und schwarz ist das letzte Haus, bestehend aus vier Bretern und zwei Bretlein.

Darüber hin windet sich der Epheu, durchschlungen von Sinnviolen und Rosen: aus dem Tode ersteht ein neues lebendiges Leben, welches die Liebe gepflanzt. Gleich dem Aehrenfelde im Winde, zahllos und freundlich wie die goldenen Sterne am Himmel, wogen auf und nieder die farbigen Gebilde:

> Ein ewig Meer,
> Ein wechselnd Weben,
> Ein glühend Leben:
> So schafft es am sausenden Webstuhl der Zeit
> Und wirket der Gottheit lebendiges Kleid.

II. Licht und Farbe.

Nachträgliches über die verschiedenen Farbentheorien.

Nachdem ich viele Jahre hindurch Farbenlehre und verwandte Fächer mit Zugrundelage der Goethe'schen Principien einem ansehnlichen Schülerkreise vorgetragen, auch mehrmals gemeinnützige Vorträge über die Eigenschaften und die Anwendungsweise der Farben abgehalten hatte, jedoch aller Polemik fern geblieben war, wurde ich, als die dritte Auflage von A. Schopenhauer's Schrift „Ueber das Sehen und die Farben"*) erschien, von mehrern Kunstfreunden dringend ersucht, die von Schopenhauer aufgestellten Theorien und ihren Zusammenhang mit der Goethe'schen Farbenlehre in leichtfaßlicher Weise zu erklären. Diesem Wunsche nachkommend, kann ich nicht umhin, sowol meinen Standpunkt wie den seit sechzig Jahren sich mit Bitterkeit fortspinnenden Newton = Goethe'schen Farbenstreit in Kürze anzudeuten.

Als Lehrer an einer Kunstschule wirkend, daher angewiesen, die künstlerisch = praktische Seite der Farbenlehre hervorzuheben und mit Perspective, Schattenlehre und Formenbildung in Einklang zu bringen, konnte ich nicht anders, als alle die Versuche, welche Newton und Goethe angestellt, öfters zu wiederholen und nöthigenfalls weiter auszuführen. Unter solchen Verhältnissen ward mir hinreichende Gelegenheit, Goethe's Theorie nach allen Seiten hin zu prüfen und mich von deren vollständiger Richtigkeit zu überzeugen. Hingegen habe ich mich nie mit Goethe's Eintheilungsweise und seinen vielen Nebengliederungen befreunden können, sondern dieselben stets als ein Hinderniß angesehen, weshalb seine Farbenlehre bis heute noch nicht die verdiente Anerkennung gefunden hat. Ich selbst erblicke in den sämmtlichen Farbenerscheinungen ein einheitliches und untheilbares Ganzes, indem die physiologischen, physischen und chemischen Farben so unmerklich ineinander verfließen, daß eine Grenzlinie nicht zu ziehen ist, oder nach Shakspeare eine Nadelspitze zwischen den Unterabtheilungen nicht Platz findet.

---

*) „Ueber das Sehen und die Farben. Von Arthur Schopenhauer. Herausgegeben von Julius Frauenstädt" (3. vermehrte und verbesserte Aufl., Leipzig 1870).

Finsterniß und Licht, Beleuchtung und Reflex.

Die Finsterniß, nämlich die vollkommene Abwesenheit des Lichtes, wird sowol in der Bibel wie in allen ältern Mythologien als der ursprüngliche Zustand des Weltenraumes bezeichnet. „Es war finster auf der Tiefe", heißt es im ersten Buche Moses, während die Veden sich also ausdrücken: „Gott streute Licht durch die ewige Finsterniß." Eine Vorstellung dieses lichtlosen Zustandes vermögen wir uns nicht zu machen.

Das Licht durchbringt den Raum auf unermeßliche Fernen, ohne irgendeine Wirkung auszuüben: erst wenn es auf einen Körper auffällt, wird die Wirkung für unser Auge wahrnehmbar. Wenn jemand in ganz dunkler Nacht von einem erhöhten Standpunkte, sobaß kein reflectirendes Object einwirken kann, hinaus in die Finsterniß schaut, wird diese unverändert und immer die gleiche bleiben, mag es nun hinter dem Rücken des Beschauers ebenfalls dunkel sein oder mag man dort einen Leuchtapparat aufstellen.

Gewöhnlich und besonders im künstlerischen Sprachgebrauche pflegt man unter dem Worte Licht das Sonnenlicht, wol auch die Sonne selbst zu verstehen, welche wir uns als den höchsten Grad von Helligkeit, als farbloses, glänzend reines weißes Licht vorstellen. Die von der Sonne ausgehenden Strahlen beleuchten zwar die von ihnen getroffenen Körper, sind jedoch außer Stande, eine Farbe hervorzurufen, bis nicht ein drittes die Strahlen brechendes Mittel hinzutritt. Solange dieses Mittel, sei es Atmosphäre, Nebel, Glas, Wasser, Eis u. s. w., fehlt, erblicken wir nur achromatische Bilder, nämlich Licht, Finsterniß und die dazwischenliegenden schattigen Abstufungen, welche man insgesammt als Halbschatten bezeichnet, wie bereits ausführlich erörtert worden ist.

Jeder beleuchtete Körper wirft einen Theil der empfangenen Lichtstrahlen zurück und ist auf diese Weise fähig, wieder eine, jedoch schwächere Beleuchtung hervorzubringen. Dieses zurückgeworfene Licht wird Reflex oder Gegenschein genannt. Je lichter und glatter die Körper, um so stärker werden sie reflectiren, während dunkle, poröse und gasförmige dieses nur in geringem Grade thun. An dem Mondenschein können wir die Eigenschaften des Reflexlichtes am leichtesten kennen lernen, da der von der Sonne beleuchtete Mond uns nur einen Reflex zusendet.

Fallen die Lichtstrahlen auf einen ganz glatten, glänzenden Gegenstand, werden sie mit solcher Stärke zurückgeworfen, daß der Reflex nahezu wie das Licht selbst auf die Augen wirkt. Unter solchen Bedingungen entsteht das Glanzlicht oder der Glanz, welcher gleich dem wirkenden Lichte farblos ist. Das mit dem Glanze zwar eng verbundene, doch wesentlich verschiedene Spiegelbild kann als eine von den mannichfaltigsten Umständen abhängende Modification des Glanzes vorläufig nicht in Betracht gezogen werden.

Das Weiße in seiner farbigen Eigenschaft.

Bekanntlich werden Weiß und Schwarz von den Theoretikern nicht als eigentliche Farben angesehen, sondern als die beiden äußersten Grenzpunkte, zwischen denen alle farbigen Erscheinungen sich bewegen. Das Weiße jedoch trägt in ungleich höherm Grade den Charakter einer Farbe als das Schwarze, weshalb ein richtiges Verständniß des Weißen äußerst schwer zu gewinnen ist. Schwarz tritt uns überall, wo das Licht gänzlich fehlt, in solcher Tiefe entgegen, daß unsere Phantasie keine größere Schwärze zu erdenken vermag. Finsterniß und Schwarz erscheinen daher als identisch. Ganz anders verhält es sich mit dem Weißen: weder die Sonne selbst noch der durch eine Linse auf weißen Grund geworfene Sonnenstrahl erscheinen so hell, daß nicht eine noch reinere Helligkeit gedacht werden könnte. Während sich das Schwarze überall auf natürlichem Wege in voller Kraft darstellt, kann möglichst reines Weiß nur mit Hülfe von Instrumenten hervorgebracht werden, und selbst hier spielt der hellste Ton noch immer etwas ins Gelbe. Licht und Weiß sind daher nicht gleichbedeutend, wenn auch die Wirkung beider auf das Auge so ziemlich als die gleiche angesehen werden darf.

Das Weiß des Optikers ist ein viel helleres als das, welches dem Maler zu Gebote steht. Der letztere hat sich unendlich abzumühen, wenn er einen leuchtenden Gegenstand darstellen will: er muß, wie es Claude Lorrain in seinem Sonnenaufgang,

wie Godefried Schalten und Moritz Müller in ihren Flammen=
bildern gethan, die sämmtlichen Farben der jemaligen Gemälde
tiefer stimmen, um das Leuchten der Sonne, des Kerzenlichtes
oder Feuers hervorzubringen, wobei er den Mangel eines inten=
sivern Lichtes fortwährend empfindet.

Dieses eigenthümliche Verhältniß des Weißen einerseits zum
Lichte und andererseits zu den Farben ist als die nächste Ursache
des erwähnten Farbenstreites anzusehen. Indem wir zur Erör=
terung der streitigen Punkte übergehen, haben wir der nähern
Verständigung wegen einige Worte über die gegenwärtig übliche
Eintheilungsweise der Farben vorauszusenden.

Classificirung der Farben.

Die verschiedenartige Natur der Farben wurde von je er=
kannt, und es war namentlich Aristoteles, der die Farben in
einfache, gemischte, unbestimmte und künstliche eintheilte. Die
neuern Theoretiker nehmen drei Arten von Farben an, nämlich:

1) physiologische oder subjective Farben,

2) physische oder optische Farben, und

3) chemische an den Körpern haftende Farben.

1) Die physiologischen Farben entstehen in jedem gesunden
Auge: sie werden hervorgebracht durch jene Eindrücke, welche
das Auge kurz vorher empfangen hat, und zeigen stets die rich=
tigen Complemente der erschauten Farben. Hat man erst einen
purpurrothen Gegenstand längere Zeit betrachtet, wird sich bei
Wendung des Blickes reines Grün als Complement einstellen:
so wird es geschehen den ganzen Farbenkreis hindurch, Gelb
wird das Violett, Blau das Orange hervorrufen, wie verkehrten=
falls Orange das Blau und Violett das Gelb. Auch werden
jedesmal die Complemente sich von der einen oder andern nächst=
gelegenen Farbe ebenso weit entfernen, als die ursprünglich
erschaute Farbe sich einer zweiten zuneigt. Hatten wir z. B.
vorher ein sogenanntes Papagaigrün im Auge, welches aus drei
Theilen Gelb und einem Theil Blau zusammengesetzt ist, wird

das Complement genau die Mitte zwischen Roth und Violett, mithin eine Karmoisinfarbe einhalten.

Werden die physiologischen Spectra im gewöhnlichen Leben nicht bemerkt oder gar für krankhafte Anzeichen gehalten, haben wir dieser Nichtbeachtung gegenüber eine allen Scheibenschützen wohlbekannte Erscheinung zu erwähnen, nämlich die Verkehrung des schwarzen Punktes in Weiß und des weißen Randes in Schwarz. Die Schützen halten es für den günstigsten Moment dann abzudrücken, sobald sich der Scheibenpunkt in Weiß umzuwandeln beginnt. Die Erklärung des Phänomens ergibt sich von selbst aus dem Gesagten. Ausführlich wird die Farbenphysiologie von Goethe §§. 1 — 100 behandelt, wo mehrere derartige Beispiele nachgelesen werden können.

2) Der Unterschied zwischen den physiologischen und physischen Farben besteht darin, daß zur Hervorbringung der letztern jederzeit materielle Mittel nothwendig sind. Diese Farben theilen mit den physiologischen die Eigenschaft, daß sie körperlos und flüchtig sind, jedoch schon einen beträchtlichen Grad von Chemismus besitzen und auch chemische Wirkung ausüben.

Die physischen Farben sind von den Forschern stets mit Vorliebe behandelt worden, weil sich die Phänomene von ihrem Ursprung an Schritt für Schritt durch die verschiedenen Stabien verfolgen lassen, und weil die Resultate gleichmäßiger, auch entschiedener hervortreten, als bei den physiologischen und chemischen Farben. Das Auge ist bei Erzeugung der physischen Farben nicht unmittelbar wirkend, sondern es werden die farbigen Erscheinungen durch außerhalb liegende Mittel hervorgebracht, indem die Lichtstrahlen unter den mannichfaltigsten Verhältnissen bald von den Oberflächen der Körper zurückgeworfen, bald mittels durchsichtiger oder durchscheinender Objecte gebrochen werden.

Die bekanntesten Beispiele physischer Farbenbildung sind die Höfe, welche sich bei dunstiger, gleichmäßig trüber Atmosphäre um Sonne oder Mond zeigen: die schönste und erhabenste aller durch Refraction und Reflexion bewirkten Erscheinungen ist der Regenbogen, welcher an dieser Stelle um so mehr zu besprechen ist, als seine Bildung mit unserm Thema in engster Beziehung steht.

Der Regenbogen.

Dieses prachtvolle Farbenbild entsteht, wenn es unserm Auge gegenüber, also vor uns, regnet, hinter unserm Rücken aber die Sonne scheint. Es brechen sich alsdann die Sonnenstrahlen in den herabfallenden Regentropfen so, daß an den kugeligen Oberflächen der Tropfen die Farben zum Vorschein kommen. Dasselbe Phänomen kann, wenn auch in schwächerm Grade, durch jedes ergiebige Licht, welches auf einen Spritzregen einwirkt, hervorgebracht werden. So erzeugt der Mondenschein manchmal einen Regenbogen, bei welchem jedoch nur die activen Farben deutlich ausgeprägt sind; auch zeigen sich neben den Gascandelabern oft ähnliche Erscheinungen. An Wasserfällen, Springbrunnen und Mühlrädern kann die Regenbogenbildung im kleinen beobachtet werden, und mit Hülfe einer mit Wasser gefüllten, an einem Gerüste aufgehängten Glaskugel lassen sich alle einzelnen Momente der Farbenbildung nachweisen.

Der Regenbogen bildet eine Kreislinie, deren Mittelpunkt an jener Stelle liegt, wo der von dem wirkenden Lichte aus durch das Auge des Beschauers gezogene Hauptstrahl die Regenschichte trifft. In der beigeschalteten Fig. 7 a bezeichnet S den Stand der Sonne, $S—S'$ den Hauptstrahl, A das betrachtende Auge, $R—R'$ die niederfallende Regenschichte und M den Mittelpunkt des Bogens.

Da man häufiger, wie in der Zeichnung Fig. 7 b dargestellt wird, zwei concentrisch übereinander hinziehende Bogen erblickt, muß bemerkt werden, daß nur der innere, zwar schmalere, aber schärfer ausgeprägte, der eigentliche Regenbogen ist; der äußere breitere aber ein Spiegelbild des innern. Hier ist ausschließlich vom innern Bogen die Rede, dessen Refractionswinkel an der Oberseite um $42°—2'$ von der Richtung des Hauptstrahles abweicht. Die Farben reihen sich in der bekannten Ordnung: Roth, Orange, Gelb, Grün, Blau, Violett, so untereinander, daß Roth oben, Gelb in der Mitte und Violett unten stehen.

Jede dieser sechs Farben spricht sich, wie bereits Goethe im ersten Theile seiner Farbenlehre, §§. 237—242, dargethan hat, in zwei deutlichen Streifen oder Tönen aus, indem jede von einem voreilenden breitern Saum begleitet wird. Wir wollen, gestützt auf vieljährige Beobachtungen, die Reihenfolge der Töne durch möglichst entsprechende Farbenkörper auszudrücken versuchen:

I. Roth { Florentiner Lack (Karmoisinlack), Chinesischer Zinnober *),

II. Orange { Mennige, Orlean,

III. Gelb { mittleres Chromgelb, Gummigutt,

IV. Grün { Berggrün (Mineralgrün), Chromgrün (grüner Zinnober),

V. Blau { Ultramarin, Berlinerblau,

VI. Violett { Veilchenblau (Mischung von Ultramarin u. Karmin), Krappviolett.

Der unterste Ton, welcher als Krappviolett bezeichnet ist, nähert wieder dem obersten, der Karmoisinfarbe, und deutet den Kreislauf der Erscheinungen an.

Es ist also nicht das Blau allein, sondern es sind alle sechs Farben, welche hier in doppelter Form erscheinen. Je reiner die Luft, je gleichartiger der Hintergrund, um so intensiver und glänzender werden sich die Farben zeigen, was namentlich an Stellen geschieht, wo der Regenbogen über einen offenen Theil des blauen Firmaments hinüberzieht. In solchen Fällen werden alle Töne, besonders aber die blauen, in so wunderbarer Klarheit leuchten, daß weder durch körperhafte Farben noch durch physikalische Experimente ein auch nur annähernder Eindruck hervorgebracht werden könnte.

3) **Chemische Farben.** Mit diesem Namen bezeichnet man alle in der Natur auftretenden den Körpern anhaftenden farbigen Vorkommnisse, mögen sie nun pflanzlicher, animalischer oder mineralischer Natur sein. Die Naturforscher beschäftigen sich mit diesem Gebiete nur obenhin und benennen es kurzweg als eine qualitas occulta. Für den Farbentechniker aber haben gerade diese Farben die höchste Wichtigkeit, weshalb er vergebens bei den Physikern an die Thür klopft, um sich guten Rath zu

---

*) Das Roth des Regenbogens wie des Prismas ist nicht ganz rein, sondern nähert sich dem Gelbroth des Zinnobers.

erholen. Aus diesem Grunde wurde in vorstehender Abhandlung der chemische Theil der Farbenlehre vorangestellt und die Herstellung der Tinten aus gefärbtem Sande gezeigt, auf daß für die Mischungen ein zuverlässiger Maßstab gegeben werde. Einige Erörterungen über diesen Gegenstand werden wir noch bei Besprechung der Schopenhauer'schen Schrift anfügen.

Newton's Optics.

Als Newton seine Farbenlehre zusammenstellte, hatte er bereits den Gipfel seines Ruhmes erreicht und galt in allen Fragen der Mathematik und Physik als unumstößliches Orakel. Der Entdecker des Gravitationsgesetzes war zugleich der erste, welcher die Farbenlehre in ein abgerundetes System gebracht hatte, und bei dem großen Ansehen, dessen er sich erfreute, konnte es nicht fehlen, daß sein Werk außerordentlichen Beifall fand und noch heute findet. Newton ging von der Ansicht aus, daß die Farben Theile des Lichtes oder Lichtstrahles seien und in ihrer Aneinanderreihung mit der musikalischen Tonleiter übereinstimmen. Lediglich aus diesem Grunde hat er eine Siebenzahl von Farben angenommen und eine überzählige Farbe (Indigo) eingeschaltet, wodurch die natürliche Ordnung gestört und das Wesen der Farben, ihr innerer Zusammenhang geradezu aufgehoben wurden. Es fehlte dem Mathematiker und Physiker Newton jeder künstlerische Sinn, welcher unumgänglich nothwendig ist, wenn man die Farbenunterscheidungen und die Complemente erfassen will. Daher blieben ihm auch die physiologischen Farbenerscheinungen, deren Erkenntniß ein sehr feingebildetes Auge erfordert, ganz fremd, und von den chemischen Farben hat er sich nur einen oberflächlichen Begriff erworben.

Bei solchem Mangel natürlichen Farbensinnes konnte Newton nie zu der Einsicht gelangen, daß die Farben nicht vereinzelt, sondern nur als Farbenpaare auftreten, daß jedes einzelne Farbenbild von dem nothwendigen Complement begleitet sein müsse. Er selbst fühlte die Mängel seines Systems besser als alle seine Anhänger und Nachbeter, daher suchte er mit oratorischem Schmuck und einer Menge von Scheinbeweisen sein künstlich aufgebautes Werk zu stützen und seine farbigen Lichter zur Geltung zu bringen. Daß das Licht keine Farben enthalte, ergibt sich zur Evidenz aus der Thatsache, daß es farblose Körper gibt. Würden die Farben Theile des zersplitterten Lichtstrahles sein, wie Newton behauptet, müßte unter anderm der Mond farbig sein, da er von denselben Strahlen wie die Erde erleuchtet wird.

Von einer falschen Grundlage ausgehend, konnte die von Newton aufgestellte Theorie in ihrer Gesammtheit nur eine Irrlehre werden, wenn auch die richtigsten und scharfsinnigsten Beobachtungen eingestreut sind. Die Ursachen, weshalb die Newton'sche Theorie heute noch so zahlreiche Anhänger hat und in beinahe allen Lehrbüchern der Physik vorgetragen wird, sollen am Schlusse mitgetheilt werden.

Goethe's Entwurf einer Farbenlehre.

Goethe ist Künstler und Aesthetiker, seine Anschauung der Dinge eine höchst geläuterte. Begabt mit einem rastlosen Forschungseifer und dem feinsten Unterscheidungsvermögen, konnte es, als er die Farben zum Gegenstand seiner Untersuchungen machte, nicht anders geschehen, als daß er sich der Newton'schen Lehre gegenüberstellte. Durch seinen Umgang mit Künstlern und seine Reisen in Italien war Goethe in das Reich der Farben eingeführt worden, und wahrscheinlich hatte er in Rom gegenüber den Meisterwerken Rafael's, Tizian's und Correggio's den Entschluß gefaßt, eine Farbenlehre auszuarbeiten, die er jedoch erst in seinem neunundfunfzigsten Jahre vollendete.

Das Irrthümliche der Newton'schen Optics erkannte Goethe vollständig, und sein Bestreben war vor allem dahin gerichtet, den schädlichen Wirkungen dieser Lehre vorzubeugen. Er benennt übrigens sein eigenes Werk nicht eine Theorie, sondern nur den „Entwurf einer Farbenlehre", bietet aber in der That unendlich mehr, als der Titel verspricht. Goethe hat seine Arbeit zunächst für Künstler bestimmt, weil in künstlerischer Beziehung das Bedürfniß fester Anhaltspunkte am meisten gefühlt wurde: sein Verfahren ist daher nicht allein gerechtfertigt, sondern kann den Werth nur erhöhen, in keinem Falle aber beeinträchtigen.

Daß die Farbe in ganz ähnlicher Weise wie die Wärme als Begleiterin des Lichtes auftrete, keineswegs aber ein dem Lichte unmittelbar angehörender Theil sei, wurde dem feinen Beobachter bald klar; er suchte nach einer richtigen Erklärung und fand sie in den verschiedenen Graden der Trübung, welche der Strahl zu durchdringen hat. Und wie durch die Entdeckungen des Kopernicus die endlosen Wirrnisse des Ptolomäischen Weltsystems beseitigt wurden und die Bewegung der Himmelskörper sich als eine einheitliche darstellte, so führt auch Goethe's Lehre die Farbenerscheinungen auf einfache Naturgesetze zurück und stellt die vollkommene Uebereinstimmung aller Farbenglieder her.

In Einem Punkte irrte der große Mann ganz unbegreiflich, indem er glaubte, es werde die Wahrheit seiner Lehre alsbald siegreich durchbringen. Der Dichter hatte keine Idee von dem Schlendrian der Schulmänner und Stubengelehrten, von ihrem Widerwillen, selbst zu denken und eigene Versuche anzustellen. Diese Leute machen Bücher aus Büchern und kommen nie dazu, in Gottes freier Welt sich umzuschauen. Da liegt vor mir ein Berg von neuern Werken über Physik, Optik und Physiologie, darunter die umfassenden Arbeiten von Eisenlohr, Münch, Johann Müller und andern: in allen sind die Newton'schen Fabeln von den sieben homogenen Lichtern Wort für Wort nachgeschrieben, wobei Goethe's Name meistens gar nicht genannt wird.

Verwundern darf man sich über diese Thatsachen nicht; erscheinen ja heute noch in Süddeutschland (vielleicht auch anderwärts) Lehrbücher über Geographie, in denen das Feststehen der Erde behauptet wird, trotz Kopernicus und aller Weltumsegelungen. Hätte übrigens Goethe den ganzen polemischen Theil seines Werkes nebst den eingestreuten Widerlegungen der Newton'schen Optics fortgelassen, würde seine Lehre ungleich größere Anerkennung gefunden haben. Die Mathematiker und Physiker vom Fach, welche von vornherein gegen die Arbeit eines Dichters eingenommen waren, wurden ergrimmt über die Zurechtweisungen, welche derselbe einem ihrer Koryphäen angedeihen ließ, und rächten sich durch Ausfälle oder wenigstens durch beharrliches Ignoriren.

Goethe's bescheidenes Motto: „Si vera nostra sunt aut

falsa, erunt talia, licet nostra per vitam defendimus. Post fata nostra pueri qui nunc ludunt nostri judices erunt", hat sich nicht in seinem Sinn bestätigt. Aus den damals spielenden Knaben sind keine unparteiischen Richter erwachsen, sondern die Leutchen spielen noch immer mit hingeworfenem Tand, und von dem Richteramte, welches ihnen die Weltgeschichte auferlegt, wissen sie keinen Gebrauch zu machen.

Schopenhauer über das Sehen und die Farben.

Schopenhauer bekennt sich in der Einleitung seiner nur wenige Bogen umfassenden, aber desto gehaltreichern Schrift als einen persönlichen Schüler Goethe's und erklärt zugleich, daß er die Anschauungsweise seines Lehrers im ganzen theile und bereit sei, „Goethe'sche Farbenlehre unter Newtonianern, wie ascetische Moral unter modernen Protestanten, Juden und Optimisten zu lehren".

Indessen ist Schopenhauer nicht bei diesem Vorsatze stehen geblieben, er hat nicht allein Goethe's Werk mit höchst wichtigen Zusätzen bereichert und abgerundet, sondern auch eine von jenem unabhängige Theorie aufgestellt. In dieser gedrängten Abhandlung spricht ganz ausschließlich der Denker zum Denker, für Laien sind Schopenhauer's Worte unverständlich. Leider muß ich gestehen, daß der Ausdruck Laien sich hier auf ein sehr großes Publikum bezieht, indem von den Hunderten der Künstler und Kunstjünger, welche ich kennen gelernt, nicht ein einziger die fragliche Abhandlung verstanden hat, oder sich bemühen wollte, dieselbe verstehen zu lernen.

Schopenhauer bespricht eigentlich nur den physiologischen Theil der Farbenlehre, indem er die chemischen und physischen Farben zwar mit Schärfe, aber kurz berührt. Er leitet die Farbe aus der Empfindung ab, welche sie im Auge erweckt und welche die Retina in Thätigkeit versetzt, ähnlich wie es Goethe und früher schon Buffon und E. Darwin gethan; geht aber viel weiter, indem er diese Thätigkeit genau bestimmt und durch Zahlenverhältnisse feststellt. Es wird von ihm angenommen, daß das Licht oder das Weiße die Retina in volle Thätigkeit versetze, das Schwarze dieselbe in Unthätigkeit belasse. Die volle Thätigkeit (Weiß) wird mit 0, die volle Unthätigkeit (Schwarz) mit I bezeichnet: mitten zwischen Schwarz und Weiß stehen das Grüne und das Rothe, von denen jedes die halbirte, beide zusammen die ganze Thätigkeit der Retina hervorrufen. Das dem Schwarzen zunächstbefindliche Violett nimmt ¹/₄, sein Complement Gelb ³/₄ der Thätigkeit in Anspruch, Blau aber ¹/₃ und Orange ²/₃, sodaß jede Farbe mit dem dazugehörigen Complement die ganze Thätigkeit der Retina bedingt. Das von Schopenhauer aufgestellte Schema gestaltet sich folgendermaßen:

Schwarz, Violett, Blau, Grün, Roth, Orange, Gelb, Weiß
0   ¹/₄   ¹/₃   ¹/₂   ¹/₂   ²/₃   ³/₄   I

Wenn auch beim ersten Anblick von der Richtigkeit dieses Schemas überzeugt, war ich doch begierig, dasselbe mit dem von mir verfertigten Farbenglobus zu vergleichen, welcher mit Hülfe einer besondern Vorrichtung die Stellung eines jeden Farbentones zwischen Weiß und Schwarz auf der achromatischen Scala anzeigt.*) Zu meiner größten Freude war die Uebereinstimmung die minutiöseste. Das Schattenartige (σκιερόν) der Farbe, dieser wichtige von Goethe aufgestellte Satz, erhielt durch Schopenhauer's Lehre von der qualitativ getheilten Thätigkeit der Retina den unumstößlichsten Beweis.

War ich bis hierher in der Lage, Schopenhauer's Anschauungen mit den meinigen in vollem Einklang zu finden, kann ich seiner Ableitung des Weißen aus den Complementarfarben durchaus nicht beistimmen und bin genöthigt, ihm mit seinen eigenen Worten entgegenzutreten. Seltsam ist, daß hier der scharfsinnige Denker den von ihm streng behaupteten physiologischen Stand-

---

*) Der von mir hergestellte Farbenglobus ist nicht mit dem Runge'schen zu verwechseln, sondern durchaus neu und meine Erfindung. Durch eine besondere Vorrichtung ist der Globus mit der farblosen Tonleiter und einem in hundert Grade und Minuten eingetheilten Quadranten in Verbindung gebracht, und ein beweglicher Zeiger gibt haarscharf das zu einem jeden Farbentone gehörende Complement an. Hierdurch ist es möglich, die Stellung, welche eine jede Farbe zwischen Weiß und Schwarz einhält (ihren Schattengrad), bis auf ¹/₁₀₀₀₀ zu bestimmen.

II. Licht und Farbe.

punkt verläßt und mit physischen Farben operirt. Nach seiner oben mitgetheilten richtigen Formel nehmen Roth und Grün in der achromatischen Tonleiter die gleiche Stufe ein und stehen in der Mitte zwischen Weiß und Schwarz, sind also Halbschatten und zugleich die gegenseitigen Complemente. In gleicher Stärke zusammenfließend oder gegeneinanderwirkend, geben zwei Halbschatten kein Licht und neutralisiren sich zwei gleichtiefe Farben. Dieses erkennend fügt Schopenhauer bei:

„Es ergibt sich von selbst, daß wenn diese Farben schwärzlich waren, d. h. ein Theil der Retina unzersetzt und zugleich inactiv blieb, diese Finsterniß durch jene Vereinigung nicht aufgehoben wird, also Grau übrigbleibt. Waren aber die Farben in voller Energie, d. h. die Thätigkeit der Retina ohne Ueberrest getheilt, oder waren sie blaß, d. h. war der unzersetzte Ueberrest derselben activ, so muß zufolge unserer Theorie, welche zwei entgegengesetzte Farben als gegenseitige Ergänzungen zur vollen Thätigkeit der Retina, aus deren Theilung sie entstanden sind, betrachtet, ohne allen Zweifel die Vereinigung solcher Farben die volle Thätigkeit der Retina herstellen, also den Eindruck des reinen Lichtes oder des Weißen hervorbringen. Auf ein Beispiel angewandt, ließe sich dieses in Formeln also ausdrücken:

Roth = voller Thätigkeit der Retina — Grün
Grün = voller Thätigkeit der Retina — Roth
_____
Roth + Grün = voller Thätigkeit der Retina = der Wirkung des Lichts oder des Weißen."

Diese Sache ist nicht so ohne allen Zweifel, wie hier behauptet wird. Die Formel läßt sich nach dem früher mitgetheilten Schema auch umkehren, und man kann mit demselben Rechte ansetzen:

Roth = Halbschatten
Grün = Halbschatten
_____
Roth + Grün = Halbschatten^2 = volle Finsterniß.

Hieraus ergibt sich, daß allen Complementarfarben das Bestreben innewohnt, sich in Weiß oder Schwarz aufzulösen und zwar nach Maßgabe ihrer Stellung zwischen Licht und Finsterniß. Das Mangelhafte seiner Formel hat Schopenhauer wohl gefühlt, und deshalb den Zusatz angehängt, daß die Complementarfarben nur dann Weiß erzeugen, wenn sie sich der lichten Seite zuneigen, nicht aber wenn sie dunkel sind. Dieser Satz erinnert so sehr an die Newton'schen Cautelen, daß wir ihn aus der Abhandlung fortwünschen. Auch werden an dieser Stelle, §. 10, S. 42, die blassen Farben ohne Unterschied activ genannt, was auf einem vielleicht zufälligen Schreibversehen beruht. Blau und Violett bleiben passive Farben, mögen sie nun in lichtester oder dunkelster Form auftreten. Durch das Zusammentreten eines sich ergänzenden Farbenpaares entsteht nur Grau, wie Goethe dargethan hat. Dieses Grau wird nach Beschaffenheit der erzeugenden Mittel dunkler oder heller sein und kann daher in letzterm Falle leicht den Eindruck von Weiß hervorrufen, ohne wirkliches Weiß zu sein. Da die prismatischen Farben, ganz besonders aber das Roth, durchgehend der Lichtseite zuneigen, wird begreiflich, warum die durch zwei Prismate oder sonstige Mittel bewirkte Neutralisirung entgegengesetzter Farben so oft als reines Weiß angesehen wird.

Auf physiologischem Wege ist die Herstellung des Weißen aus Farben bisher nicht gelungen, und die verschiedenen physischen oder chemischen Versuche täuschen ein gesundes Auge höchstens für einige Augenblicke. Erscheinen eine blaßrothe Rose im Lichte einer grünseidenen Gardine, oder der Spanische blaßviolette Flieder bei Lampenbeleuchtung einem ungeübten Auge als Weiß, wird das geübte und farbenkundige Auge nur ein lichtes Grau erblicken.

Aehnlich verhält es sich mit den verschiedenen chemischen Experimenten, das Weiße darzustellen. So wurde das sogenannte Weißfärben der Seidenfärber lange Jahre als Geheimniß bewahrt. Die von Natur aus semmelfarbene (also verdünnt rothgelbe) Seide wird wiederholt in eine bläuliche Lauge getaucht und ausgewaschen, worauf sich der milchweiße Seidenton einstellt. Dieser Ton nähert sich aber nach der achromatischen Scala um etwa drei Grade dem Grau. Wenn man dem grünlichen Glase in den Glashütten den grünen Ton durch ein röthliches Mittel zu nehmen weiß, entsteht zwar ein ziemlich farbloses, im entferntesten aber nicht weißes Glas. Vor etwa dreißig Jahren war ich mit Ausführung vieler Baupläne beschäftigt und bediente mich dabei einer Sorte von Zeichenpapier, welches bei sonstigen guten Eigenschaften einen unangenehmen röthlichen Schimmer hatte. Ein alter Praktikus von einem Maler rieth mir, das Papier weiß zu färben, was sehr leicht sei, wenn man eine Lauge von Tabackblättern bereite, einen Tropfen von Gall= apfeltinte beimische und damit das Papier überziehe. Eine halbe Cigarre genüge, um einen Schoppen von solcher Lauge herzu= stellen. Diesem Rathe folgend, erhielt ich eine blaßgrünliche Lauge, welche dem Papier einen für das Auge sehr wohlgefäl= ligen weißlichen Ton verlieh. Es wiederholte sich hier auf che= mischem Wege dasselbe Beispiel, welches wir gelegentlich der grünbeleuchteten Rose als physisches angeführt haben.

Es muß hier zum wiederholten male in Erinnerung gebracht werden, daß Licht, Durchsichtigkeit und Weiß zwar vielfach ver= wandt seien und oft das eine durch das andere ersetzt werden könne, daß aber Durchsichtiges, Durchscheinendes und Weißes verschiedene Grade oder Modificationen der Trübung darstellen, also nicht verwechselt werden dürfen. Daß derartige Verwech= selungen bei dem äußerst subtilen Charakter dieser Materie leicht stattfinden und die dadurch entstandenen Irrthümer sich jahr= hundertelang hinschleppen können, darf den Forscher nicht ent= muthigen, denn ewig steht fest: „Sicut lux se ipsam et tenebras manifestat, sic veritas norma est sui et falsi."

Mit Ausnahme der erwähnten, in Anbetracht der obwal= tenden Verhältnisse beinahe unvermeidlichen Irrung, enthält das Schopenhauer'sche Buch keinen Abschnitt, keinen Satz, der nicht die vollste Beherzigung verdiente. Ich meinerseits gestehe mit Freuden, daß ich dem Studium dieser Schrift sehr viele Auf= klärung verdanke und dadurch angeeifert wurde, meine wegen isolirter Lage unterbrochenen Arbeiten wieder aufzunehmen und fortzusetzen.

Hoffentlich wird Schopenhauer's Werk die wohlthätige Folge haben, daß die Farbenlehre, mit welcher uns Goethe vor sechzig Jahren beschenkt hat, bald in einer den Anforderungen der Gegenwart entsprechenden Form als neue Auflage ans Licht treten werde.

III.

Bildung und Charakteristik der Formen.

Die nachstehenden Untersuchungen über Formenbildung wurden durch ein Zusammentreffen so mannichfaltiger Ursachen hervorgerufen, daß ich nicht umhin kann, eine kurze Erzählung vorauszusenden.

Es war tief im Spätherbste; auf einen Novembertag, so schön, als ihn der Altweibersommer nur gewähren kann, war ein klarer, milder Abend gefolgt. Man saß im Freien, sprach über Humboldt's soeben vollendeten „Kosmos" und betrachtete den gestirnten Himmel, an welchem Tausende von Sternschnuppen hin- und herschossen. Eins dieser Meteore rückte dem Auge näher: es brach plötzlich im Zenith hervor und zog in Gestalt einer blendendweißen Kugel von acht Zoll scheinbarem Durchmesser mit mäßiger Schnelligkeit gegen Osten hin, wo es nach etwa zwei Secunden im Horizont verschwand. Diese Erscheinung war der ganzen Gesellschaft viel zu neu und überraschend, um nicht ausführlich besprochen zu werden. Insbesondere war die scharfgeschnittene cirkelrunde Form und ein hinterherziehender röthlicher Schweif aufgefallen, dann die vom Mondlicht sehr verschiedene beinahe vollständige Tageshelle, welche sich momentan über die Landschaft ergossen hatte.

Wenn auch dieser oder jener den Rock bedenklich zuknöpfte und den Kragen aufstülpte, trennten sich die Leute erst in später Stunde, nachdem für den kommenden Tag ein Ausflug war verabredet worden. Am folgenden Morgen wollte es nicht hell werden in meiner zwar bescheidenen, aber mit zwei großen Fenstern ausgestatteten, hoch und frei gelegenen Stube, obgleich der Tag längst angebrochen war. Als Ursache der Verdüsterung

III. Bildung und Charakteristik der Formen.

zeigten sich Vorhänge von geblümtem dichtem Stoffe, mit welchen die Fenster im Laufe der Nacht waren überdeckt worden. Da ein Künstler erstens keiner Vorhänge bedarf und zweitens keine Vorhänge hat, da ferner die Einwirkung von solchen freundlichen Feen, welche in früherer Zeit die Schläfer zu beglücken pflegten, nicht wohl vorausgesetzt werden konnte, sprang ich auf, um das Wunder zu beschauen.

Das nächste der Fenster war mit einer prächtigen Arabeske von Acanthusblättern überzogen, das Laubwerk schien wie auf weißen Sammt gepreßt und zeigte so feine Modellirung, wie sie schwerlich je durch Künstlerhand hervorgebracht worden ist. Mutter Natur selbst hatte diese Ornamente gezeichnet, gleichsam als Beweis, daß ihre ewig gestaltende Kraft im Moment der Erstarrung nicht minder bewunderungswürdig sei als in den Blütemonden oder zur Sommerzeit. Es hatte sich binnen weniger Stunden der Winter mit aller Strenge eingestellt, das Thermometer zeigte neun Grad unter Null, und die Vorhänge zerflossen, als eingefeuert wurde.

Seltsamerweise befand sich an dem zweiten vom Bette etwas weiter entfernten Fenster kein pflanzenartiges Gebilde; hier zogen geradlinige schmale Stäbe über die Glastafeln hin und durchschnitten sich häufig in rechten und spitzen Winkeln, wobei allerlei geometrische Figuren, Triangel, Rauten, Sechsecke u. s. w. beschrieben wurden. Die Stäbe waren mit zarten Fransen eingefaßt und in den Zwischenräumen schimmerten kleine weiße Sterne. Die Zeichnung war von der erstbeschriebenen so unendlich verschieden, als etwa eine Eiche von einem Schilfrohrbusche verschieden sein kann.

Nun drängte sich von selbst die Frage auf, welche Kräfte thätig waren, um diese Bildungen hervorzurufen: wie konnte es geschehen, daß der Frost links ein schwungvolles Rankenwerk, rechts geometrische Figuren erzeugte, daß unter scheinbar gleichen Verhältnissen und unmittelbar nebeneinander so gänzlich verschiedene Bilder entstehen konnten?

Im Nachdenken über diese Fragen vertieft, schrieb ich unwillkürlich die nachstehenden Worte nieder:

> Wie die Krystalle tief im Felsengrunde
> Zu Säulenreihen, Grotten sich gestalten,

III. Bildung und Charakteristik der Formen.

> Die Palmen unter ewig blauem Himmel
> Als sterngewölbte Kronen sich entfalten,
> Wie Zellen fügt mit unbewußtem Drange
> Die Biene in geheimnißvollem Walten:
> So strebt der Mensch nach selbsterfundnem Plane
> Ein Schöpfungsbild im Dombau festzuhalten.

Die Erklärung des Chemikers, welcher in den überfrorenen Fenstern nichts anderes als eine Condensation wässeriger Dünste erblickt, wird den Künstler um so weniger befriedigen, als die Ursache der verschiedenen Bildungen unaufgehellt bleibt. Scheinen auch die Wege des Naturforschers und des Künstlers anfänglich die gleichen zu sein, verfolgen doch beide so entgegengesetzte Ziele, daß ein Zusammengehen nicht wohl möglich ist und jedenfalls der Kunstübung zum Nachtheil gereichen würde. Wie sehr das Hereinziehen übertriebener naturgeschichtlicher Studien den künstlerischen Wirkungskreis zu stören vermöge, beweist das Beispiel eines hochbegabten Landschaftsmalers, dessen Bilder bereits in erster Reihe genannt wurden. Indem er sich, angeeifert durch Karl Vogt, mehr und mehr in das Studium der Geologie versenkte und demgemäß seine Vordergründe geologisch richtig darzustellen versuchte, verlor er das Gefühl für Harmonie und wurde in kurzer Zeit unfähig, ein einheitliches Kunstwerk zu schaffen.

In Anbetracht dieser Verhältnisse wird es gestattet sein, daß bei Besprechung der Formenwelt dieselbe künstlerische Anschauungs- und Ausdrucksweise beibehalten werde, welche der Farbenerklärung zu Grunde gelegt worden ist. Der Künstler hat es mit der Erscheinungswelt zu thun: unter Einhaltung dieses Standpunktes erscheint es ganz gleich, ob reguläre Körper, wie Prismen, Würfel, Octaëder u. s. w., echte oder unechte Krystalle seien, ob diese oder jene Form ihr Entstehen dem Feuer oder Wasser verdanke.

Arten der Formen.

Die Formenbildung vollzieht sich vor unsern Augen tagtäglich auf verschiedene Weise: bald auf mechanischem Wege

III. Bildung und Charakteristik der Formen. 69

durch Druck und Reibung, bald auf chemischem Wege durch Krystallisation, oder in höchster Potenz durch Wachsthum, nämlich durch organische Entwickelung aus einem lebensfähigen allmählich zunehmenden Keime. Daß diese Bildungsweisen nicht immer scharf unterschieden werden können, sondern häufig ein Zusammenwirken der verschiedenen Kräfte stattfindet, daß überhaupt die Formenbildung ebenso mannichfaltige Uebergänge und Umwandlungen zuläßt als die Farbenwelt, werden wir im Verlaufe dieser Untersuchungen kennen lernen.

Producte des Mechanismus.

Durch Mechanismus werden nur die einfachsten Grundgestalten hervorgebracht, Kugel, Walze und Kegel. Ein frei im Raum sich bewegender oder fortbewegter Körper wird die Rundform anzunehmen suchen, und es wird, wie die kosmischen Erscheinungen darthun, diese Form um so vollständiger erreicht werden, je unbehinderter die Bewegung vor sich geht. Die Regentropfen und Hagelkörner führen uns den Beweis stündlich vor die Augen. Geschieht aber die Bewegung nur einseitig und auf fester Unterlage, wird die Walzenform hervorgebracht.

Wer immer den Lauf eines Gebirgsflusses vom Ursprung an einige Meilen weit verfolgt, kann an den vom Wasser fortgeschwemmten Gesteinen die Entwickelung und Fortbildung sowol der Kugel- wie Walzenform Schritt für Schritt beobachten. Nahe am Ursprung rauschen die Waffer über zersplitterte formlose Steintrümmer, welche fortrollend bald die schärfsten Ecken verlieren. Weiter abwärts nehmen die Stücke je nach Art der Bewegung entweder Walzenform an, oder sie gestalten sich zu jenen kugeligen Knollen, welche unter dem Namen Gerölle und Geschiebe die Ufer bedecken.

Ruht aber ein Körper auf fester Unterlage, wird er vermöge seines Eigengewichtes allmählich die Gestalt eines Kegels anzunehmen trachten. Bei umfangreichen Massen von losem Zusammenhange bildet sich die Kegelform augenblicklich und zwar durch Abrutschungen, wie man an den durch Stürme oder Wasserfluten aufgethürmten Sandhügeln bemerken kann. Nicht selten zeigen diese Hügel solche Regelmäßigkeit, daß man künstliche Abarbeitung voraussetzen möchte.

Krystallformen.

Unendlich mannichfaltiger als die auf mechanischem Wege erzeugten Bildungen erscheinen jene, bei deren Entstehung chemische Kräfte gewirkt haben. Es sind zunächst die Krystalle, welche unsere Aufmerksamkeit fesseln. Sie gehören vorzugsweise dem Mineralreiche an und zeigen einen Formenreichthum, welcher in Verbindung mit strenger Regelmäßigkeit ohne Zweifel von Einfluß auf die Kunstübung gewesen ist. Durch Krystallisation werden die mannichfaltigsten geometrischen Körper, vom einfachen Würfel bis zu den verwickeltsten Combinationen hervorgebracht und zwar mit einer Schnelligkeit, daß man die Entstehung beobachten kann, ohne jedoch über die wirkenden Ursachen aufgeklärt zu werden.

Die Griechen bezeichnen mit dem Worte χρύσταλλος ursprünglich das Eis, verbanden also damit den Begriff des Erstarrens, während wir vielmehr die ersten Stufen des Wachsthums in der Krystallbildung zu erblicken gewohnt sind.

Die Mannichfaltigkeit der Bildungen und Versetzungen geht ins Unendliche: in den Lehrbüchern werden Hunderte von Formen aufgezählt, ohne daß die Summe auch nur annähernd bezeichnet werden könnte. Dabei wechselt das Größenverhältniß so außerordentlich, daß man oft mit dem schärfsten Vergrößerungsglase die einzelnen Individuen nicht zu unterscheiden im Stande ist, während nicht selten Gebilde von den kolossalsten Dimensionen vorkommen.

Die Krystallformen sind vorwaltend architektonischer Natur, und viele derselben wurden nachweisbar in die Bautechnik übertragen: so sind die prismatischen Säulen, die Umsetzungen der Polygone, die Durchschneidungen der Gliederwerke offenbare Nachbildungen von Krystallisationen. Die aus Säulen aufgethürmten Basaltpyramiden, bei welchen die einzelnen Stücke rings an eine senkrechte Mittelsäule angelehnt sind, scheinen die Vorbilder der gothischen Thurmbauten gewesen zu sein. Es darf

III. Bildung und Charakteristik der Formen.

überhaupt den verwandten Basalt-, Trapp- und Lavagebilden ein viel größerer Einfluß auf die beginnende Kunstthätigkeit zugeschrieben werden, als man anzunehmen geneigt ist: wir erblicken nicht allein regelrechte Mauerwerke und Säulenstellungen, wie sie unter anderm die Basalte der Auvergne und die Laven bei Torre del Greco zeigen, sondern förmliche Bauwerke, von denen die einem ungeheuern dorischen Tempel ähnliche Fingalshöhle auf Staffa das bekannteste Beispiel ist.

Die meisten Krystalle sind durch gerade Linien und ebene Flächen umschrieben: diese Eigenschaften unterscheiden hauptsächlich die mineralischen Bildungen von den pflanzlichen und animalischen. Wenn hier und da pflanzenartige Gestalten auf dem Wege der Krystallisation hervorgebracht werden, wie z. B. die durch das Ueberfrieren der Fenster gezeichneten Arabesken, dürfen äußere Einwirkungen als Ursache angesehen werden.

Bei ihrem geometrischen Bau können die Krystalle kein malerisches Ansehen haben, wie sich schon aus der im Eingange angeführten Regel ergibt, daß der Rhythmus in der Malerei nicht unverhüllt auftreten darf. Erst bei riesenhaften Dimensionen und dort, wo durch Verwitterungen ein ruinenhafter Zustand herbeigeführt worden ist, gelangt das malerische Element zur Geltung.

Pflanzenformen.

Den strengen mineralischen Gestaltungen stehen die vegetabilischen gegenüber als vorzugsweise malerische Naturerzeugnisse. Der Uebergang jedoch von der unorganischen Welt in die organische ist ein so allmählicher und unmerklicher, daß die niedrigsten Pflanzenarten kaum von den Mineralien unterschieden werden können. Je höher die Pflanze sich entwickelt, um so freier wird ihre Bewegung, um so lebendiger treten die einzelnen Theile hervor.

Betrachten wir die blatt- und blütenlosen Flechten und Pilze, gibt sich noch eine bedeutende Hinneigung an die Krystallformen zu erkennen: diese Gewächse haben ein ungegliedert konisches, kugeliges oder walzenartiges Aeußeres und erreichen selten bedeutende Größenverhältnisse. Die blätterreichen, aber noch blütenlosen Farrn entwickeln sich bereits zu schönen Gebüschen, bei welchen jedoch das geometrische Element immer vorherrscht, während die mit einfachen Keimblättern versehenen Pflanzen, die Zwiebelgewächse, Liliaceen und Palmen ungleich wechselvollere Formen zeigen. In den Coniferen, der Tanne, Pinie und vor allen in der Ceder, tritt das malerische Element noch entschiedener hervor, wenn auch das massenhafte Vorkommen dieser Bäume, namentlich bei den mit Fichtenwald überdeckten Hügeln, noch immer an Krystalldrusen erinnert.

Den höchsten Grad von Selbständigkeit gewinnt das Pflanzenleben in den mit reichen Laubkronen versehenen Bäumen und Straucharten: der Eiche, Linde, Buche, dem Ahorn und andern, theils in gemäßigten, theils in warmen Zonen vorkommenden Gewächsen. Durch anmuthiges Linienspiel zeichnen sich die Erbsenblütler aus, denen sich Epheu, Geißblatt und Weinstock anreihen.

Merkwürdig ist, daß alle Pflanzen, so unabhängig und bewegt die äußere Erscheinung immer sein mag, in ihren Blüten und Früchten stets die geometrische Bildungsweise beibehalten. Die Blumen werden durch Drei-, Vier-, Fünfecke und andere Polygone gezeichnet, die Früchte halten krystallinische Structur ein und gleichen oft, wie die Tannenzapfen, Granatäpfel, Melonen u. s. w., vollständig den Krystallbildungen. Diese Annäherung an das Mineralreich fällt besonders an den Petrefacten auf, bei welchen alle nebensächlichen Bestandtheile durch den Versteinerungsproceß aufgesogen worden sind.

In künstlerischer Hinsicht besitzen die Pflanzenbildungen unendlich höhere Wichtigkeit als die Krystalle. Zunächst bot der Blumenflor eine unerschöpfliche Fundgrube für Ornamentik und Anordnung von Geräthschaften, der Palmbaum diente als Vorbild der cannelirten Säule, die Knospe des Lotos wurde nachgeahmt in dem anstrebenden Capitäl, und das vortretende Geäste lieferte Anhaltspunkte für Ausladungen.

Die Umrisse der höhern Pflanzenarten zeichnen sich durch Weichheit und Anmuth aus, sowol im einzelnen Vorkommen wie in gruppenweiser Zusammenstellung. Die ausgebildete Eiche oder Linde gewährt in der Nähe wie Ferne stets ein reizendes

III. Bildung und Charakteristik der Formen. 73

Bild, welches zu beschauen das Auge nie müde wird: anziehender noch erscheint ein mit Lichtungen durchzogener Wald, welcher die Betrachtung der Gruppen zuläßt. Der Baum ist die Krone des Landschaftbildes, seine Darstellung wird jederzeit eine der lohnendsten Aufgaben des Künstlers bilden. Kein Gegenstand ist in so hohem Grade geeignet, den verborgenen Rhythmus und die Feinheiten eines Landschaftsbildes erkennen zu lassen, als der frei aufgewachsene, von keinerlei Cultur in seiner Entwickelung beeinflußte Baum. Bei dem Studium dieser Pflanzengattung werden wir gewahr, daß den leichtgeschwungenen, scheinbar unregelmäßigen Umrißlinien jederzeit ein gewisses Maßverhältniß innewohne, daß mit jeder Ausladung auf der einen Seite eine jenseitige Einziehung correspondire, wodurch immer ein bestimmtes, wenn auch nicht auffallendes Gleichgewicht verbleibt. Fehlt diese geheimnißvolle Rhythmik, wie es bei cultivirten Bäumen und Gesträuchen der Fall ist, findet unser Auge auch keine Befriedigung. Dieses ist Ursache, weshalb der Landschaftsmaler sich gern in abgelegenen verwilderten Gegenden ergeht, weshalb er die knorrige Kiefer der pyramidalen Fichte, den wilden Schlehdorn der Alleepappel vorzieht.

Animalische Bildungen.

Die auffallendsten Contraste, welche die Natur hervorzubringen vermochte, finden sich im Thierreiche, dessen unterste Klassen in Bezug auf Formenentwickelung anscheinend tiefer stehen als die Krystalle und primitiven Pflanzenarten. Von manchen Thiergattungen bleibt unentschieden, welchem Reiche sie beigezählt werden sollen, so die Protozoen, Strahlthiere und Mollusken. Sie sind noch geschlechtslos und bestehen nur aus einer Art von Schlund, welcher Flüssigkeiten einsaugt und die daselbst entwickelten jungen Thiere abstößt. Die meisten dieser Urthiere sind ganz formlos und nicht im Stande, sich von der einmal eingenommenen Stelle fortzubewegen. So unentwickelt das Thier, welches oft nur aus einem mit kalkiger Schale umgebenen Gallertklumpen besteht, zeigt sich doch die Schale (das Gehäuse) nicht selten als ein Meisterwerk geometrischer Bildung, gehoben durch farbige Ausstattung.

Viele Thiere der mittlern Ordnungen zeichnen sich durch leuchtende Farben aus, wobei die nahen Beziehungen zwischen Form und Farbe oft mit großer Bestimmtheit hervortreten. Das allmähliche Steigern wie das Zurückweichen der Farben steht im engsten Zusammenhange mit der Entwickelung der Organismen, wie schon aus dem Umstande erhellt, daß die im Wasser oder in der Luft, also im Bereiche der größten Strahlenbrechung, lebenden Thiere mit den intensivsten Farben ausgestattet sind, während die auf der Erde lebenden größtentheils matte Färbung zeigen, und die unter der Erde sich aufhaltenden Würmer beinahe ganz farblos sind.

Die Thiergestalten werden durch mehr oder minder gebogene Linien umschrieben; schnurgerade Linien und ganz ebene Flächen kommen in diesem Reiche nicht vor. Die Schlangen und Saurier bewegen sich in fortlaufenden Wellenlinien, die Fische werden durch Segmentbogen, die Vögel durch mehrfach geschwungene Linien gezeichnet. Den größten Formwechsel gewahrt man bei den Säugethieren, von denen die meisten behaart und nur wenige mit glatter Haut oder mit Gürtelpanzern, Schuppen u. dgl. versehen sind.

Bei den letztern, welche unter den Säugethieren den tiefsten Rang einnehmen, waltet die geometrische Bildungsweise entschieden vor, welche bei höherer Entwickelung mehr und mehr abnimmt und zuletzt nur an einer oft vorkommenden symmetrischen Fleckenvertheilung zu bemerken ist. So haben schwarze Pferde nicht selten weiße Füße und solche Stirnflecken, die gelben Tiger gleichmäßig vertheilte schwarze Querstreifen, lichtfarbige Hunde schwarze oder gelbe Ohren u. s. w.

Die größten Säugethiere, Wal, Elefant, Nashorn und Flußpferd, sind geradezu unförmlich und lassen an ihrem Außenbau von höherer Organisation keine Spur wahrnehmen; andere, wie die Kamele, Giraffen und Robben, erscheinen mehr abenteuerlich als vollkommen entwickelt, während die Mehrzahl der Nage- und Raubthiere sich durch Formenschönheit auszeichnet. Das Eichhörnchen in seinen possirlichen Stellungen, der Löwe in Ruhe, der Leopard im Sprunge, verdienen als hervorragende

III. Bildung und Charakteristik der Formen.

Beispiele entwickelter Thierformen angeführt zu werden. Es ist unmöglich, ein lebendigeres und zugleich ergötzlicheres Schauspiel zu beobachten, als ein paar spielende Windhunde, wenn sie sich mit ihren schlanken Leibern verflechten, rasch trennen und in lustigen Sprüngen wieder nähern. Graziöser noch erscheint das lauschende Reh, die vollendetste Gestalt aber besitzt unstreitig das Pferd, dessen Gliederbau ebenso große Regelmäßigkeit zeigt, wie der Gang zugleich Stolz und Anmuth ausdrückt.

Zur Betrachtung der Vögel als zweiter Klasse übergehend, finden wir wieder, daß die größern Gattungen, als: Strauß, Kasuar, Trappe, Pinguin, mit den großen Säugethieren in Bezug auf Formlosigkeit übereinstimmen, ferner daß die Raubvögel vorzugsweise entwickelt sind. Der leichtbeschwingte elastische Körperbau der meisten Vögel hat etwas sehr Gefälliges, wenn sich auch nicht verkennen läßt, daß die Gestalten geringe Abwechselung zeigen und die vom steifen Federpanzer umzogenen Leiber ungleich weniger durchgebildet sind als die der Vierfüßler. Ein Kind, welches zu zeichnen anfängt, wird nach einigen Stunden im Stande sein, einen Vogel oder Fisch deutlich darzustellen, während ihm kein anderes Bild gelingt. Die Umrisse der Vögel und Fische stimmen überhaupt vielfach überein; die Leiber zeigen Flaschenformen, an welche sich längere oder kürzere Hälse und im Verhältniß zum Körper kleine Köpfe anreihen. Hier Flügel und Federn, dort Flossen und Schuppen, überall herrscht das geometrische, krystallinische Element in scharfer Ausprägung vor. Sieht man von der Farbenpracht ab, ist es bei dem Vogel zunächst die Gesammterscheinung, welche gefällt, die Feinheiten des Baues, das Muskelspiel werden durch die Federn verdeckt.

Eine vollständigere Entwickelung der Muskulatur zeigen einige Reptile, besonders die in Europa heimischen Echsen, so die grüne und die flinke Eidechse (Lacerta viridis und Lacerta agilis), ungemein zierliche Thierchen, deren geschmeidiger Körperbau den schönsten Säugethieren nicht nachsteht.

Bei den meisten Insekten erscheinen die Leiber unschön und von untergeordneter Bedeutung im Vergleich mit den Extremitäten. Flügel, Decken, Freßzangen u. dgl. spielen die Hauptrolle; die Umriſſe ſind häufig abſtoßend, wenn auch die Farben in unübertrefflicher Schönheit leuchten.

Die menſchliche Geſtalt.

Die Umriſſe des menſchlichen Körpers unterſcheiden ſich von allen thieriſchen Formen durch langgezogene, ſanftgeſchwungene Linien, an welchen alle ſcharfen Brechungen und Ecken vermieden ſind. Die Stellung iſt aufrecht, der Leib unbehaart und nur der ovale Kopf mit einer reichen Haarkrone geſchmückt. Alle jene kryſtalliniſchen Bildungen, denen man noch im höhern Thier= reiche begegnet, ſind in der menſchlichen Figur abgelegt: nur der Augenſtern erinnert an das geometriſche Element, und unter dem Mikroſkop entdeckt man, daß die Haut ſchuppige Structur beſitzt.

Das Linienſpiel, welches die Umriſſe der menſchlichen Geſtalt gewähren, darf unbedingt als das vollendetſte Werk der ſicht= baren Schöpfung anerkannt werden: gerade und parallele Linien kommen an keinem Theile vor, jeder Schwellung entſpricht eine gegenüberſtehende Einziehung, und neben der ſtrengſten Regel= mäßigkeit beſteht die vollendetſte Harmonie.

Die Schönheit des menſchlichen Körpers und die Ueberein= ſtimmung aller Theile hat ſchon vor mehrern Jahrtauſenden die Künſtler veranlaßt, die Proportionen zu ermitteln und feſte Geſetze aufzuſtellen. Die ägyptiſchen Bildhauer ſollen die ganze Körperlänge in $21^{1}/_{4}$ Theile abgetheilt und nach dieſem Maße ſo genau gearbeitet haben, daß zwei an verſchiedenen Orten befindliche Künſtler nach bloßer Maßangabe im Stande waren, die einzelnen Partien einer Koloſſalſtatue auszuführen. Aehnliches hat auch Polyklet aus Sikyon, ein Zeitgenoſſe und Rivale des Phidias, angeſtrebt, indem er in einer Figur, Kanon genannt, alle Regeln des menſchlichen Körperbaues niederzulegen ſuchte.

Der römiſche Schriftſteller und Architekt Vitruvius, deſſen Schriften auf uns gekommen ſind, hat die bemerkenswertheſten Proportionen wahrſcheinlich nach ältern griechiſchen Mittheilun= gen verzeichnet. Sind dieſe Regeln auch nicht ganz zuverläſſig,

III. Bildung und Charakteristik der Formen.

haben sie doch den Grund gelegt zu spätern Forschungen, welche namentlich Leonardo da Vinci und Albrecht Dürer mit Eifer und glücklichem Erfolge gepflogen haben. In neuerer Zeit war es Winckelmann, welcher die Untersuchungen wieder aufgenommen und mit dem ihm eigenen Scharfsinn gefördert hat; ihm folgte eine ansehnliche Reihe von Theoretikern aus allen Nationen, welche sich insgesammt an die schönsten Bildnerwerke des Alterthums, namentlich an den Laokoon, die Niobidengruppe, den Apollo vom Belvedere und die Mediceische Venus hielten, wobei die zwei letztern Statuen gewöhnlich als Vorbilder für männliche und weibliche Schönheit aufgestellt wurden.

Eine Besprechung der zahlreichen zum Theil sehr verdienstvollen Arbeiten, welche sich mit den Verhältnissen der menschlichen Gestalt beschäftigen, würde von unserm vorgestecken Ziele abführen; im ganzen stimmen alle Forscher darin überein, daß sie durch ein aus dem Körper selbst abgeleitetes Maß, als Kopf-, Gesichts-, Nasen- oder Fußlängen, die verschiedenen Theile bestimmen. Wie es bei derartigen Untersuchungen zu geschehen pflegt, wurden die als mustergültig anerkannten Sculpturwerke mit solcher Genauigkeit ausgemessen und zergliedert, daß man Gefahr lief, ob der Fülle von Regeln die Kunst selbst zu vergessen. Die Art und Weise der Epigonen, alles Heil in den Regeln zu suchen, war Ursache, daß man auf den seltsamen Gedanken verfiel, eine Schönheitslinie ermitteln zu wollen, wozu bereits Winckelmann die Anregung gegeben hatte.

Eine einfache Linie aber, mag sie nun gerade oder wie immer gebogen sein, wird weder als schön, noch als häßlich bezeichnet werden können, weil diese beiden Eigenschaften ein Verhältniß bedingen, welches nur durch Verbindung mehrerer Linien zu einem Ganzen hervorgebracht werden kann. Es liegt zu Tage, daß eine eigentliche Schönheitslinie nicht existire, daß eine und dieselbe Linie je nach verschiedenen Verbindungen auch ganz verschiedene Wirkungen hervorrufen und den entgegengesetztesten Zwecken dienen könne.

Aehnlich verhält es sich mit den geometrischen Grundgestalten, den Flächen wie den Körpern; diesen Bildungen ist zwar ein gewisser Ausdruck eigen, welcher unter allen Bedingungen derselbe bleibt, aber durch Größenverhältnisse und Zusammenstellungen wesentliche Modificationen erfahren kann. An und für sich machen die regelmäßigen geometrischen Formen keinerlei Ansprüche auf Schönheit: der Kreis, das gleichseitige Dreieck und Quadrat, der Würfel, die Kugel und Pyramide lassen nur mit sich selbst einen Vergleich zu und hören bei der geringsten Veränderung auf, zu sein, was sie sind. Es kann daher, wenn ausschließlich die Form im Auge behalten wird, von einer schönen Kugel keine Rede sein, weil es keine häßliche gibt.

Ehe wir jedoch die Charakteristik der wichtigsten Grundformen erörtern, haben wir unsere Aufmerksamkeit den intimen Beziehungen zwischen Farbe und Form zuzuwenden.

Verwandtschaft zwischen Form und Farbe.

Es ist im Verlaufe dieser Abhandlung angedeutet worden, daß zwischen Farbe und Form ein entschiedener, aber noch unergründeter Zusammenhang bestehe und daß dieses Verhältniß im Mineral- und Thierreiche am deutlichsten wahrzunehmen sei. Hier wie dort zeigen die Gebilde der untersten Entwicklungsstufen, die Erdarten und amorphen Gesteine einerseits, wie die Infusorien und Weichthiere andererseits, zugleich Form- wie Farblosigkeit; mit zunehmender Ausbildung der Gestalt gewinnt auch die Farbe ein entschiedeneres Gepräge.

Bei den Mineralien beginnt mit der Krystallisation zugleich die Formen- wie Farbenentwickelung, bei den Zoophyten und Mollusken wird diese Uebergangsstufe durch Bildung des Kopfes angedeutet. Sehr wenige der in großen Massen auftretenden Gesteine besitzen reine Farben, diese kommen zumeist in den Tropenländern vor. Am häufigsten sieht man gelbliche, grünliche und rothgrauliche Töne, gewöhnlich nach der lichten Seite (gegen Weiß hin) gebrochen, seltener gegen Schwarz. Die krystallinischen Marmor- und Porphyrarten spielen in allen möglichen Farbentönen; auch die Serpentine, Granite und Syenite zeigen mannichfaltige Schattirungen, doch entwickelt keins dieser Gesteine eine vollkommen intensive Farbe. Erst bei den Halbedelsteinen kommen volle gesättigte Farben neben den mannichfaltigsten Krystallisationsformen vor, so an den Amethysten, Festungs-

III. Bildung und Charakteristik der Formen.

achaten, Bandjaspisen u. a. Ganz reines tiefes Blau (im Mineralreiche die seltenste Farbe) findet sich nur im Lasurstein, welcher das Rautendodekaëder zur Grundform hat und das echte Ultramarinblau, die unübertroffene Malerfarbe, liefert. Grüne, gelbrothe, rothe und violette Töne von ausgeprägter Intensität sehen wir an den zahlreichen Varietäten des rhomboëdrischen Quarzes, an dem Chalcedon, Karneol, Onyx u. a.

Sehr rein ausgebildete Krystalle zeigen die Gemmen oder eigentlichen Edelsteine, welche bei ihrer Durchsichtigkeit die Farben in besonderm Glanz leuchten lassen; obenan stehen die Korunde, der prächtige karminrothe Rubin und der blaue Saphir, beide dem Orient angehörend. Diesen reiht sich an der in sechsseitigen Prismen und auch in Rhomboëdern krystallisirende peruanische Smaragd mit wunderbar grüner Farbe, der dodekaëdrische Granat, der Pyrop, der Topas und mehrere andere, sowol durch Glanz und Härte wie durch wechselvolles Farbenspiel ausgezeichnete Edelsteine.

Neben den Gemmen und Halbedelsteinen hergehend, behaupten die Metalle eine ziemlich unabhängige Stellung, sowol hinsichtlich der Form wie der Farbe. Die Metalle krystallisiren zwar nach demselben System wie die übrigen Mineralien, nehmen aber auch oft verzahnte oder feder- und pflanzenartige Formen an, wie das Rothkupfererz, das Silber und der Antimonglanz. Eine besonders hervorragende Eigenschaft der Metalle ist der sogenannte Metallglanz, welcher zwar schon an vielen Erzen getroffen wird, aber erst am verarbeiteten Metall in voller Schärfe hervortritt. Der Metallglanz verleiht nicht allein der Farbe des eigenen Körpers ein durchaus verändertes Ansehen, sondern steigert andere Farben, welche auf glatte metallische Flächen aufgetragen werden, bis auf den höchsten Grad des Leuchtens.

Die Krone aller mineralischen Bildungen ist unbestritten der Diamant. Wahrscheinlich vegetabilischen Ursprungs, wurde er bisher nur in Ostindien und Brasilien im aufgeschwemmten Lande gefunden, und zwar stets in Krystallform, gewöhnlich als Octaëder oder Tetrakontaoctaëder. Der geschätzteste Diamant ist farblos, durchsichtig und wasserhell; seine Strahlenbrechung ist nahezu zweieinhalbmal größer als die des Wassers, weshalb er trotz seiner Farblosigkeit alle Farben mit Inbegriff von Weiß und Schwarz in der vollendetsten Schönheit erscheinen läßt.

Diese Andeutungen dürften genügen, um den Parallelismus, welcher zwischen Farbe und Form wie zwischen den Naturreichen hinzieht, anschaulich zu machen. Die untersten Entwickelungsstufen zeigen eine durchgehende Form- und Farblosigkeit; mit der allmählichen Steigerung der Form nimmt auch die der Farbe zu, sodaß den Marmorarten und sonstigen krystallinischen Gesteinen, den Halbedelsteinen, Metallen und Gemmen je entsprechende Thiergattungen gegenüberstehen. In den höhern Ordnungen der Natur, namentlich bei den Säugethieren, nehmen die vollen materiellen Farben und das starre geometrische Gefüge in ähnlicher Weise ab, wie sie in aufsteigender Linie zugenommen haben, bis an der menschlichen Gestalt und am Diamant wieder Farblosigkeit eintritt.

Wie aber der Diamant hinsichtlich seines Ursprunges und seiner Eigenschaften eine Sonderstellung unter den Gesteinen einnimmt, so steht auch die menschliche Gestalt isolirt auf dem Gipfelpunkte, alle übrigen Geschöpfe überragend in Bezug auf Formen.

Daß hier zunächst vom indogermanischen oder kaukasischen Stamme die Rede ist, daß die mongolischen und äthiopischen Rassen mit ihren Unterabtheilungen in Bezug auf körperliche Entwickelung ungleich tiefer stehen, werden wir in der Folge ausführlich zu erörtern haben.

Vorläufig sei nur bemerkt, daß der Künstler sich schwerlich zu den Anschauungen eines Darwin bekennen wird, wenn er auch mehr als jeder andere von dem großen Naturleben und dem allgewaltigen Hauche Gottes, welcher das Sandkorn der Wüste, die Meereswellen und die darüber hinbrausenden Stürme in Bewegung setzt, überzeugt ist. Ob nun die Welt ihren Ursprung einer einzigen Schöpfung verdanke, ob mehrmalige Schöpfungen stattgefunden haben, oder ob der gegenwärtige Zustand die Folge allmählicher Umwandlungen sei, sind Fragen, an deren Lösung der Künstler sich nicht betheiligen kann und darf.

III. Bildung und Charakteristik der Formen.

Die geometrischen Grundgestalten, Dreieck und Pyramide.

Jede Brechung der geraden Linie, Ecke oder Winkel genannt, trägt den Ausdruck einer gewissen Härte, weshalb man mit dem Worte eckig nicht selten den Mangel genügender Durchbildung zu bezeichnen pflegt. Je spitzer die Winkel sind, je schärfer die Ecken dem Beschauer entgegentreten, um so mehr wird die augenbeleidigende Eigenschaft eckiger Gegenstände auffallen.

Wird der Winkel durch Hinzufügung einer dritten Linie zu einer Fläche abgeschlossen, entsteht das Dreieck, die einfachste der Gestalten, welche in künstlerischer Hinsicht dadurch bemerkenswerth ist, daß sie in liegender Stellung einen andern Charakter besitzt als in aufrechter.

Wir müssen uns bei den folgenden Erörterungen der architektonischen Ausdrucksweise bedienen und die Worte „Grundriß, Aufriß" gebrauchen, um das Liegende von dem aufrecht Stehenden zu unterscheiden.

Eine dreieckige Grundform ist unter allen Bedingungen widerlich und kann in unabhängiger Stellung nicht gebraucht werden. Man vergegenwärtige sich im Geiste ein dreieckiges Haus, ein dreieckiges Gemach, und es werden die gerügten Uebelstände, Unruhe und Schroffheit, ohne weitere Erklärung an uns herantreten. Im Aufrisse aber verliert die Dreiecksform (das gleichschenkelige Dreieck vorausgesetzt) vieles von ihrem abstoßenden Gepräge und kann unter Umständen sogar recht angenehm erscheinen.

Die ältesten Kunstgebilde, welche wir kennen, Tumulus und Pyramide, sind nach dem Dreieck errichtet worden, ebenso das Zelt, die erste menschliche Wohnung. Diese Bauwerke besitzen ein unruhiges und unvollendetes Ansehen, welches besonders auffällt, wenn die Neigungen sich dem Winkel von 45 Graden nähern. Denselben Eindruck rufen auch die pyramidalen Eruptionskegel hervor, denen man in vulkanischen Terrains häufig begegnet und deren Anblick den Wanderer oft mehr ermüdet als eine trostlose Sandfläche.

Ein ungleich gefälligeres Linienspiel gewähren jene Dreieckformen, deren Neigungen entweder der Horizontalität oder dem Verticalismus annähern. Die verjüngte Säule, der gothische

Thurm, beide sehr steilen Pyramiden nachgebildet, gehören zu den vollendetsten Erzeugnissen der Baukunst, wie andererseits der flach dreieckige griechische Giebel die harmonievollste aller Bedeckungsformen darbietet. Durch Anordnung von verschiedenen Ausladungen, als Akroterien, Giebelblumen u. dgl. kann übrigens die den schiefen Linien innewohnende Unruhe wesentlich gemildert werden.

Daß mittlere, dem Winkel von 45 Graden verwandte Neigungen den Charakter der Unruhe in viel höherm Grade an sich tragen als steile oder flache, rührt zum Theil daher, weil solche Linien in dem Beschauer das Gefühl der Unsicherheit erwecken: man bleibt im Zweifel, ob die von mittelschiefen Linien umschlossenen Formen sich aufrichten oder zusammenfallen wollen. Auch nehmen derartige Flächen das Licht am gleichmäßigsten auf und sind dem Schattenwechsel am wenigsten zugänglich. Es mag die Sonne am Firmament stehen wo immer, ein im Winkel von 45 Graden ansteigendes Dach wird stets monotoner aussehen als das flache griechische oder das steile gothische Dach unter derselben Beleuchtung.

Rechteck, Würfel, Balken.

Das rechteckige Viereck nimmt unter allen Bauformen den ersten Rang ein, mag es nun als gleichseitiges reguläres Quadrat, als Parallelogramm, oder in Verbindung mit andern Formen auftreten. (Von den verschobenen Vierecken, Rhomben und Rhomboiden kann hier keine Rede sein, diese Figuren bestehen aus Dreiecken und sind nach den oben erklärten Regeln zu würdigen.)

Dem gleichseitigen regulären Viereck, vorzugsweise Quadrat genannt, ist sowol im Grund= wie Aufrisse etwas Abgeschlossenes eigen: es gewährt der Phantasie wenig Spielraum und weist zugleich auf den Mittelpunkt hin, weshalb quadratische Gemächer weniger wohnlich sind als längliche. Für Wohn= und Speisezimmer empfiehlt sich das Quadrat nicht, desto mehr für Vorhallen, Cabinete, Treppenhäuser und ähnliche mehr oder minder selbständige Räumlichkeiten. Große Bauwerke mit quadratischen

III. Bildung und Charakteristik der Formen.

Grundrissen haben ein auffallend unabhängiges Ansehen, welches leicht in Monotonie übergeht, wenn keine Flügelbauten oder wenigstens Risalite vortreten. Für Gebäude von kleinen Dimensionen eignet sich die quadratische Grundform besser; besonders wenn es gilt, eine große Energie auszudrücken; für Thürme, Pavillons und derlei Baulichkeiten ist daher diese Form besonders angezeigt.

Im Aufriß erscheint das Quadrat einigermaßen hart und sogar derb: wo die Anwendung unumgänglich geboten ist, was in Städten nicht selten vorkommt, ist es immer gerathen, eine quadratische Fläche durch kräftige senk- oder wagerechte Gliederungen zu zerlegen. Quadratische Durchbrechungen, Thüren, Fenster und Thore sind naturwidrig: solche Bautheile sollen jederzeit der menschlichen Gestalt angepaßt sein, weshalb sich längliche Formen von selbst vorschreiben.

Ungleich günstiger als das Quadrat zeigen sich die Rechtecke, deren angenehmste Verhältnisse theils durch Verdoppelungen des Viereckes, theils aus den Diagonal- und Würfelschnitten gewonnen werden. Im Grundrisse bietet das Parallelogramm den Vortheil, daß die Seiten verschiedene Ansichten gewähren, folglich der Aufbau größere Mannichfaltigkeit entwickeln läßt als eine gleichseitige Grundgestalt. Es gilt als Hauptbedingung eines gut angeordneten Bauwerkes, daß dasselbe keine ganz gleichen Ansichten darbiete, sondern die Vorderseite mehr als die Nebenseiten ausgezeichnet werde, welche Anordnung auch der menschliche Körper einhält. Wie hier die reichgeschmückte symmetrische Frontseite als Seite des Ausdrucks, die in den Umrissen zwar gleiche, sonst aber sehr vereinfachte Rückseite als Seite der Ruhe und die unsymmetrischen Nebenseiten als Seiten der Bewegung anzusehen sind, so soll auch das Gebäude denselben Regeln entsprechen.

Mehrere zu einem Ganzen aneinandergereihte oder verflochtene Parallelogramme bringen die günstigste Wirkung hervor, wobei man entweder ein längliches Rechteck als Mitteltract annimmt und diesen rechts und links mit kleinern in die Höhe gerichteten Pavillons flankirt, oder an einen hohen rechteckigen Mittelbau niedrige Flügel anreiht. Diese Art von Versetzungen rechteckiger Gestalten läßt sich ins Unendliche variiren, wobei alle architektonischen Gliederungen, als Säulen- und Pfeilerstellungen, Terrassen, Balkone u. s. w. reichliche Verwendung finden können.

Bei Anordnung einer Frontseite oder Hauptfaçade gilt als unumstößliche Vorschrift, daß die Anzahl der Durchbrechungen eine ungerade, die der Stützen eine gerade sei, auf daß ein architektonischer Mittelpunkt geschaffen werde. Die Nebenseiten aber sollen des Mittelpunktes ermangeln und etwas unruhig aussehen, weshalb sich eine gerade Zahl von Durchbrechungen empfiehlt.

Das Parallelogramm war von je die beliebteste Bauform, gleich verwendbar in ästhetischer wie utilitarer Beziehung.

Bogenlinie, Kreis, Kugel.

Weichheit ist der vorherrschende Ausdruck aller Bogenlinien, welche den Gegensatz zu den Ecken bilden. Wie das häufige Anbringen von eckigen Bildungen Härte erzeugt, wird ein Uebermaß von Rundungen ein verschwommenes Ansehen herbeiführen. Neben der Weichheit ist den Bogenlinien stets ein gewisser Grad von Unruhe eigen.

Die wichtigste aller Bogenlinien ist diejenige, welche sich in gleichbleibender Entfernung um einen Mittelpunkt bewegt und in sich selbst zurückkehrt, nämlich der Kreis, welcher im Alterthum als das Sinnbild der höchsten Vollendung, wol auch der Schöpfung angesehen wurde. Selbständigkeit und Abgeschlossenheit, Eigenschaften, welche wir schon am gleichseitigen Quadrat bemerkt haben und die allen regelmäßigen Polygonen eigen sind, besitzt die Kreisform im höchsten Grade. In einer runden Halle wird der Beschauer unwillkürlich in den Mittelpunkt gedrängt, es gibt keinen andern Ort der Betrachtung. Zu diesen Eigenschaften kommt noch der Ausdruck des Stolzes, der Bevorzugung. Um diesen Charakter nicht zu schwächen, wird die Kreisform nur ausnahmsweise anzuwenden sein, nämlich dort, wo es gilt, höchste Pracht zu entfalten.

Welch unvergeßliches Bild gewährt das große Rundfenster des Straßburger Domes, wie sehr würde der Eindruck verblassen, wenn mehrere solche Bildungen nebeneinander angebracht wären.

III. Bildung und Charakteristik der Formen.

Der Gebrauch des Kreises ist ein sehr verschiedener, indem sowol die ganze Cirkellinie, häufiger jedoch die Theile, Halbkreise und Segmente Verwendung finden. Dabei ergibt sich wieder zwischen dem Grund- und Aufrisse manche Verschiedenheit. Die Kugel selbst ist für künstlerische Zwecke beinahe unbrauchbar: denn weil ihr ein Ruhepunkt fehlt, ist die Unabhängigkeit zu groß, um als Bautheil oder als Ganzes gebraucht werden zu können: desto verwendbarer erscheint die Halbkugel, eine der annehmlichsten und zweckmäßigsten Deckungs- und Gewölbeformen.

Dem Gebrauche runder Grundrißformen stehen (wenn man vom Festungsbau absieht) allerlei Hindernisse entgegen, denn die Rundung verträgt sich schlecht mit eingesetzten senk- und wagerechten Linien. Die angebrachten Fenster und Thüren erzeugen unangenehme Ausschnitte an der Cylinderform, aufgesetzte Verdachungen und Simswerke aber stehen an den Seiten weiter ab als in ihrer Mitte, und Anbauten lassen sich kaum mit der Masse in Harmonie bringen. Mit richtigem Gefühle haben die Griechen ihre Rundtempel ganz offen gelassen und die Kuppel frei auf Säulen gestellt, während die Römer aus denselben ästhetischen Gründen solche Gebäude ringsum mit viereckigen Mauern abschlossen und die innere Beleuchtung durch Oberlichter bewerkstelligten, wie z. B. im Pantheon zu Rom. Auf diese Weise wurden hier wie dort die störenden Verschiebungen gerader Simswerke vermieden. Uebrigens wird bei einem offenen Rundtempel die Säulenstellung eine sehr enge sein müssen, damit die Architrave nicht drohend überhängen.

Im alten Rom war das halbrunde Gemach, die Exedra, sehr beliebt, sowol als Verlängerung eines Gesellschaftssaales wie als geschlossenes Sprechzimmer. Unter dem Namen Tribune oder Apsis wurde diese Form in den christlichen Kirchenbau aufgenommen, wo sie, da Durchbrechungen vermieden werden konnten, mit Recht eine bevorzugte Stellung erhielt. Als Innenraum paßt die Kreisform nur für Anordnungen ersten Ranges, für Kirchen, Prachtsäle, Vorhallen und solche Räumlichkeiten, wo alle architektonischen Linien sich unbehindert entwickeln können und keinerlei Nebenbedingungen eingreifen.

Im Aufrisse dient der Kreis nur als Decoration und zwar der stolzesten Art, wie schon gelegentlich des Rosettenfensters zu Straßburg gesagt wurde. Wenn Bildungen von so bedeutendem Durchmesser nur ausnahmsweise zu gebrauchen sind, können doch kreisförmige Ornamente im kleinen Genre, z. B. bei Cassettirungen und ähnlichen Ausstattungen, mit Vortheil aneinandergereiht werden.

Unter den Kreistheilen verdient der Halbkreis die höchste Beachtung, gleichsehr wegen seiner technischen wie künstlerischen Vorzüge. Keine andere Bogenform schließt sich so innig an gerade Linien an und gewährt im Aufrisse ein so befriedigendes Bild. Von den Römern, welche zuerst den Gewölbebau im Großen anwandten, wurde ausschließlich der Halbkreis gebraucht: dieser liegt zu Grunde bei ihren Brücken, Wasserleitungen, Ehrenpforten und hallenartigen Anlagen.

Bei allen Bogenstellungen, mögen sie constructiver oder ornamentaler Art sein, gilt als erstes Gesetz, daß die Kämpferlinie (nämlich die Linie, auf welcher die Bogen aufsitzen) keine Unterbrechung erleide, sondern für die ganze Anordnung die gleiche verbleibe. Weite und Höhe der in einer fortlaufenden Stellung angebrachten Bogen können nach künstlerischem Ermessen wechseln, ohne daß die Harmonie leidet, jede Abweichung von der angenommenen Kämpferlinie aber ruft den Eindruck mangelhafter Stabilität hervor. Ganz besonders wird unser Gefühl beleidigt, wenn die Gewölbebogen sich nicht in reinen Uebergängen aus den senkrechten Stützen entwickeln, sondern mit diesen Ecken bilden, wie unter andern in der englischen Gothik geschieht, wo die verschiedenartigsten gedrückten und geschweiften Bogen beliebt geworden sind.

Im Brückenbau sind die Segmente und sonstigen flachen Bogen unentbehrlich, hier gilt ebenfalls das Gesetz, daß die gewählte Kämpferlinie nicht verlassen werden darf. Eine Aneinanderreihung verschiedener Bogenformen, z. B. elliptischer, halbkreisförmiger und segmentartiger, sollte unter keiner Bedingung stattfinden.

III. Bildung und Charakteristik der Formen. 87

Ueberhöhte Rundformen.

Je höher der christliche Kirchenbau sich entwickelte und die Raumanforderungen sich steigerten, um so mehr mußte man bedacht sein, ein für alle Vorkommnisse taugliches Gewölbesystem zu erfinden. Der Halbkreisbogen, welcher gleichartige und quadratische Räume bedingt, konnte den sich steigernden Bedürfnissen allmählich nicht mehr genügen, und es fand der Spitzbogen Eingang, weil dieser nach Bedarf mehr oder weniger in die Höhe gezogen werden konnte. Der Spitzbogen gehört ausschließlich dem Gewölbebau an und gewährt hier einen ebenso kühnen wie harmonischen Abschluß: bedeutende Ueberhöhungen jedoch verträgt diese Form nicht, denn sobald man die Gewölbelinien über den Winkel von 60 Graden hinaufführt, entsteht ein unruhiges, beängstigendes Ansehen. Im umgekehrten Falle aber, nämlich bei geringer Erhöhung über den Halbkreis, erscheinen die Spitzbogen schwerfällig. Die dem Auge wohlgefälligsten Spitzbogenlinien nähern sich dem aus dem gleichseitigen Dreieck beschriebenen Bogen.

Im Verlauf der Spätrenaissance hat man den Spitzbogen als Dachform einzuführen versucht; doch sprechen weder technische noch künstlerische Rücksichten für eine solche Verwendung. Von den gerundeten Dachformen verdient nur die halbkugelförmige empfohlen zu werden, nämlich die Kuppel, welche den prachtvollsten architektonischen Schöpfungen beizuzählen ist.

Um die Wirkung der Kuppel zu steigern, wird sie gern über den Halbkreis erhöht, eine ebenso imposante als malerische Form, welche indeß gleich allen runden Gebilden isolirt zu stehen hat.

Wer die Kuppeln der Sanct-Peterskirche in Rom oder des Domes Santa-Maria del Fiore zu Florenz gesehen, wird den über alle Beschreibung majestätischen Anblick für immer vor Augen behalten und die Schöpfer dieser Kunstwerke den begabtesten Männern aller Zeiten beizählen.

Der Kuppelbau eignet sich nicht für kleine Verhältnisse, bei Durchmessern von weniger als 30 Fuß verliert die Form ihre Bedeutung.

Als Grundrißform wurde die Ellipse im Theaterbau schon

vor Jahrtausenden angewandt: das Amphitheater des Flavius in Rom, Colosseum genannt, ausgeführt zwischen 40 — 80 nach Christus, gehört zu den Weltwundern. Das Aeußere dieses Gebäudes zeigt allerdings mancherlei Inconsequenzen, welche man bei den Theateranlagen der Neuzeit dadurch vermeidet, daß die elliptische Grundform mit einem rechteckigen Aufbau umhüllt wird.

Die Polygone, Prismen, Säulen und Pfeiler.

Die regelmäßigen Vielecke und prismatischen Bildungen erhielten erst in der christlichen Baukunst vielseitige Verwendung. Aus dem Alterthum sind nur wenige Beispiele polygonaler Bauten bekannt, unter denen der achtseitige, von Andronicus Kyrrhestes um 170 vor Christus erbaute Thurm der Winde in Athen das älteste sein dürfte: ein seltsames zu astronomischen und physikalischen Beobachtungen eingerichtetes Gebäude. Die Römer widmeten den Polygonen größere Aufmerksamkeit: das Pantheon in Rom zeigt im Innern, der sogenannte Jupitertempel in Salona (Spalatro) an der Außenseite octogonale Anordnung. Wenn man von den verschiedenartigen Cannelirungen der Säulen absieht, scheinen im Alterthum nur achtseitige Polygone benutzt worden zu sein.

Dagegen gelangten schon in den ersten Jahrhunderten des Christenthums die vieleckigen Anlagen zu großer Geltung und es wurden neben dem Octogon auch das Sechs=, Neun=, Zehn=, Zwölf= und Sechzehneck unter die Bauformen aufgenommen, wie wir an den Kirchen San=Vitale in Ravenna, Sanct=Gereon in Köln, Sanct=Matthias in Kobern, ferner an der Münsterkirche zu Aachen und vielen kapellenartigen Bauwerken ersehen. Häufiger noch als in unabhängigen Grundformen treffen wir die Polygone als beigeordnete Theile großer Kirchenbauten, namentlich als Choranlagen. Der aus fünf Seiten des Achtecks gezogene Chorschluß, welcher im dreizehnten Jahrhundert vorzugsweise üblich wurde, übertrifft die ältere halbrunde Tribune sowol in Bezug auf den Innenbau wie auch dadurch, daß die bei Rundbauten so störenden und schon gerügten Verschneidungen weg=

III. Bildung und Charakteristik der Formen.

fallen. Auch der fünfseitige Chorschluß aus dem Neuneck oder aus der Hälfte des Zehnecks war beliebt, nicht minder der aus dem Zwölfeck gewonnene siebenseitige Abschluß, welcher dem Chore des Kölner Domes zu Grunde liegt. Bei manchen Kathedralen gehen die am Hauptchore eingehaltenen Vielecke durch Verdoppelungen in reichere Gestalten über, wie unter anderm am Münster zu Freiburg, an der Sanct=Barbarakirche zu Kuttenberg und der Sanct=Sebaldskirche zu Nürnberg zu ersehen.

Für unsere Gegenwart erscheint das Achteck und der aus demselben abgeleitete fünfseitige Chorschluß die verwendbarste aller Polygonformen.

In ihren Eigenschaften gleichen die Vielecke dem Kreise: Stolz und Unabhängigkeit sind vorherrschend, doch erscheinen die Polygone bildsamer als der Kreis, weil die Verschiebungen und Ausschnitte entfallen. Vielecke von mehr als sechzehn Seiten verlieren den prismatischen Charakter und erscheinen als Cirkelformen, wie an den mit zwanzig bis vierundzwanzig Cannelüren ausgestatteten Säulen zu ersehen ist.

Ueber den Unterschied zwischen Säule und Pfeiler ist von je viel gestritten worden, ohne daß die diesen Bautheilen innewohnenden Eigenschaften hinreichend gewürdigt worden wären. Der eine wollte nur den sich verjüngenden Cylinder als Säule erkennen, der andere theilte die Säule dem Außenbau, den Pfeiler dem Innern zu, während ein dritter die Säulen ausschließlich als antike, die Pfeiler als mittelalterliche Formen bezeichnete. Wenn auch jede dieser Ansichten eine gewisse Berechtigung in sich trägt, ist doch eine Definition nicht gegeben, weil das Charakteristische dieser Bauglieder weniger formaler als constructiver Natur ist.

Die Säulen gehören dem Horizontalbau an, sie repräsentiren die Umfassungswände und haben gleich diesen die Bestimmung, das wagerechte Gebälk aufzunehmen. Zu diesem Behuf ist die Säule mit besondern Zwischengliedern ausgestattet und besteht als unabhängiger Träger, zwischen welchem und der aufgelegten Last nur ein mittelbarer Uebergang stattfindet. Diese Unabhängigkeit hat die Säule beibehalten, als sie in den Ge=

wölbebau aufgenommen wurde: mag sie rund oder vieleckig, gerade ansteigend oder verjüngt sein, nie gehen Stütze und Last ineinander über, denn das Capitäl trennt beide Theile. In dieser Selbständigkeit liegt die Ursache, daß die einzelne Säule mit Glück als Monumentform auftreten kann, wie unter anderm die Trajanssäule in Rom.

Ganz anders der Pfeiler, bei welchem der Uebergang in eine andere Form schon im Grundriß angedeutet ist oder sein soll. Dem Pfeiler kommt keine Selbständigkeit zu, hier sind Stütze und Last nicht geschieden, sondern die Linien beider Bautheile zerfließen ineinander. Im romanischen Baustil werden Säulen und Pfeiler mit gleichem Vortheil gebraucht und manchmal beide Formen abwechselnd in einer und derselben Arcadenstellung angeordnet, weil dieser Stil mit den antiken Traditionen noch vieles Uebereinstimmende beibehalten hat.

Mit minderm Glück wurde die Säule in der Gothik behandelt. Das diesem Bautheil eigene horizontale Element steht mit den aufstrebenden Linien des gothischen Systems zu sehr im Widerspruch, um eine harmonische Verbindung einzugehen.

Als vollkommenste aller Säulenbildungen ist ohne Zweifel diejenige zu bezeichnen, bei welcher die drei Bestandtheile „Basis, Schaft und Capitäl" rein und deutlich ausgeprägt sind, deren Schaft bei mäßiger Verjüngung mit geradlinigen Cannelüren ausgestattet ist, während das Capitäl den Uebergang aus der Rundung in das Viereck zeigt und so eine Vermittelung zwischen Stütze und Last andeutet. Ohne Rücksicht auf irgendeinen Baustil entsprechen die Säulen des Erechtheum in Athen den gestellten Anforderungen am bündigsten.

Der ausgebildetste Pfeiler aber ist derjenige, dessen gesammte Gliederung schon aus der Basis entspringt.

Die Säule hat stets ein aus dem eigenen Durchmesser abgeleitetes Verhältniß; dem Pfeiler aber mangelt ein eigenes Verhältniß, er erhält ein solches erst durch die Gesammtmasse, mit welcher er verbunden wird.

III. Bildung und Charakteristik der Formen. 91

Kolossale und miniaturartige Verhältnisse.

Daß die Formen gleich den Farben im höchsten Grade empfindlich und zu Uebergängen geneigt sind, ist angedeutet worden. So kann ein dem aufmerksamsten Beobachter kaum wahrnehmbarer Zwischenfall eine Veränderung der normalmäßigen Gestalt zur Folge haben. Bei regulären geometrischen Formen, z. B. Kreisen, Quadraten, gleichschenkeligen Dreiecken, beleidigen kleine Abweichungen von der Regelmäßigkeit das Auge empfindlicher, als auffallende Verstöße zu thun vermögen. Ein nur um wenige Zolle verschobener Giebel, eine etwas gedrückte Cirkellinie oder eine unbedeutende Störung des Verticalismus können im Stande sein, den Charakter eines großen architektonischen Werkes umzuwandeln und die beabsichtigte Wirkung zu vernichten.

Auch wirken dieselben Formen in verschiedenen Größenverhältnissen ganz verschieden. So gewährt eine Spitzpyramide von sechs bis zwölf Fuß Höhe eine zwar nüchterne, aber nicht unangenehme Monumentform, wird aber die Höhe auf etwa fünfundzwanzig Fuß ausgedehnt, ergibt sich ein unruhiges Bild, dessen Anblick man gern meidet. Wieder anders wirkt dieselbe Pyramidalform, sobald sie ins Kolossale gesteigert wird: hier erscheint als großartig und erhaben, was bei mittlerm Maßstabe verletzt. Diese Thatsache verdient sehr beherzigt zu werden, denn nicht wenige der schulmäßig gebildeten Baukünstler huldigen der Ansicht, daß jedes Verhältniß beliebig vergrößert oder verkleinert werden könne und stets den gleichen Ausdruck bewahre.

Kolossale Verhältnisse bringen jederzeit ihren eigenen Maßstab mit sich, nach welchem sie betrachtet und beurtheilt werden wollen. Ob die sechzig Fuß hohe Statue des Ramses correct oder fehlerhaft gezeichnet ist, ob die Obelisken von Theben einige Durchmesser mehr oder weniger einhalten, wird von unserm Auge nicht abgewogen: hier tritt die alte Regel in Kraft, daß es für Riesen keine Fechtkunst gibt.

Von den bildenden Künstlern dürfen der Architekt und Bildhauer kolossale Verhältnisse anwenden, während sie für den Maler unzulässig erscheinen.

In der Baukunst, wo eine unmittelbare Naturnachahmung nicht stattfindet und die Dimensionen beliebig angeordnet werden können, nennt man solche Verhältnisse kolossal, welche die durch Leben und Gewohnheiten, zunächst aber durch die menschliche Gestalt vorgezeichneten Anforderungen bedeutend überschreiten. Ein Wohnzimmer z. B. wird die zweimalige Höhe eines erwachsenen Menschen, ein Versammlungssaal für etwa 200 Personen die fünfmalige Höhe bedingen, ohne kolossal zu erscheinen, weil eine so geartete Räumlichkeit durch das Bedürfniß vorgeschrieben wird. Erst wenn man über diese gerechtfertigten Verhältnisse hinausgeht, wird die Uebergröße oder Kolossalität hervorgebracht.

Das Gefühl, welches die alten Völker leitete, kolossale Denkmale zu errichten, war ein sehr richtiges, tief in der menschlichen Natur begründetes. Man strebte bei noch mangelhafter Ausdrucksweise dahin, durch Aufgebot physischer Kräfte das Uebernatürliche zur Veranschaulichung zu bringen, das rein Göttliche in den Bereich menschlichen Fassungsvermögens hereinzuziehen. Das Bewußtsein der eigenen Schwäche und Unbedeutendheit sollte in dem Beschauer erweckt werden, als man dem unerforschlichen Schöpfer des Weltalls kolossale Pyramiden aufthürmte und riesige Steinblöcke zu Altären zusammenwälzte.

Wir finden ein ähnliches Streben bei allen Völkern des Alterthums, bei den Indern, Chinesen, Aegyptern, Assyrern, Phöniziern und Pelasgern. Von diesen Völkerschaften ging die Sitte an die hellenischen und italischen Stämme über und wurde nicht minder eifrig von den Germanen, Celten und Slawen gepflegt. Hier waren es rohe Altarsteine, dort Opferplätze, Erdhügel oder Steinringe, stets aber ungeheure Massen, welche als Zeichen der Gottesverehrung errichtet wurden. Wenn bei diesen anfänglichen Kunstbestrebungen nur materielle Größe als die einzig erreichbare Auszeichnung beabsichtigt wurde, gesellte sich bei allmählichen technischen Fortschritten noch der Wunsch hinzu, den Zweck des Denkmales allverständlich auszudrücken zu wollen. In diesem Sinne arbeiteten die Bildhauer, als sie ihre Götter- und Heldenfiguren in übermenschlicher Größe darstellten.

Die geschichtlichen Reliefdarstellungen, welche in den Ruinen des alten Babylon und Ninive ausgegraben worden sind und welche die Thaten der jemaligen Könige in fortlaufenden Reihen illustriren, lassen den Herrscher im Vergleich zu seinen Unter-

III. Bildung und Charakteristik der Formen.

gebenen stets in doppelter Lebensgröße erscheinen. Von demselben Streben, welches die altassyrischen Künstler leitete, war auch Phidias beseelt, als er den olympischen Zeus und die Athene Promachos, 40—60 Fuß hohe Gestalten, bildete und seinen Nachfolgern die Bahn eröffnete. An den durch Phidias vorgezeichneten Regeln haben die Bildhauer bis zum heutigen Tage festgehalten.

Ganz anders verhält es sich mit der Malerei. Der Maler, welcher Illusion bei allen seinen Schöpfungen beabsichtigt und dem neben der Farbe noch reiche Mittel zu Gebote stehen, würde bei Anwendung kolossaler Verhältnisse seinen Zweck verfehlen und sein Werk unverständlich machen. Ein Gemälde ist daher unter allen Bedingungen so anzuordnen, daß es den Eindruck der Naturgröße hervorbringt. Wählt der Künstler einen verjüngten Maßstab (hält er die dargestellten Gegenstände kleiner, als sie in der Natur erscheinen), hat er die Ausführung um so sorgfältiger zu halten, auf daß der Mangel an materieller Ausdehnung durch Accuratesse ersetzt werde. Wenn aber verkehrtenfalls Bilder aus bedeutenden, von vornherein bestimmten Entfernungen betrachtet werden und in Naturgröße erscheinen sollen, wie es bei Wandgemälden der Fall ist, wird der Künstler allerdings die Gestalten zu vergrößern haben, jedoch nicht mehr, als es der gegebene Standpunkt bedingt, um den Verhältnissen das gewünschte Maß der Naturgröße zu verleihen.

Eine Hauptfigur durch Kolossalität hervorzuheben, erscheint für den Maler um so überflüssiger, als er durch Gruppirung und Farbe, vor allem aber durch Beleuchtung diesen Zweck unendlich wirksamer hervorbringen kann als durch widernatürliche Hülfsmittel.

Bei Staffeleibildern, denen man sich beliebig nähern kann, wirkt jedes über die Naturgröße gesteigerte Verhältniß störend, und es bringt sogar die volle Naturgröße manche Uebelstände mit sich, weshalb viele Meister ersten Ranges, wie Rafael, Leonardo da Vinci, Holbein und andere ihre Figuren gern um ein Weniges zu verkleinern pflegten.

III. Bildung und Charakteristik der Formen.

Die Kunst, in sehr verkleinertem Maßstabe (en miniature) zu arbeiten, scheint manchmal der Uebung im Großen vorhergegangen zu sein. Die Aegypter und Griechen haben lange vorher, ehe Phidias und Polygnot auftraten, in der Gravir- und Stempelschneidekunst tüchtige Fortschritte gemacht, und im Mittelalter erreichte die Kunst des Miniaturmalens viel früher eine hohe Blüte als die Wand- und Tafelmalerei.

Die sehr verkleinerten Formen theilen mit den kolossalen die bemerkenswerthe Eigenschaft, daß es auf strenge Correctheit nicht ankommt. Während bei Kolossalbildungen zunächst die allgemeine Anordnung in Betracht gezogen wird, sind es bei Miniaturen die Einzelheiten, welche das Auge anziehen. Aus diesem Grunde hat auch die Miniaturmalerei trotz ihrer kunstgeschichtlichen Bedeutung immer ein dilettantenhaftes Gepräge behalten, obgleich ein Giotto, Dürer und Eyck dieses Fach mit Vorliebe geübt haben. Im Mittelalter war die Miniaturmalerei oder Illuminirkunst ein integrirender Theil der Schreibkunst und schien unbedingt nothwendig zur Erklärung der Bücher, namentlich der Evangelien. Des geläufigen Lesens waren damals selbst die Priester nicht kundig, somit verdeutlichten die Bilder nicht allein den Text, sondern erleichterten das Auffinden der einzelnen Stellen.

In ihren Endzwecken stimmen die kolossalen Darstellungen der alten Aegypter und Orientalen mit den mittelalterlichen Bilderschriften auch darin überein, daß hier wie dort den Völkern die Grundzüge der Religion und Geschichte anschaulich gemacht werden.

Zu dem Formenreiche steht der Mensch in wesentlich anderm Verhältniß als zu den Farben. Während er die letztern nur mit Hülfe der Zeichnung zu einem Ganzen verbinden, sonst aber nur vermischen und verschiedenartig zusammenstellen kann, tritt er im Gebiete der Formen in unbedingtester Weise schöpferisch auf. Von der riesenhaften Domkuppel bis hinab zu den winzigsten Geräthen und Schmucksachen begegnen wir Millionen von Erzeugnissen, zu welchen die Natur keine Vorbilder aufgestellt hat, deren Gestaltungen ausschließlich dem menschlichen Erfindungsgeiste angehören.

III. Bildung und Charakteristik der Formen.

So unendlich mannichfaltig die durch Kunst hervorgebrachten Gebilde immer sein mögen, lassen sie sich doch auf jene wenigen Grundformen zurückführen, welche oben erklärt worden sind. Um den künstlerischen Ausdruck eines architektonischen Gebildes zu bestimmen, werden daher die einfachen Grundformen immer maßgebend sein: denn wie ein Bauwerk aus einer Vereinigung von mehrern Linien und Flächen besteht und jeder Linie ein gewisser Ausdruck eigen ist, so wird der Gesammtausdruck durch die Mehrheit der gleichartigen Linien festgestellt werden.

IV.
Sehen, Bild und Horizont.

Von der unübersehbaren Anzahl jener Touristen, welche jahraus jahrein von der Donau und dem Rhein nach Paris, London, Rom und Konstantinopel wallfahrten, einen Wegweiser in der Hand und ein Notizenbuch in der Tasche, die zum Schlusse sogar Paläſtina und die Nilkatarakten besuchen und nach erfolgter Heimkehr alle Merkwürdigkeiten des Erdballs gesehen zu haben glauben, wissen die wenigſten Rechenschaft abzulegen von dem, was sie gesehen. Diese Leute überbürden gewöhnlich schon im ersten Anlauf ihr Fassungsvermögen mit dem Besuche der heterogenſten Sammlungen, eilen mit ermüdeten Augen von einem Ort zum andern und haben ihre Reiseergebnisse, mit allenfallſigen Ausnahmen einiger Curiositäten und Anekdoten, in kurzer Zeit vergessen. Es ist keine gewagte Behauptung, daß sich unter Hunderttausenden dieser meiſt der gebildetern Klasse angehörenden Reisenden kaum ein einziger befindet, welcher über die Art und Weise des Sehens nachdenkt, der mit wirklichem Nutzen zu betrachten lernt und sich vor den Nachtheilen des allzu vielen Beschauens zu schützen versteht.

Selbſt in den Kreisen der Künſtler hört man selten ein sachgemäßes Urtheil über die Thätigkeit der Augen und über den Proceß, durch welchen das Erschaute zur Erkenntniß gebracht wird, wie denn überhaupt die hierher bezüglichen Fragen nicht zur Genüge erörtert worden sind. Wir haben uns an dieser Stelle nur mit der künſtlerischen Seite der Frage zu beschäftigen.

IV. Sehen, Bild und Horizont.

Das Sehen als intellectuale Thätigkeit.

Das Sehen hat gleich den übrigen Sinnen seinen Sitz im Nervensystem und darf als die höchst ausgebildete Modification des über den ganzen Körper verbreiteten Fühl- oder Tastsinnes anerkannt werden. Die Wahrnehmungen des Auges unterscheiden sich von denen des Ohres oder der Nase nur durch die Einrichtung des Organs: die Art aber, wie die Wahrnehmungen dem Verstande mitgetheilt werden, ist bei allen Organen die gleiche.

Die Wahrheit dieser Ansicht wird stündlich belegt durch Aeußerungen solcher Personen, deren einzelne Sinne entweder geschwächt oder nicht gehörig entwickelt sind, welche aus diesem Grunde die Thätigkeiten der Organe verwechseln.

Viele Menschen sind nicht im Stande, eine Zeichnung, ein Gemälde zu besehen, ohne darauf mit den Fingern hin- und herzufahren; sogar Künstler haben den Brauch, die Linien eines Gebirges, einer schönen Baumgruppe mit ausgestrecktem Zeigefinger zu verfolgen, als wollten sie dem Gesichte nachhelfen. Bei alten Leuten bemerken wir häufig, daß sie sich selbst laut vorlesen. Die Augen dieser Personen sehen zwar noch, sind aber nicht mehr fähig, das Erschaute rasch genug dem Verstande zu übermitteln, weshalb der Gehörsinn zu Hülfe genommen werden muß. Ebenso oft kommt es vor, daß Leute mit ganz gesunden Augen sehr langsam sehen, daß sie mehrere Minuten bedürfen, bis ihnen das Erschaute deutlich wird, oder daß sie von den in ihrem Gesichtskreise liegenden Gegenständen nur einzelne Partien erblicken.

Heftige Leidenschaften oder Erschütterungen, welche momentan die Geisteskräfte stören, unterbrechen auch das Sehvermögen: daher der landläufige Ausdruck, daß dem Zornigen grün und gelb vor Augen werde.

Inwiefern das Gesicht durch den Tastsinn ersetzt werden könne, haben zahlreiche Bildhauer bewiesen, welche, des Augenlichtes beraubt, die zartesten Schnitzereien ausgeführt haben. Es scheint sogar, daß in Bezug auf sehr kleine erhabene Arbeiten der Tastsinn ebenbürtig der Sehkraft zur Seite gesetzt werden dürfe und jedenfalls einer fast unbegreiflichen Ausbildung fähig sei.

Aber nicht allein das Gesicht, sondern auch Gehör, Geruch und sogar der Geschmack können wenigstens theilweise durch den Tastsinn ersetzt oder verstärkt werden. Schwerhörige verstehen ein Gespräch viel leichter, wenn sie beide Ellbogen auf einen hölzernen Kasten aufsetzen oder ein hölzernes Röhrchen in den Mund nehmen; Personen, welche den Geruch verloren haben, empfinden beim Zerkauen eines Veilchens, einer Reseda oder Rose den Duft dieser Blumen in vollständiger Lieblichkeit. Daß der Geschmack von allen Körpertheilen empfunden wird, erfahren wir unter anderm bei dem Gebrauch eines Mineralbades. Kaum setzt man den Fuß in eine mit Sauerwasser gefüllte Badewanne, stellt sich auf der Zunge ein säuerlicher Geschmack ein. Aehnliches empfindet man bei Essigeinreibungen. Legt man aber ein Honigpflaster auf Rücken oder Unterleib, wird ein süßliches Gefühl den Gaumen und Hals durchziehen.

Diese und viele andere Thatsachen beweisen aufs bündigste, daß die verschiedenen Sinne eng miteinander verbunden sind und zwischen denselben allerlei Vermittelungen stattfinden; ferner daß die einzelnen Organe für die ihnen von der Natur zugetheilten Thätigkeiten je besonders ausgerüstet sind. Die Wahrnehmungen der Organe gelangen sodann auf dem gleichen Wege, nämlich durch das Nervensystem, an den Verstand.

Würde das Sehen durch eine einfache, von der Krystalllinse aufgenommene und auf die Retina übertragene Spiegelung bewirkt (wäre mithin der Vorgang ein mehr mechanischer als intellectualer), würden wir unter allen Umständen sehen, sobald die Augen geöffnet sind. Daß dieses nicht der Fall ist, kann jeder an seiner eigenen Person zur Genüge erfahren. Kummer und Nachdenken verursachen häufig, daß der Mensch stundenlang gerade aus vor sich hinstarrt. In diesem Zustande hat er zwar die Augen und Ohren offen, sieht und hört aber nicht: die schönste Landschaft schwimmt vor ihm in verwirrten Farbenflecken, und Musik bringt höchstens ein dumpfes Geräusch hervor. Bei solchen Gelegenheiten ist der Verstand anderweitig beschäftigt und unfähig, den Sinneswahrnehmungen zu folgen.

Ferner würden wir, falls es bei der vielgeglaubten Spiegelung sein Bewenden hätte, die Gegenstände in verkehrter Richtung erblicken, wie sie jeder Spiegel zeigt. Die links befindlichen

IV. Sehen, Bild und Horizont.

Objecte würden uns auf der rechten, die rechts befindlichen zur linken Seite erscheinen, wenn der Verstand nicht eingreifen und das richtige Verhältniß herstellen würde. In manchen Krankheiten, wol auch im Halbschlummer, geschieht es in der That, daß die Verstandesoperation des Richtigstellens unterbleibt und verkehrt gesehen wird.

Endlich haben wir noch zwei wichtige Eigenschaften des Gesichtes anzuführen, nämlich die Art, wie das Auge durch zu vieles Beschauen ermüdet wird, und wie es mit Blitzesschnelle misfälligen Gegenständen ausweicht und sich harmonischen Linienspielen zuwendet.

Je verschiedenartiger die Objecte sind, denen wir unsere Betrachtung zuwenden, um so schneller und empfindlicher wird unser Gesicht angegriffen werden; es wird z. B. das Lesen eines mit gleichen Lettern gedruckten Buches viel weniger ermüden, als das Durchsehen von Tabellen mit allerlei Schriftzeichen. Auf den höchsten Grad aber wird die Ermüdung gesteigert, wenn man bei dem Besuche von Sammlungen, namentlich Bildergalerien, alle Gegenstände mit gleicher Aufmerksamkeit beschauen will. Bei solchem Vorgehen wird sich die Ermüdung von den Augen aus durch alle Theile des Körpers fortpflanzen, sobaß man in kurzer Zeit unfähig ist, Hand oder Fuß zu bewegen. Eine Spiegelung aber, ein durch bloßen Mechanismus bewirktes Sehen könnte nicht in solcher Weise den Körper angreifen.

Bemerkenswerther und charakteristischer noch ist das Verfahren des Auges, wie es in unbewußter Weise bestrebt ist, wohlgefällige Gruppirungen aufzusuchen und störende Vorkommnisse zu vermeiden. Ueber grelle Lichter, die zur Seite auftauchen, über scharf entgegentretende Ecken oder misliebige Farben gleitet der Blick hinweg und wendet sich freundlichern Gebilden zu, ehe wir uns dessen bewußt werden. Selbst der ungebildete Mensch empfindet ein Misbehagen, wenn Gegenstände, seien es auch die angenehmsten und unschädlichsten, seinem Auge zu nahe gerückt werden, wie er andererseits bei einem harmonievollen Anblick von Befriedigung erfüllt wird.

Alle diese Vorkommnisse sprechen für die dem Sehen zu Grunde liegende Verstandesthätigkeit.

IV. Sehen, Bild und Horizont.

Das richtige Sehen, die Sehachse und der Sehwinkel.

Ein richtiges Erkennen durch das Auge ist nur dann möglich, wenn der Blick in gerader Richtung die zu betrachtenden Gegenstände umfaßt. Mag die Stellung des Menschen aufrecht, sitzend oder liegend angenommen werden, hat der Blick stets so gelenkt zu werden, daß er zu der Stellung des Kopfes einen rechten Winkel bildet, daß nämlich die Sehachse senkrecht auf die Stellung des Menschen gefällt ist.

Bei weitem am richtigsten sieht man im Stehen, wenn bei senkrechter Körperhaltung die Augen in horizontaler Richtung umherblicken. In andern Stellungen, im Liegen, Ueberhängen oder während einer Bewegung erhalten wir nie ein ganz richtiges allgemein verständliches Bild, theils weil sich die Gegenstände in ungewohnten Lagen befinden, theils weil Verschiebungen der Linien eintreten.

Diese Punkte sind für das Leben, insbesondere aber für das Unterrichtswesen zu wichtig, um nicht mit einigen Bemerkungen begleitet zu werden.

Beim Lesen soll das Buch jederzeit so gehalten werden, daß es mit dem Leser eine möglichst parallele Stellung einhält; steht der Leser aufrecht, soll er auch das Buch oder die Zeitung in senkrechter Richtung dem Auge gegenüberbringen; sitzt er aber mit etwas vorgebeugtem Haupte, wird sich eine pultartige Lage des Buches als die zweckmäßigste empfehlen. Es ist daher sehr nachtheilig, in senkrechter Stellung eine wagerecht aufliegende Schrift zu lesen. In Schulen sollte ein solches höchst augenverderbendes Lesen unter keiner Bedingung geduldet werden, weil der in schiefer Richtung geleitete Blick die Gegenstände verschiebt, folglich das Erkennen erschwert. Im Bette zu lesen gehört zu den gröblichsten Versündigungen am Gesichtsorgan. Das Schreiben sollte nur auf Pulten oder ähnlich eingerichteten Tischen vorgenommen werden; auch ist in Elementarschulen sehr von dem Gebrauche des in die Höhe gerichteten Halbbogenformates abzurathen, weil die noch nicht vollständig erstarkten, daher empfindlichen Gesichtswerkzeuge der Schüler durch das bei dem erhöhten Format unvermeidliche schiefe Sehen allzu sehr gefährdet werden. In Zeichenschulen, wo ohnehin eine freiere Körper-

IV. Sehen, Bild und Horizont.

bewegung gestattet ist, wird in der Regel auch den gerügten Uebelständen durch geeignete Mittel vorgebeugt.

Indem bei den nachfolgenden Erörterungen die senkrechte Stellung des Beschauers und die horizontale Richtung des Blickes vorausgesetzt werden, ist vor allen Dingen nothwendig, sich die Lage der Augen im menschlichen Kopfe zu vergegenwärtigen.

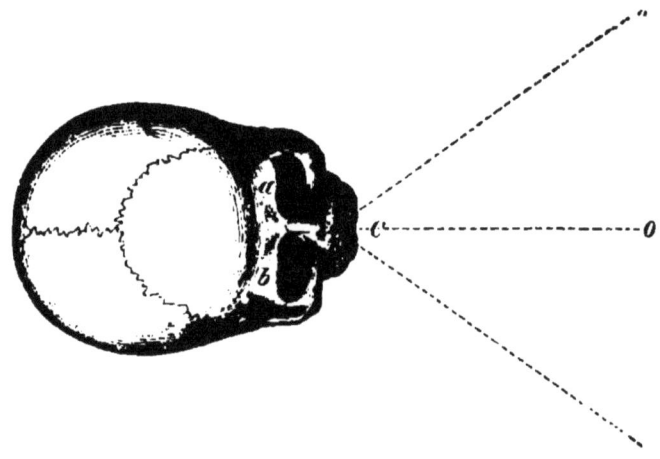

Fig. 9. Der Sehwinkel.

Da wir mit zwei Augen sehen und dennoch ein einheitliches, ungetheiltes Bild erblicken, kann dieses Verhältniß nur dadurch entstehen, daß die gegenseitig in die Augen einfallenden Strahlen sich kreuzen und so die Einheit der Anschauung hervorbringen. Der vorstehende Querschnitt des Schädels, Fig. 9, zeigt die Art und Weise, wie diese Operation bewerkstelligt wird. Es seien die Punkte $a - b$ die beiden in den Augenhöhlen befindlichen Krystalllinsen, welche von den äußersten Sehstrahlen $e - d$ getroffen und durchbrungen werden. Die Vereinigung (Kreuzung) der Strahlen kann nur unmittelbar vor dem durch die Nase gebildeten Vorsprung, also in dem Punkte C stattfinden und es wird die von C nach O gerade durch den Schädel gezogene Linie die Hauptrichtung unsers Schauens, die Sehachse bilden.

IV. Sehen, Bild und Horizont.

Eine Umdrehung der Schenkel oder Sehstrahlen *a—d* und *b—e* um die Achse *C—O* wird alsdann den Umfang unsers jemaligen Sehens, nämlich des einzelnen Anblicks, beschreiben. Dieser einzelne Anblick wird in der Kunstsprache „Bild" genannt, wobei man als selbstverständlich annimmt, daß das Auge mit vollkommener Ruhe und ohne Wendung des Gesichtes das zu betrachtende Object vollständig zu umfassen vermöge.

Der durch *C—d—e* gebildete Winkel wird Sehwinkel genannt, durch Umdrehung desselben um die Achse entsteht der Sehkreis, welcher letztere Ausdruck aber nicht ganz paßt, indem er auch in Bezug auf die horizontale Umgebung gebraucht wird. Der Sehwinkel wird bald etwas enger, bald weiter sein, je nachdem die Augen mehr oder weniger tief in die Höhlen eingerückt sind; der Neger, dessen Augen aus dem Kopfe vorstehen, wird mit einem Blicke mehr umfassen als der Europäer mit tiefliegenden Augen, in keinem Falle aber werden die Sehstrahlen sich über den rechten Winkel ausdehnen dürfen.

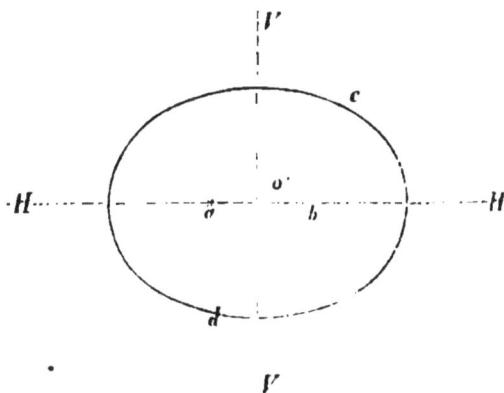

Fig. 10. Ganzer Umfang eines Blickes.

Für künstlerische Zwecke wird ein Sehwinkel von 65—70 Graden der entsprechendste sein, weil dieser zugleich für die Breiten- wie Höhenausdehnungen brauchbar ist. Unsere Augen empfangen nämlich ein mehr breites als hohes Bild, weil sie der Breite nach im Kopfe stehen und die beiderseitigen Thätigkeiten sich zu einem einzigen Anblick vereinigen. Der Umfang des Sehens wird demgemäß keine Kreis-, sondern elliptische Linie einhalten, welche aus den beiden Augensternen als Brennpunkten

IV. Sehen, Bild und Horizont.

beschrieben wird, wie Fig. 10 zeigt. Die Punkte $a-b$ bezeichnen die Brennpunkte, $c-d$ die aus denselben gezogene elliptische Linie als den Umfang des Sehens, O ist die in die Tiefe gerichtete Sehachse, $H-H$ der Horizont und $V-V$ die durch unsere Stellung im Raume hervorgebrachte Verticallinie, durch welche der Anblick in zwei Hälften zerlegt wird.

Es ist jedoch nicht nothwendig, daß alle innerhalb dieses Umfanges oder Gesichtskreises liegenden Gegenstände mit gleicher Aufmerksamkeit betrachtet und, falls man das Gesehene in ein künstlerisches Gebilde umschaffen wollte, als zur Sache gehörig dargestellt werden müßten; der Blick kann sich vielmehr innerhalb dieses Gesichtskreises nach Belieben concentriren und dieser oder jener Einzelheit seine ganze Kraft zuwenden. Durch Fig. 10 sind nur die äußersten Grenzen festgestellt worden, über welche der Blick nicht hinausgehen darf, ohne daß die Gegenstände verzerrt (wie die Maler sagen „überscheinig") aussehen.

Das Bild.

Unter der schon öfters gebrauchten Bezeichnung Bild wird hier keineswegs ein Gemälde verstanden, sondern, wie schon gesagt wurde, jeder einzelne Ausschnitt des Gesichtskreises, welchem wir unsere ungetheilte Betrachtung zuwenden. Versetzen wir uns auf einen Berg mit reicher, nach allen Seiten unbeschränkter Aussicht, und nehmen hier auf einer in 360 Grade eingetheilten Drehscheibe Platz, so werden wir mit jedem Ruck der Scheibe ein anderes Bild und bei vollständiger Umdrehung dreihundertsechzig Bilder erblicken, wobei unsere Augen unverwandt geradeaus zu sehen und während der jemaligen Drehungen sich zu schließen haben.

Das erschaute Bild ist eine subjective, dem Beschauer ausschließlich eigene Wahrnehmung, sodaß zwei nebeneinander stehende Menschen wol ähnliche, aber nie ganz gleiche Bilder sehen können. Nur in dem einen Falle erblicken zwei Personen das gleiche Bild, wenn die eine mit der andern den Platz wechselt und sich genau in den Standpunkt des Vorgängers versetzt. Während des Umherblickens ist das Auge fortwährend bemüht, das Gesehene abzurunden und in einer möglichst gefälligen Form dem Geiste zuzuführen: es weilt, ohne daß wir es bemerken, bei zusagenden Gegenständen länger und überspringt mißfällige.

Da der Blick innerhalb des Sehwinkels beliebig concentrirt werden kann, ist auch jedes Object geeignet, Inhalt eines Bildes zu sein: Menschen und Thiere, Gebirge, Seen und Wälder wie einzelne Pflanzen oder Mineralien können als Bilder auftreten. Der Botaniker erkennt bei seinen mikroskopischen Untersuchungen die einzelne Faser einer Flechte als Bild an, während der Astronom eine über viele Millionen von Meilen ausgebreitete Sterngruppe mit diesem Namen bezeichnet.

Ferner ist noch eine höchst wichtige Eigenschaft des Sehens, gewissermaßen eine Grundbedingung, zu erörtern. Wir erblicken nicht die wirklichen, sondern nur die scheinbaren Formen der uns umgebenden Gegenstände; aus dem Anblick erräth zwar der Verstand die wirkliche Form, jedoch erst die geometrische Untersuchung macht uns mit dem genauen Sachverhalt bekannt.

Uebergehend zu der künstlerischen Auffassung eines Bildwerkes, gilt als erstes Gesetz, daß die Darstellung, nämlich das im Raume dargestellte Object unabhängig und nach allen Seiten abgerundet erscheine, mag nun die Darstellung dem Gebiete der Malerei, Sculptur oder Baukunst angehören. Bei Anfertigung eines Gemäldes ist zu beherzigen, was über die Benutzung des Gesichtskreises gesagt wurde: der Künstler darf nach eigenem Ermessen sowol den ganzen durch den Sehwinkel gegebenen Umfang, wie jede einzelne Partie innerhalb dieses Umfanges zum Thema seines Werkes machen. Häufiger wird das letztere gewählt, indem der Maler innerhalb des Gesichtskreises ein seinen Zwecken entsprechendes Rechteck einschreibt und die abgeschnittenen Theile als unbrauchbar nicht berücksichtigt. Dem Bildnißmaler wird ein aufrecht stehendes Format, Fig. 11 a, bezeichnet mit *a b c d*, gewöhnlich mehr zusagen, dem Landschaftsmaler aber das breite Format, Fig. 11 b, bezeichnet mit *e f g h*. — Ueber das Format eines Gemäldes ist nur zu bemerken, daß es der Darstellung angepaßt sein soll, daß die Hauptgruppe weder zu nahe an den Rand herangreife, noch zu weit von demselben

IV. Sehen, Bild und Horizont.

entfernt sei. Uebermäßig breite oder hohe Bildwerke erschweren die Betrachtung, selbst wenn sie ganz richtig construirt sind. Man darf in Bezug auf Format die Regel aufstellen, daß der Längenausdehnung höchstens die doppelte Breite zugetheilt werden darf.

Daß sich die erschauten Objecte zu einem Bilde abrunden und richtig übersehen werden können, schreiben sich bestimmte Entfernungen vor, von welchen aus die Betrachtung zu geschehen hat. Da der Sehwinkel sich vom Auge aus gegen die Ferne hin immer mehr erweitert, werden die Gegenstände, je größer sie sind, in um so größere Entfernung gerückt werden müssen, oder haben wir uns verkehrtenfalls von denselben zu entfernen, was das Gleiche ist. Die Entfernung von einem zu betrachtenden Gegen=

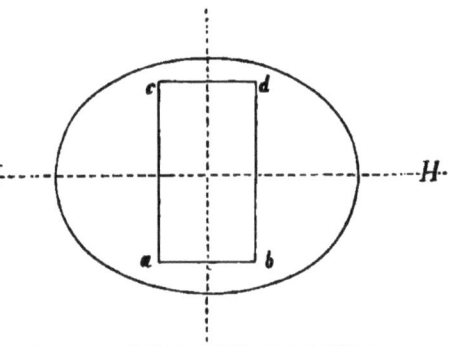

Fig. 11 a. Beliebiger Abschnitt des Bildes.

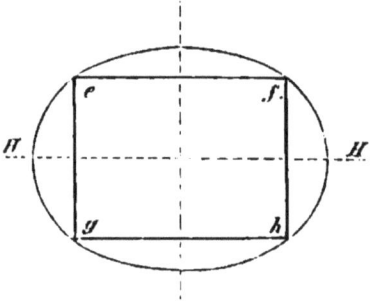

Fig. 11 b. In die Breite gerichteter Abschnitt.

stande soll jederzeit etwas größer sein, als die größte Ausdehnung des Gegenstandes beträgt. Laden sich aber die Objecte sehr weit aus, wie bei Vordächern und Bäumen der Fall ist, darf eine noch bedeutendere Entfernung angenommen werden. So wird eine Eiche von 120 Fuß Höhe, deren Krone sich nach allen Seiten hin gegen 20 Fuß auslädt, mindestens eine Entfernung von 180 Fuß bedingen, um in den richtigen Verhältnissen gesehen zu werden. Ein Mann, welcher den Arm gegen den Beschauer ausstreckt, erfordert ebenfalls eine größere Distanz zur Uebersicht, als wenn er mit anliegenden Armen vor uns steht. Die Ursache ist, daß die äußern Theile dieser Objecte näher an das betrachtende Auge herantreten als ihre Mittellinie, folglich der Sehwinkel in demselben Maße größer genommen werden muß, als die Ausladungen sich uns nähern.

Zu nahe an das Gesicht herantretende Gegenstände werden formlos und beleidigen das Gefühl, je schärfer und feingebildeter das Auge, um so empfindlicher wird die Störung sein. Es ist ein sehr bedenkliches Symptom, wenn jemand eine zu beschauende Kleinigkeit, eine Münze, ein Buch, unmittelbar vor die Augen bringt.

Der Horizont.

Die eigenthümlichen Wirkungen, welche ein höherer oder tieferer Horizont auf das menschliche Gemüth und im weitern Verlaufe auf den gesammten Organismus übt, haben unsere ersten Dichter in treffender Weise bezeichnet.

„Kühl bis ans Herz hinan" läßt Goethe den Fischer nach der Angel schauen, während der auf dem Berge stehende und in die Ferne blickende Schäfer von Unruhe und Sehnsucht verzehrt wird.

Noch feiner charakterisirt Schiller die Eigenschaften des Horizonts in seinem „Wilhelm Tell". Der Schifferknabe schläft ein am Blumengestade und versinkt in seliger Lust in den Wogen. Der Jäger aber schreitet verwegen auf Feldern von Eis, die Berge donnern und er blickt hinab durch den Riß der Wolken auf die unter ihm liegende Welt.

Der Unterschied zwischen Höhe und Tiefe kann nicht wahrer, ergreifender geschildert werden als durch diese wenigen Worte.

Die Bewohner des Flachlandes, namentlich der Meeresküsten, überlassen sich gern einer gewissen Beschaulichkeit, dem „dolce far niente", in welchen Neigungen der neapolitanische Lazzaroni mit dem holländischen Bootsmann übereinstimmt. Beide finden großes Vergnügen daran, sich am Strande hinzustrecken und stundenlang dem Spiele der Wellen zuzusehen.

Der Sohn des Berges ist nicht empfänglich für derartige Vergnügungen: er greift nach Büchse und Alpenstock, steigt im Geklüfte herum und steht höchstens einige Minuten still, wenn

IV. Sehen, Bild und Horizont.

die Hütte des Dirnbels sichtbar wird. Aber selbst in diesem Moment ist er nicht ganz ruhig, der Hut wird in die Höhe geworfen und ein Juhschrei durchbringt die Luft, daß die Felsen erzittern.

Kein Studium wird von den Kunstjüngern der Gegenwart so sehr vernachlässigt als das der Perspective; es wird kaum eine Ausstellung abgehalten, welche nicht ein namhaftes Sündenregister in Bezug auf perspectivische Anordnungen aufzuweisen hätte. Es fehlt keineswegs an gediegenen und sogar ausgezeichneten Lehrbüchern; aber sich durch dieselben bis zur praktischen Anwendung hindurchzuarbeiten, erfordert ungeheuere Geduld, welche bekanntlich nicht immer Sache der Musensöhne ist. Jenes klare Auge, welches einen Tizian und Paul Veronese nie irren ließ, scheint sich in unsern Tagen ganz verloren zu haben. Man sucht auf kürzestem Wege durch den Besuch einiger Vorträge zu erzielen, wozu unumgänglich nebenhergehende praktische Uebung erforderlich ist; auch werden dem Schüler oft die verwickeltsten Themata vorgetragen, während die Grundbedingungen der Perspectivlehre, Gesichtswinkel und Horizont, nur oberflächlich berührt werden oder ganz unerklärt bleiben.

Bei dem Anschein der größten Einfachheit bietet das Studium des Horizonts mancherlei Schwierigkeiten, welche am leichtesten durch gewissenhaftes Zeichnen nach der Natur überwunden werden.

Im allgemeinen bezeichnet man mit dem Worte Horizont jenen Umkreis, welcher die Oberfläche der Erde von dem Firmament zu trennen scheint, der am deutlichsten auf großen Ebenen wahrgenommen wird. Den vollständigsten Begriff empfängt man auf offener See bei Windstille: dann scheint das Firmament gleich einem Kuppelgewölbe sich herabzuneigen, der vom Meere gebildete Umkreis aber in die Höhe zu steigen.

Je nach der höhern oder tiefern Stellung des Auges dehnt sich der Horizont aus oder verengt sich: der Matrose im Korb hat einen größern Horizont als der Steuermann auf dem Hinterdeck, und dieser wieder einen größern als der Ruderer im Boote. Ein Schwimmer aber hat gar keinen Horizont, weil er sich mit demselben in gleicher Ebene befindet.

Dieser Horizont wird der natürliche genannt und bildet eine horizontale oder wagerechte Linie. Wird derselbe durch Gebirge, Bauwerke oder andere Gegenstände unterbrochen, denkt man doch die Horizontallinie als bestehend und sagt, daß diese oder jene Objecte über den Horizont ansteigen. In solcher Beziehung erscheinen Horizont und Meereshöhe oft als gleichbedeutend, weshalb auch die Worte wasserwägig, wasserrichtig anstatt horizontal gebraucht werden.

Wie sich aus dem Gesagten ergibt, bezeichnet der Horizont die äußerste Grenze unsers Sehens und scheidet zugleich die Bodenfläche, auf welcher wir und alle erschauten Gegenstände ruhen, von der Luft. Bei malerischen Gebilden, welche auf einer Fläche dargestellt werden, ist es unerläßlich, die Horizontlinie als künstlerischen Horizont anzugeben, während Baumeister und Bildhauer, welche runde, von allen Seiten zugängliche Werke aufstellen, dieselben nach dem Auge des Beschauers, also dem natürlichen Horizont, anzuordnen haben.

Der Maler drückt mittels einer wagerechten durch die Bildfläche gezogenen Linie den Horizont und durch diesen die größte Entfernung aus, welche in seiner jemaligen Darstellung enthalten ist. Selbstverständlich bezeichnet diese Linie auch die Höhe, in welcher sich das betrachtende Auge über der Grundfläche befindet, und zugleich den Standpunkt, welchen man bei Betrachtung des Gemäldes einzuhalten hat. In der Mitte des Horizonts, dort, wo das Auge ruht, werden alle Gegenstände sich zu vereinigen oder aufzulösen trachten, wie man in einer Kirche oder einem langen Gange beobachten kann. Wenn man an der Rückwand eines solchen Ganges einen deutlich sichtbaren Punkt anbringt, und am entgegengesetzten Ende sich so aufstellt, daß das Auge genau der bezeichneten Stelle gegenübersteht, wird man in einen regelmäßigen Trichter oder Strahlenkegel hineinsehen, dessen sämmtliche Linien haarscharf in dem bestimmten Mittelpunkte zusammenlaufen.

Für ein anzufertigendes Gemälde zeigt sich die Bestimmung des Horizontes als die zuerst herantretende Aufgabe. Jedes Hinaufrücken macht das Bild lebendiger, aber auch unruhiger, während die Herabsenkung Ruhe und Einheit, aber je nach Umständen auch Monotonie hervorruft.

IV. Sehen, Bild und Horizont.

Es muß daher die vom Künstler beabsichtigte Wirkung des Bildes bereits im Geiste festgestellt sein, ehe er Hand ans Werk legt.

Anordnung des Horizonts.

Um die Natur des Sehens, die verschiedenen Wirkungen des Horizonts zu studiren, bietet die Ersteigung eines hohen freigelegenen Berges das geeignetste Mittel. Während des Hinaufklimmens wird man oft die Schritte einhalten, zurückschauen und mit stets wachsendem Interesse das sich entwickelnde Landschaftsgemälde betrachten. Aber nur kurze Rasten wird sich der Wanderer gönnen, es drängt ihn unwiderstehlich vorwärts, hinauf zur Höhe, um von einem einzigen Standpunkte aus das ganze Panorama zu genießen. Endlich ist der Gipfel erreicht, und alle Mühen scheinen belohnt durch die Großartigkeit und Fülle des Dargebotenen.

Nachdem sich der Bergsteiger einige Minuten der stillen Betrachtung überlassen, wird er rasch die Standpunkte wechseln, hierher, dorthin treten, um den einzelnen Bildern nachzuspüren. Eine seltsame Unruhe wird sich einstellen, er sucht ein ruhigeres, vielleicht etwas abwärts gelegenes Plätzchen, um sich zu sammeln.

Ein Naturfreund wird zum andern, auch zum dritten mal auf den Gipfel zurückkehren und zuletzt mit sich selbst unzufrieden sein, daß er wegen unbegreiflicher Ursachen nicht so lange zu weilen vermag, als es der dargelegte Bilderreichthum bedingt. Im Glauben, Anstrengung und ungewohnte Bergluft haben eine Abspannung hervorgebracht, wird der Rückweg angetreten, wobei man je weiter abwärts immer größere Pausen macht, mit zunehmendem Behagen die landschaftlichen Gruppirungen bewundert und hereinzubringen sucht, was oben versäumt worden. Dem Thale sich nähernd, wird der Wanderer die allenfallsigen Fernsichten mit doppeltem Interesse betrachten und gern unter einem Baume Platz nehmen, um das Ergebniß des Tages am geistigen Auge vorüberziehen zu lassen.

Dieselben Eindrücke wiederholen sich regelmäßig und in der beschriebenen Ordnung, so oft wir eine dominirende Höhe besuchen: auf dem Snowdon und Mont-Ventoux wie auf dem

Brocken, Säntis, Wendelstein und der Schneekoppe. Ueberall die gleichen Anregungen und Empfindungen, hinaufwärts Sehnsucht, auf der Spitze Ueberraschung und Unruhe, abwärts zunehmende Befriedigung und zum Schlusse stilles Behagen. Wer nicht durch besondere Arbeiten, Vermessungen u. dgl. gezwungen ist, längere Zeit auf hohen Bergesgipfeln zu verweilen, wird gegen seinen Wunsch den Aufenthalt abkürzen und erst hinterher der erhaltenen Genüsse vollständig bewußt werden.

Als Ursache dieser Gemüthsstimmungen ist zunächst der über unser Fassungsvermögen erweiterte Gesichtskreis zu bezeichnen: es wird an solchen Punkten dem Auge viel mehr geboten, als es aufzunehmen vermag, daher sich jenes Misbehagen einstellt, welches die Folge aller übermäßigen Genüsse ist. Wie ein zunehmend höherer Horizont das Bild immer unruhiger macht, so bringt er auch im Menschen dieselbe Wirkung hervor. Indem auf Bergen der horizontale wie verticale Bilderreichthum aufs höchste gesteigert wird, können Unruhe und Abspannung nicht ausbleiben.

Man wende nicht ein, daß Hunderte von Fremden monatelang auf dem Rigi wohnen, um sich des wundervollen Landschaftsbildes nach Herzenslust zu erfreuen. Die mit Recht gepriesene Aussicht vom Rigi ist keine zusammenhängende Rundschau, wie sie etwa die Schneekoppe oder der Großglockner bieten. Was den Rigi vor allen bekannten Höhen auszeichnet, ist die vorgeschobene zwischen mehrere Seen eingerückte Lage und die wechselvolle Gestalt des Berges selbst. Der mit unzähligen Vorsprüngen, Felsengruppen, Schluchten, Matten und Waldpartien ausgestattete Bergrücken ist es, welcher unsere Bewunderung erregt; dieser Rücken bietet bei jedem Schritte neue malerische Vordergründe, welche die große Umgebung in einzelne Bilder zerlegen und jedes Bild wieder einrahmen. Hier überblickt man die prachtvoll entwickelten Centralalpen, dort reizende Mittelgebirge und Seen; dunkle Wälder wechseln mit schimmernden Gletschern und offenen Durchsichten, alles umzogen von einem südlichen Himmel.

Das Charakteristische der Rigi-Aussicht besteht darin, daß das Auge nicht durch ein landkartenmäßiges Gewirre von Höhen, Thälern und Flurmarkungen beängstigt und gezwungen wird,

IV. Sehen, Bild und Horizont. 111

in unbestimmten Fernen herumzuschweifen; sondern daß aller=
orten feste Begrenzungen gegeben sind, welche die einzelnen
Bilder mit Muße genießen lassen.

———

Durch diese Vorbemerkungen dürften die Eigenschaften des
Horizonts zur Genüge erklärt und zugleich die Grundzüge an=
gedeutet worden sein, wie man bei Anordnung desselben in einem
Gemälde vorzugehen habe. Wollte man nun den Horizont eines
bereits in Gedanken oder in einer Skizze festgestellten Bildes
bestimmen, wäre angezeigt, die Bildfläche a—b—c—d, nach der
Fig. 12, durch eine beliebige Anzahl von Linien in horizon=
tale Streifen zu zerlegen. Es sind in der nachstehenden Tafel
zehn verschiedene Horizontallinien eingetragen, bezeichnet 1—10,
von denen sich jede für eine andere Darstellungsweise eignet.

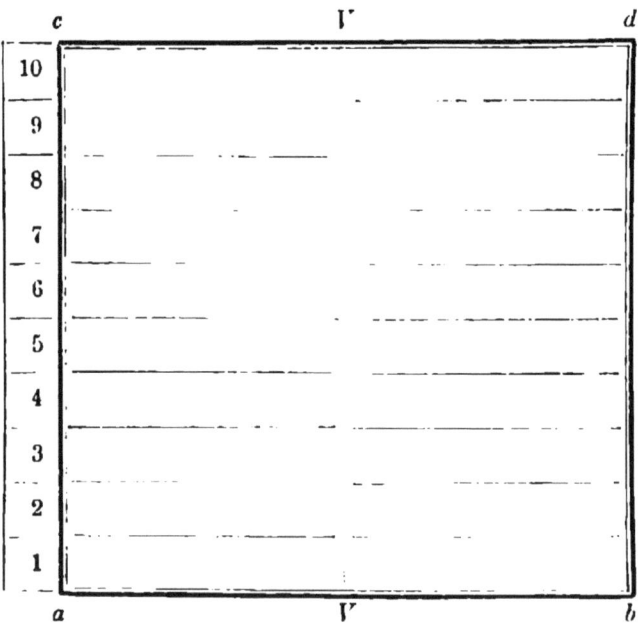

Fig. 12. Anordnung des Horizonts.

Der tiefste, der Grundlinie a—b am nächsten liegende Ho=
rizont, Nr. 1, wird nur für sehr ernste großartige Bildwerke, zu=
meist statuarischer Art, zu empfehlen sein. Aufwärts rückend

IV. Sehen, Bild und Horizont.

finden wir zuerst die Horizontlinien für flache, dann für gebirgige Landschaften, nahe der Mitte für geschichtliche Darstellungen und zu oberst für Stillleben.

Wir wollen jeder Anwendungsweise eine kurze Betrachtung widmen.

Wolkenbildungen und Landschaft.

Die Veränderungen, welche alle Gegenstände in ihren verschiedenen Stellungen zum Horizont erfahren, geben sich am auffallendsten in jenen leichten Wolkenbildern kund, welche an klaren Sommertagen über das Firmament hinziehen.

Fig. 13. Wolkenbild unmittelbar über dem Horizont.

Wir stehen auf einer Ebene, welche ringsum freie Aussicht gewährt, und betrachten morgens die im Osten aufsteigenden Wolkensäume, welche anfänglich wagerechte Streifen bilden, bald aber nach Fig. 13 sanft geschwungene Formen annehmen, wenn sie sich bis zum Winkel von 10 Graden erheben.

Fig. 14. Wolken in der Höhe von 20—25 Graden.

Der leichte Schwung gestaltet sich zu einer anmuthigen Kräuselung, sobald die Wolke eine Höhe von 20—25 Graden erreicht, wobei die Unterseite, wie Fig. 14 zeigt, noch immer horizontal verbleibt.

IV. Sehen, Bild und Horizont.   113

Dem Winkel von 45 Graden sich nähernd, gewinnen die Umrisse ein überaus belebtes Ansehen: die kleinen Kräuselungen sondern sich und auch die Unterseiten werden, wie aus Fig. 15 zu ersehen, reicher gegliedert.

Fig. 15. Wolken in der Höhe von 45 Graden.

Das Gewölk steigt noch höher empor, bis zum Winkel von 60 Graden und darüber; die gerundeten Formen gehen mehr und mehr in das Eckige über und erhalten ein zerrissenes, fast

Fig. 16. Wolkenbild in der Höhe von 60 Graden.

drohendes Ansehen, Fig. 16, welches sich im Zenith zu einem flaserigen Ring gestaltet, der das Sonnenlicht unangenehm trübt und Regen zu verkünden scheint. Indeß zieht die Wolke vorüber und durchläuft im Niedersinken die angegebene Reihenfolge in verkehrter Ordnung, bis sie sich als wagerechter Purpurstreifen im Abendroth verliert.

Bei Landschaftsgemälden unterliegt die Anordnung des Horizonts in der Regel keinen besondern Schwierigkeiten, wenn auch einige Rücksichten zu beobachten sind. In den meisten Fällen wird ein Horizont gewählt, welcher nicht über die Mitte der Bildhöhe ansteigt, aber auch nicht unter den vierten Theil derselben herabsinkt. Die mitgetheilte Tafel, Fig. 12, im Auge behaltend, finden wir, daß einige der größten Landschaftsmaler, wie Arthur van der Neer und Hobbema, welche vorzugsweise Mondeffecte, Seeufer und Wasserspiegel darstellten, einen bis auf den Punkt 2 herabgerückten Horizont gebraucht haben.

Für Landschaften mit schönen Vordergründen, aber bedeutungslosen Fernsichten ist ein so niedriger Horizont allerdings sehr empfehlenswerth; wollte man ihn hinaufrücken, würden nur die gleichgültigen und vielleicht misfälligen Partien der Landschaft vergrößert, wogegen die Hauptsache Schaden litte. Es muß aber erinnert werden, daß derartige Auffassungen die sorgfältigste Detaillirung und den gewandtesten Vortrag bedingen, daher nur erprobte Meister sich in diesem Gebiet ergehen dürfen.

Einen etwas höhern Horizont, welcher jedoch nicht viel über den Punkt Nr. 3 der Höhentafel ansteigen darf, erfordern die Ansichten des bewegten Meeres, die sogenannten Marinen, ein Fach, in welchem Ludolf Backhuysen und Wilm van de Velde glänzen. Von Nr. 3—5 erfordert jeder Punkt, durch welchen man die Horizontlinie ziehen will, die sorgfältigste Ueberlegung. Wenn man den Horizont Nr. 2 mit einer Parterreaussicht vergleichen kann, ist Nr. 3 die Aussicht aus dem ersten und Nr. 4 die Aussicht aus dem zweiten Stockwerke. Dabei kann man aber auf jeder Stufe einhalten und überlegen, ob das Bild gewinne oder verliere. Die Mehrzahl der niederdeutschen Meister, obenan der feurige Rubens und der liebenswürdige Wynants, bewegen sich in ihren Darstellungen zwischen den Linien 3 und 4, ohne bis an die letztere Linie hinaufzugreifen.

Dagegen haben die italienischen und französischen Maler, welche mehr einer idealen Richtung huldigten, durchschnittlich

IV. Sehen, Bild und Horizont.

höhere Horizonte gewählt, so Annibal Caracci, der Begründer einer selbständigen italienischen Landschaftsmalerei, welchem Nikolaus Poussin, Claude Gelée und Gaspard Dughet folgten. Claude Gelée, genannt Lorrain, der größte Meister dieser Schule und einer der ersten Künstler aller Zeiten, hat gewöhnlich aus dem Punkte Nr. 4 seinen Horizont gezogen und rückte bei Gebirgsansichten nur ein Weniges darüber.

Ein aus Nr. 5, also durch die Mitte der Bildhöhe, angeordneter Horizont wirkt nur dann günstig, wenn weder Meer noch eine große Ebene dargestellt werden, sondern die Gegenstände über das betrachtende Auge hinaufreichen, wie dies in Hochgebirgen der Fall ist. In einer Marine hingegen würden durch einen solchen Horizont Luft und Wasser in zwei gleiche parallele Streifen zerlegt, ein Anblick, dessen Gleichförmigkeit selbst durch die gediegenste Ausführung nicht bewältigt werden könnte.

Ueber die Mittellinie, 5, sind nur wenige Meister emporgerückt. Von den niederdeutschen war es zunächst Hermann Saftleeven, der in seinen Rheingegenden einen gegen Nr. 6 ansteigenden Horizont festgehalten hat. Die schönsten seiner Bilder sind Aufnahmen nach der Natur und aus bedeutenden Höhen gezeichnet, sodaß man über Gebirge hinweg in die jenseits sich entwickelnden Fernen hinüberblicken kann. Höher noch verstieg sich Salvator Rosa, welcher dem Zuge seiner leidenschaftlichen Natur folgend, sich an keine bestimmte Regel gebunden hat. Indem er mit Vorliebe wilde Schluchten, durcheinandergeworfene Felstrümmer und ähnliche Partien malte, verlegte er den Horizont bis zu dem Punkte Nr. 7, über welchen hinauf keiner von den anerkannten Meistern des Landschaftsfaches gegangen ist. Da eine solche Auffassung in der That für Schluchten, Wasserfälle und etwas abenteuerliche Formen zulässig erscheint, wurde sie von mehrern Künstlern der Neuzeit wieder aufgenommen. Im allgemeinen jedoch schließen sich die Landschaftsmaler unsers Jahrhunderts mehr der realistischen niederdeutschen, als der idealen italienischen Behandlungsweise an, und es stimmen in dieser Beziehung die deutschen, englischen und französischen Künstler ziemlich überein.

Figurenbild und Horizont.

Die mit Figuren ausgestatteten oder aus Figurengruppen bestehenden Gemälde, mögen sie nun der Geschichte entnommen sein, porträt= oder genreartigen Charakter einhalten, zerfallen bezüglich des Horizonts in zwei Klassen, nämlich Situations= bilder und dramatische Darstellungen. Die erstern, mit ruhig beschaulichem Inhalte, bedingen einen tiefen, die andern einen mehr oder minder hohen Horizont, je nachdem die darge= stellte Handlung größere Lebendigkeit entwickelt. Weil aber zwischen diesen beiden Darstellungsweisen manche Uebergänge stattfinden, auch anderweitige Rücksichten hinzutreten, gestaltet sich die Frage viel schwieriger als im Landschaftsfache.

Betrachten wir zuerst das Porträt, welches als Büste, Kniestück und ganze Figur aufgefaßt werden kann und in jeder Form eine andere Behandlung erheischt.

Die Büstenform hat Rafael vielleicht am glücklichsten be= handelt: er hat nicht allein die Bildnißmalerei zu einem selbst= ständigen Fache erhoben, sondern seinen Porträtköpfen auch solche Anmuth zu verleihen gewußt, daß ihn kein zweiter Künstler erreicht hat. Rafael vermied es, ein Bildniß so darzustellen, daß sich das Auge des Malers mit dem der darzustellenden Person in gleicher Höhe befindet, daß nämlich der Horizont mitten durch das Gesicht gezogen werde. Der Künstler hat bei seinen Entwürfen den Horizont in die Schulterhöhe verlegt und hierdurch einen so vollendeten Linienfluß erreicht, daß die Bild= nisse in der liebenswürdigsten Unbefangenheit und angeweht von dem frischesten Lebenshauche vor uns stehen. Die in Rafael's Porträtbüsten niedergelegten Regeln haben diesseit der Alpen größere Anerkennung gefunden als in Italien; Holbein und Anton van Dyck, diese beiden großen Bildnißmaler, haben sich innig an Rafael angeschlossen.

Giorgione und nach ihm alle venetianischen Künstler haben einen tiefern Augenpunkt, etwas unter Brusthöhe, gewählt und gaben dadurch ihren Bildnissen ein sehr energisches Ansehen. Das ganze Zeitalter spiegelt sich in den Porträts eines Tizian oder Tintoretto, wir sehen das alte Venedig mit seinen Aristo= kraten, seiner Willkürherrschaft und sonnigen Herrlichkeit vor uns auftauchen. Welch ein Unterschied zwischen diesen befehlenden Dogenbildern und den abgewaschenen Larven, welche heutzutage aus den Schaubuden der Photographen hervorstarren!

Wenn auch für den Augenblick im Kampfe zwischen Kunst und Mechanismus die Bildnißmalerei ungebührlich zurückgedrängt worden ist, darf man doch nicht fürchten, daß die höhern Kunstinteressen für die Dauer gefährdet seien.

Das Kniestück wurde mit Vorliebe in Venedig cultivirt, wo überhaupt die Bildnißmalerei sehr beliebt war. In Bezug auf diese Form stimmen alle Autoritäten dahin überein, daß ein in Elnbogenhöhe angenommener Horizont am meisten entspreche. Neben der Tizian'schen Schule haben auch Rubens, Rembrandt und der in seiner Art einzige Don Diego Velasquez in diesem Gebiete Außerordentliches geleistet.

In der Behandlung ganzer Porträtfiguren war Anton van Dyck besonders glücklich: er zeichnete die Gestalten als auf einem erhöhten Podium stehend, versetzte die Horizontlinie ein Weniges unter die Körpermitte und verkleinerte gewöhnlich die Figuren um einen unmerklichen Theil (etwa um die Länge von zwei Zollen) im Vergleich mit der Lebensgröße. Van Dyck wich durch dieses Verfahren manchen Inconsequenzen aus, welche das Einhalten der vollen Lebensgröße mit sich führt.

Es ist nämlich unmöglich, die genaue Höhe einer menschlichen Figur auf eine Fläche zu zeichnen, denn wenn das Maß von der Ferse bis zum Scheitel geometrisch richtig aufgetragen wird, legen sich die Vorsprünge des Kinnes und der Vorderfüße perspectivisch der Gesammtlänge zu und bewirken ein zwar großartiges, aber befremdliches Ansehen. Deshalb erscheinen die Gestalten der venetianischen Künstler, welche die wirkliche Höhe auftrugen, immer kolossal. Die neuen Meister haben sich mehr an van Dyck als an die Italiener angeschlossen.

An die Porträtfiguren reihen sich jene statuarischen Bildwerke an, welche sowol in unabhängiger Form, häufiger jedoch als Zwischengliederungen bei Anordnung von Bildercyklen gebraucht werden. In dieser Richtung hat Michel Angelo Buonarotti in den Malereien der Sixtinischen Kapelle das Höchste geleistet, was je durch Menschenhand hervorgebracht wurde. Er bediente sich eines sehr tiefen Horizonts, mit dessen Hülfe er den weltberühmten Propheten- und Sibyllengestalten jene überirdische Größheit verlieh, daß wir uns bei dem Anblick in eine höhere Welt versetzt glauben. Auch in den Deckengemälden derselben Kapelle hat Michel Angelo meist den tiefen Gesichtspunkt angeordnet, namentlich in den Darstellungen der Schöpfungsgeschichte: wie Gott Licht und Finsterniß scheidet, Sonne und Mond erschafft, dem Adam Leben einhaucht und die Eva bildet. In diesen Gemälden ist der Horizont fast bis an die Grundlinie herabgerückt: so in der Belebung des Adam, wie dieser noch vom Traume umfangen die Hand ausstreckt, um sich von Gott aufrichten zu lassen.

So wahr und tief gefühlt diese Gestalt, wird sie noch überboten von der sich erhebenden Eva, welche scheu und verschämt, dabei schwellend wie eine Rosenknospe zugleich aufstehen und anbetend niederknien will. Hermann Grimm sagt über diese Figur: „Man fühlt sich versucht zu sagen, sie sei das schönste Bild einer Frau, das je von der Kunst geschaffen wurde."

Indem wir dieser Ansicht vollkommen beipflichten, möchte sie dahin zu ergänzen sein: „Diese Eva sei das weiblichste Wesen, das je erdacht worden. Sie ist keine abstracte Schönheit wie die Venus des Praxiteles, kein unnahbares Ideal wie eine Madonna des Fiesole, sondern ein echtes Weib mit üppigen und doch vergeistigten Formen. Keusch und sinnlich, hingebend und fromm, konnte die Stammutter des Menschengeschlechtes nur so und nicht anders aussehen, als sie Michel Angelo geschildert hat."

Manche werden vielleicht einwenden, daß die Charakteristik der Eva in keinem unmittelbaren Zusammenhange mit dem Horizont stehe, und daß der Vorgang auch hätte in eine reichere Landschaft versetzt werden können. Dieser Ansicht ist mit Entschiedenheit entgegenzutreten; ein echtes Kunstwerk ist so sehr als eine einheitliche Schöpfung entstanden, daß selbst der Urheber keine Aenderung mehr vornehmen könnte, sobald der Gedanke sich zum Ganzen abgerundet hat. Die Perspective war allerdings nur eins der vielen Hülfsmittel, über welche Michel Angelo verfügte, aber ohne deren genaue Kenntniß wäre er nicht im Stande gewesen, seinen Gedanken Ausdruck zu verleihen.

IV. Sehen, Bild und Horizont.

Für große geschichtliche Darstellungen, welche sich in geschlossenen Räumen bewegen, hat Rafael durch seine Frescomalereien in den Stanzen des Vaticans den Weg vorgezeichnet. Da die Hauptbilder so ziemlich gleiche Größenverhältnisse besitzen und aus gleichen Entfernungen betrachtet werden, hat Rafael auch im wesentlichen den gleichen Horizont beibehalten, welcher nahezu vier Zehntheilen der Bildfläche entspricht.

Eine der anziehendsten Compositionen, die sogenannte Schule von Athen, zeigt einen Horizont, welcher in der Höhe von Nr. 4 das Bild durchzieht. (Von dem obern Architekturgerüst, welches nur den Gewölbebogen auszufüllen hat, ist natürlich abzusehen.) Die in der Mitte befindliche Hauptgruppe steht auf einer erhöhten Terrasse, sodaß der Horizont die Schenkelmitte der Figuren durchschneidet. Vier Stufen führen zu der Erhöhung hinan, im Vordergrunde breiten sich auf der untern Bodenfläche zur Rechten und Linken liegende oder sitzende Gruppen aus, über welche der Beschauer hinwegsieht. Dieses in alter und neuer Zeit hundertfältig nachgeahmte und umgestellte Bild hat einen außerordentlichen Einfluß auf die Compositionsweise der Nachfolger Rafael's geübt und gilt hinsichtlich der perspectivischen Anordnung als das hervorragendste Werk des großen Meisters.

Paolo Caliari, genannt il Veronese, bestrebte sich, die Rafael'sche Auffassung womöglich zu überbieten. Indem dieser Künstler das Leben von der fröhlichsten und glänzendsten Weise betrachtete, vorzugsweise Festgelage, Prunkzüge und Allegorien malte, genügten ihm die einfachen Vorschriften der Perspective nicht mehr, und er ersann Mittel, die Regeln zu umgehen und doch den größten Anschein von Wahrheit beizubehalten. Weil es außerordentlich schwierig ist, lebensgroße Gestalten mit architektonischen Räumlichkeiten in Einklang zu bringen, gerieth Meister Paolo auf den Einfall, für die Decke wie für den Fußboden je einen besondern Horizont anzunehmen. Diese beiden Horizontlinien legte er um den dritten Theil einer Figurenlänge auseinander, aber so, daß die Augenpunkte sowol für die obere wie für die untere Partie in einer und derselben Verticalen sich befinden. Den Mittelgrund hat Veronese durch eine zusammenhängende Reihe von Figuren und Nebensachen so vollständig ausgefüllt, daß selbst das geübteste Auge den Betrug nicht wahr-

nehmen kann und derselbe erst durch Anlegen von Lincalen ent=
deckt wird.

Daß dergleichen Versuche nur von Künstlern unternommen
werden können, welche sich der höchsten technischen Meisterschaft
bewußt sind, bedarf kaum erinnert zu werden.

Die von Rafael aufgestellten Regeln wurden nicht allein
von den italienischen, sondern von allen auf ihn folgenden Künst=
lern als maßgebend aufgenommen und festgehalten, bis Antonio
Allegri, genannt Correggio, durch die Ausmalung der Kuppel in
der Kirche San-Giovanni zu Parma die Uebung der Perspective
mit vielen neuen Elementen bereicherte. Dieses Kuppelgemälde
ist so angeordnet, daß der Scheitelpunkt des Gewölbes sowol
den Horizont wie auch Augenpunkt bildet, um welchen herum
alle Gestalten in der Luft zu schweben und aufwärts zu steigen
scheinen. Die Ansicht ist so genommen, als ob der Betrachtende
mit dem Rücken auf der Erde läge und in senkrechter Linie hin=
auf in den geöffneten Himmel blickte. Da nach den Gesetzen,
welche gelegentlich der Kreisform und der Rundungen entwickelt
worden sind, bei Uebersicht eines runden Raumes kein anderer
Standpunkt eingenommen werden kann als der Mittelpunkt, be=
ruht die von Correggio begründete Kuppelmalerei auf streng
wissenschaftlichen Gesetzen.

Der Beifall, welchen die neue und im höchsten Grade über=
raschende Auffassungsweise Correggio's fand, war ungeheuer,
und es mußte der Künstler bald nach Vollendung der Arbeiten
in San-Giovanni auch die Domkuppel zu Parma in ähnlicher
Weise ausstatten. In kurzer Zeit wurde es nunmehr üblich,
alle überwölbten Kirchen in der Manier des Correggio zu be=
malen. Man ging so weit, daß an Orten, wo kein natürliches
Gewölbe vorhanden war, dasselbe durch Malerei dargestellt wurde,
und der gelehrte kunsterfahrene Jesuit Andrea Pozzo hat die
Theorie dieser Kuppelmalerei in einem ausführlichen Werke nie=
dergelegt, welches trotz des vorwaltenden Zopfstiles höhere Be=
achtung verdient, als ihm die heutigen Künstler zutheil werden
lassen.

Während in Italien und Deutschland nach Abgang der
großen Meister ein sehr rascher Verfall eintrat, entwickelte sich
in den Niederlanden um den Anfang des siebzehnten Jahrhun=

IV. Sehen, Bild und Horizont.

derts ein überaus reiches, originelles Kunstleben, dessen Mittelpunkt der vielseitige und hochbegabte Peter Paul Rubens wurde. Wenige Künstler haben einen so tiefgehenden Einfluß geübt und alle Kunstfächer mit solcher Meisterschaft behandelt wie Rubens; keiner aber verstand einen Vorgang so dramatisch zu erfassen und mit solcher Lebendigkeit durchzubilden als dieser. Rubens war zugleich Geschichts=, Porträt= und Genremaler, er gab der landschaftlichen Darstellung eine neue Richtung und erhob die Thier= und Stilllebenmalerei zu selbständigen Fächern. Außerdem glänzte er als Baumeister und Kupferstecher, war ein gewandter Diplomat und Mann von umfassendem Wissen, dabei anspruchlos und menschenfreundlich wie wenige. In den Kreisen der Könige und Fürsten ebenso beliebt wie in der Dorfschenke und auf der Kegelbahn, hatte dieser universelle Geist Gelegenheit, das Leben in allen Richtungen zu studiren.

Einem solchen Manne mußte das Außerordentlichste gelingen, um so mehr, als ihm zahlreiche Schüler zur Seite standen, welche ihn bei seinen Arbeiten unterstützten.

Da Rubens sich selbst und die Zuschauer gern unmittelbar in die Handlung versetzt, hat er bei sehr lebendigen Schilderungen, z. B. der Gefangennehmung des Simson, der Amazonenschlacht und andern, einen überaus hohen Horizont angenommen, welcher etwa sechs Zehnteln der Bildhöhe gleichkommt. Dabei verstand er es vortrefflich, für die verschiedenen Bildungsgrade, in welchen er das Leben auffaßte, jedesmal den richtigen Horizont auszuwählen. In dem berühmten Gemälde Die Heimkehr aus Aegypten (in der Galerie Blenheim in England) ist der Horizont in die Kniehöhe der Madonna verlegt, in der Kreuzabnahme zu Antwerpen dagegen in die Schulterhöhe der unter dem Kreuze stehenden Personen.

Auch in sehr tiefen Augenpunkten hat der Künstler sich nach Art des Michel Angelo versucht, wie in einem Bilde der heiligen Katharina zu Antwerpen, doch mit geringem Erfolge: es fehlte ihm für solche wie überhaupt für kirchliche Darstellungen die nöthige Ruhe und objective Anschauung.

Der freien Behandlungsweise des Rubens sich vielfach nähernd, ohne jedoch dessen, noch irgendeiner Schule anzugehören, betrat um das Jahr 1630 Paul Rembrandt, genannt van Ryn, den Schauplatz und gründete in Amsterdam eine Malerschule. Eines Müllers Sohn, ohne eigentlichen Unterricht und ganz auf sich selbst angewiesen, hat er, unbekümmert um alle Theorien und Schulregeln, sich zu einem der ersten Künstler aufgeschwungen, welche die Geschichte kennt.

Ausgerüstet mit dem feinsten Verständniß für alle Abstufungen und Wirkungen des Lichtes, scheint seine Anschauung aus der dunkeln Mühle seines Vaters hervorgegangen zu sein. Durch den Zauber des einfallenden Lichtes und eigentlich nur durch dieses Hülfsmittel hat Rembrandt alle Gegenstände, lebendige wie leblose, zu verklären und zu vergeistigen gewußt. Ob ein Christuskopf schülerhaft gezeichnet, ob die Madonna einem amsterdamer Marktweibe ähnlich sieht und die heiligen drei Könige in der Tracht von holländischen Bootsleuten einherstolziren, erscheint gleichgültig: diese und noch gröbere Verstöße verschwinden in der magischen Beleuchtung, und man fühlt sich bei Betrachtung der Rembrandt'schen Werke in derselben Weise angeregt wie vor den Schöpfungen eines Rafael oder Correggio.

Da es dem Meister zunächst darum zu thun war, das Licht so wirken zu lassen, wie es die besondern Zwecke erforderten, hat er sich bezüglich des Horizonts an keine Regel gehalten, und wechselte vom höchsten bis zum tiefsten Standpunkte. In seinen Landschaften stieg Rembrandt bis zum Horizont des van der Neer hernieder, rückte in seinen historischen Compositionen (wenn anders dieser Ausdruck gebraucht werden darf) bis zur Figurenmitte und sogar zur Schulterhöhe hinauf. In den Bildnissen aber, in denen Rembrandt's Hauptverdienst liegt, hielt er, dem Beispiele des Rubens folgend, an der Brusthöhe fest.

Die großen niederdeutschen Genre- und Thiermaler, Teniers, Brouwer, Ostade, Jan Steen und Terburg, der fleißige Gerard Dow und sein talentvoller Schüler Mieris wie der feurige Jagdenmaler Snyders haben sich alle trotz ihrer scharf ausgesprochenen Individualitäten an Rubens angeschlossen und sind seinen Vorschriften gefolgt. Der lebenswarme Fleischton des Rubens schimmert gleich sehr durch den kecken Auftrag des Brouwer wie die sorgfältige Malweise des Mieris hindurch, auch hält die ganze Schule mehr den hohen als niedern Horizont ein. Am höchsten geht Snyders, welcher gleich seinem Meister den Augenpunkt manchmal bis in das obere Drittheil der Bildfläche verlegte. Etwas über die Mittellinie rücken die sämmtlichen dem obigen Kreise angehörenden Maler nicht selten hinauf.

Das Stillleben.

Kleine Gegenstände pflegen wir unter die Augen zu bringen, also von oben herab zu betrachten, wie es die Natur der Dinge mit sich bringt. Einen Blumenstrauß, einen Teller mit Früchten oder ein Schmuckkästchen wird kein Mensch in die Höhe halten, sondern sich eher darüberbeugen.

Wie schon der Name Stillleben besagt, haben wir es mit einer Kunstgattung zu thun, welche die bescheidensten Ansprüche stellt, womit jedoch keinerlei Unterordnung ausgesprochen sein soll. Wenn Rembrandt durch sein Hellbunkel den gewöhnlichsten Gegenstand mit solch geheimnißvoller Weihe zu umgeben wußte, daß seine Werke in vorderster Reihe genannt werden, dürfen wir auch die Vergeistigung der Farbe nicht geringschätzend behandeln.

Die Anregung zur Stilllebenmalerei ging unmittelbar von Rubens aus, der es nicht verschmähte, die zur Schau gelegten Waaren eines Victualienmarktes: Früchte, Gemüse, todtes Wild, Fische und Krebse, in gefälliger Gruppirung abzubilden. Kaum war der Anfang gemacht, als das Fach in den mannichfaltigsten Richtungen ausgebeutet wurde. Berühmt geworden ist der Stiefel des Franz Mieris, welchen er abends vielleicht im Rausche auf den Tisch geworfen und am andern Morgen säuberlich abconterfeit hat.

Nun folgt eine lange Reihe tüchtiger Maler, von denen mehrere, wie die beiden van Aelst, ausschließlich Frühstücke in Prachtgefäßen, andere Fische und Krebse, Gemüse, Waffen und Raritäten darstellten. Eine große Anzahl dieser Künstler, denen sich viele Frauen beigesellten, verlegte sich auf Blumen- und Früchtemalerei, wie David und Cornelius de Heem, Mignon und die ausgezeichneten Blumenmalerinnen Maria van Osterwyck und Rachel Ruysch.

Von dem Augenblick an, als die Stillebenmalerei eine unabhängige Stellung gewann, war auch der einzuhaltende Horizont gegeben. Dieser ist seit Rubens unverändert bis zum heutigen Tage beibehalten worden, nämlich im obern Viertel der Bildhöhe. Die in diesen Bereich gehörigen selten umfangreichen Gemälde sind zugleich die einzigen, welche ohne Nachtheil von oben herab betrachtet werden können, während sowol Figuren- wie Landschaftsbilder verlieren, wenn sie aus einem solchen Standpunkt angesehen werden.

V.

Künstlerische Bestrebungen in vorgeschichtlicher Zeit.

Die Entwickelung der Ornamentik.

Der Trieb, die eigene Gestalt zu schmücken oder auszuzeichnen, ist so tief in der Natur des Menschen begründet, daß man glauben möchte, unsere Urältern seien früher auf Putz und Zierathen bedacht gewesen, ehe sie das Bedürfniß von Wohnung und Kleidung gefühlt haben. So gewiß die erste Frau, welche jemals die Fluren durchwandelte, Blumen ins Haar gesteckt und Kränze geflochten hat, ebenso gewiß wird ihr Gefährte sich mit der Jagdbeute behängt, die dem Wolfe oder Bären abgestreifte Haut, die Schwungfedern des Adlers als Trophäen herumgetragen haben.

Bei fortschreitender Ausbildung genügten derlei leicht zerstörbare und überall vorkommende Schmucksachen nicht mehr, man suchte seltenere, dauerhaftere Ersatzmittel und griff nach schimmernden Gesteinen, Korallen und Muscheln, bei welcher Gelegenheit wahrscheinlich die Perle gefunden wurde. Kopf-, Hals- und Armbänder traten an die Stelle der Blumenkränze und waren üblich bei allen Völkern und zu allen Zeiten.

In dem Maße, als der Mensch bei zunehmendem Erfindungsgeist sich mit Geräthschaften und Einrichtungsgegenständen umgab, wuchs auch die Lust am Verzieren, und es waren vor allem die Gefäße und Flechtarbeiten, auf welche der erwachende Verschönerungssinn übertragen wurde.

Von den sämmtlichen Erzeugnissen des menschlichen Kunstfleißes sprechen die genannten beiden Arbeiten, Fictilien und

V. Künstlerische Bestrebungen in vorgeschichtlicher Zeit.

Texturen, das höchste Alter an: das Bedürfniß und die leichte Art der Hervorbringung führten schon die ersten Menschen dahin, in Thon zu formen und Binsenmatten zu flechten. Die hierzu nöthigen Materialien sind zugleich die einzigen, welche sich ohne Zuhülfenahme von Instrumenten zu allerlei Geräthen verarbeiten lassen.

Durch die im weichen Thon hinterlassenen Fußabdrücke aufmerksam gemacht, bedurfte es nur eines leichten Versuchs, um zur Formerei überzugehen. Flache Schalen mit verstärkten Rändern mögen wol die frühesten Artefacte gewesen sein. Diese und ähnliche Gefäße wurden aus freier Hand geformt, an der Sonne getrocknet und manchmal mit Blut oder Baumharz überzogen, um sie wasserdicht zu machen. Auch die fernere Behandlung des Thons, das Reinigen, Vermengen und sogar das Festbrennen, unterlag keinen besondern Schwierigkeiten: die eine Verrichtung entwickelte sich von selbst aus der andern.

Bei dem Umstande, daß jeder Fingerstrich oder Nageldruck in der weichen Thonmasse bleibende Spuren hinterließ, drängte sich bald die Wahrnehmung auf, daß mehrere regelmäßig vertheilte Einkerbungen oder Streifen dem Gebilde eine angenehmere Form verleihen können. Zuerst waren es die Ränder, welche mit eingepreßten Fingertupfen oder Abkappungen ausgestattet wurden, dann nahm man einen Dorn oder spitzen Knochen zu Hülfe, um die Abdrücke schärfer zu machen und Begrenzungslinien zu ziehen.

Die Behauptung ist nicht gewagt, daß schon bei Anfertigung der ersten Gefäße ähnliche Decorationsversuche gemacht worden seien, daß solche Versuche bereits in jener Periode stattfanden, als der aufgeraffte Stein, der abgerissene Baumast die einzigen Waffen waren, deren sich das jugendliche Menschengeschlecht bediente.

Neben dem Thonformen her ging das Flechten, die textile Kunst. Auch hier ergab sich das Hereinziehen des decorativen Elements von selbst: das zufällige Verflechten verschiedenartig gefärbter Binsen bewirkte allerlei Muster, welche bald bemerkt und mit Vorbedacht weiter ausgebildet wurden. Das Formen rief die Drehscheibe, das Flechten den Webstuhl hervor, zwei Erfindungen der Urzeit, welche bereits von Moses und Homer

V. Künstlerische Bestrebungen in vorgeschichtlicher Zeit. 127

als bekannte Einrichtungen erwähnt und auch in altägyptischen Bildwerken illustrirt werden.

Es äußerte sich mithin das Bestreben des Menschen, sich selbst und alle zu seinem Gebrauch dienenden Gegenstände zu verschönern, auf dreifache Weise und rief ebenso viele Arten von Erzeugnissen hervor, nämlich:

a) Schmuckgegenstände,
b) Thongebilde,
c) Webereien.

Wie wir sehen, waren es drei nebeneinander hergehende Werkthätigkeiten, aus denen die Verzierungskunst sich entwickelte und die zugleich als Grundpfeiler der gesammten Technik anerkannt werden dürfen. Die Arbeiten in Holz und Stein sind offenbar jüngern Ursprungs, denn hierzu bedurfte man einiger Instrumente, und diese mußten erst erfunden werden, ehe man Hand ans Werk legen konnte.

Wenn unsere künstlerischen Betrachtungen hier in das engere Gebiet der Alterthumskunde zurückgreifen, scheint dieses unbedingt nothwendig, weil das Wort Kunst eine sehr universelle Bedeutung hat und in alter Zeit jede ungewöhnliche Kraftäußerung mit diesem Namen belegt wurde.

Die Schmuckgegenstände bewegten sich von je in einem ziemlich engen Kreise und haben die geringsten Formveränderungen erfahren. Abgesehen von den Materialien, unterscheiden sich die Geschmeide der heutigen Juweliere nicht wesentlich von denen der Aegypter, Griechen und Etrusker: Diademe, Hals- und Armbänder, Ringe, Broschen, Hefteln und Knöpfe zeigen noch immer ähnliche Formen, wie sie bereits vor 3000 Jahren eingehalten haben.

Der bemerkenswertheste Theil des Körperschmucks war von je die Perle, deren Durchbohrung und Anreihung allerlei Gebilde hervorrief, welche zunächst auf die Formerei, im weitern Verlaufe aber auf alle Zweige der Technik übertragen wurden. Auch Nachahmungen der Perlen fanden schon in frühester Zeit statt; kleine Kugeln aus Bernstein oder Korallen und in Ermangelung dieser Materialien auch aus gebranntem Thon waren sehr beliebte Schmucksachen, wobei als selbstverständlich angenommen werden darf, daß allerlei leicht vergängliche Stoffe, z. B. die Beeren des wilden Rosenstrauches (Rosa canina) und der Eberesche (Sorbus aucuparia), als Verzierungen angewandt wurden, wie dieses von jungen Mädchen noch heute geschieht.

Nächst der Perlenschnur spielte der Ring eine Hauptrolle: Ohren, Finger, Handgelenke und Oberarm waren vorzugsweise die Stellen, welche mit Ringen decorirt wurden. Ob das Vorbild unmittelbar der Natur entnommen wurde, läßt sich nicht sicherstellen: die Querschnitte der Rohrstengel oder Markknochen mögen zunächst Anlaß zu dieser Form gegeben haben. Uralt ist die symbolische Bedeutung des Ringes als Zeichen eines Gelöbnisses, einer Verbindlichkeit, daher auch der Ehe. Durch die Aneinanderreihung mehrerer Ringe ergab sich die Kette, welche seltsamerweise zugleich als Abzeichen hoher Würde wie der Schmach getragen wurde, jederzeit aber etwas von der Symbolik des Ringes (Gebundensein) beibehielt.

Auch die Spiral- und Wellenlinien wurden frühzeitig in die Ornamentik eingeführt und fanden besonders im Schmuckfache Verwendung. Für die zum Theil unentbehrlichen Artikel, als Vorstecknadeln, Haften, Spangen und Fibeln, welche anfänglich aus Fischgräten oder Dornen hergestellt wurden, bot sich die Spirale als zweckmäßigste Form dar und mag geraume Zeit hindurch nur auf solche Weise Verwendung gefunden haben, ehe sie in die Thonformerei überging. Nun folgten Zickzack und allerlei Verschlingungen geometrischer Figuren, welche theils durch das Aneinanderreihen von Blumen, Muscheln u. dgl., theils durch die Flechterei in die decorative Technik eingeführt wurden.

Es darf nicht übersehen werden, daß man schon in der Urzeit den Körper regelmäßig an solchen Orten mit Schmucksachen ausstattete, wo Beugungen vorkommen oder eine Form in die andere übergeht, wie am Halse, Gürtel, an der Einziehung des Oberarmes und unterhalb des Kniegelenkes. Dieser Brauch fand späterhin in der Baukunst Anklang und wurde förmlich zum Gesetz erhoben, sodaß man Perlstäbe, Zahnschnitte und ähnliche Decorationen nur neben Ausladungen oder Einziehungen zu setzen pflegte.

V. Künstlerische Bestrebungen in vorgeschichtlicher Zeit.

Vielgestaltiger tritt das ornamentistische Streben in der Formerei auf, und es lassen schon die der ältesten Periode angehörenden Gefäße eine Abwechselung erkennen, welche in Erstaunen setzt und den Beweis liefert, daß die Noth erfinderisch macht. Bereits die aus freier Hand geformten Fictilien verrathen einen gewissen Schwung, welcher andeutet, daß man das Drehen einigermaßen zu Hülfe genommen habe. Man scheint das anzufertigende Object auf einer Steinplatte befestigt und diese zwischen den Fingern herumgedreht zu haben. In solcher Art sind viele von den Aschenkrügen und Urnen gefertigt, welche man in den ältesten Grabmälern findet.

So kümmerlich die decorativen Versuche jener Zeit sein mochten, gelangte man doch frühzeitig zu der Einsicht, daß es nothwendig sei, gewisse Regeln einzuhalten, daß nur gleichartige in bestimmten Zwischenräumen wiederkehrende Bildungen einen gefälligen Eindruck hervorbringen; auch wurde bemerkt, daß feste Grenzlinien den Reiz der gezeichneten Verzierungen erhöhen und daß zwischen mehrern nebeneinander hinlaufenden Ornamentreihen leere Streifen als Ruhepunkte für das Auge einzuschalten seien. Diese mit scharfer Beobachtungsgabe aufgefundenen Regeln blieben für immer maßgebend und wurden in allen künstlerischen Entwickelungsstufen beibehalten.

Anfänglich bediente man sich nur der eingegrabenen in die Thonmasse vertieften Decorationen, welche gewöhnlich in horizontalen, seltener verticalen Reihen die Gefäße umzogen. Sehr beliebt waren zeilenartig aneinandergereihte concentrische Kreise, bei denen der Mittelpunkt fest ausgedrückt wurde; auch geschah es häufig, daß man die Kreislinien mit Kreuzen oder Sternen ausfüllte. Bei Wellenlinien oder Zickzacken wurden gern Parallelen angeordnet und die eine Seite des Streifens mit Schraffuren überdeckt.

Das Weben wurde ursprünglich als Flechtarbeit betrieben, aufgehängte unten durch Thonkugeln beschwerte Fäden wurden der Quere nach mit andern Fäden durchschossen, wobei ein Wechsel von gröbern und feinern Fäden oder verschiedene Färbung derselben allerlei Muster bewirkten. Diese Muster konnten nicht anders als reihenweise hinlaufen, sie waren Versetzungen von Vierecken, Rauten, Dreiecken, also streng geometrische Formen.

Wenn sich bei den textilen Arbeiten die geometrische Bildungsweise des Ornaments als unumgänglich vorzeichnete, erscheint es in hohem Grade räthselhaft, warum sie auch in der Formerei und bei den Schmucksachen vorherrschend blieb, obwol in diesen Fächern das Hereinziehen der viel reichern pflanzlichen Motive näher lag. Das Vorwalten des geometrischen Elements bei allen Artefacten der Urzeit läßt sich nur durch den Umstand erklären, daß die Augen der ersten Menschen für den in regulären Figuren, als Kreis, Dreieck, Quadrat, liegenden Rhythmus empfänglicher waren und sich mehr von demselben angezogen fühlten als von den complicirtern Formen des Pflanzen- und Thierreiches.

Ueber die Kunstbestrebungen der Urzeit bietet die Geschichte äußerst dürftige und nur mittelbare Andeutungen; in dieser Hinsicht haben wir uns zunächst an jene Ueberreste zu halten, welche in alten Cultstätten, Grabmälern und Wohnplätzen aufgefunden wurden und noch aufgefunden werden. Denkmale dieser Art finden sich über die ganze Erde hin zerstreut, nicht allein in der Alten Welt, sondern auch in Amerika und auf den Inseln der Südsee. In neuester Zeit hat die Auffindung der Pfahlbauten (der erste Pfahlbau wurde im Winter 1853/54 bei Meilen am Züricherfee entdeckt) Anlaß gegeben, dem Studium der vorhistorischen Zeit und den aus derselben herstammenden Ueberbleibseln die größte Sorgfalt zuzuwenden, um auf archäologischem Wege die Anfänge des Culturlebens kennen zu lernen. Sind auch die Ansichten über die gemachten Funde noch vielfach verwirrt und hat die bisherige zwar reiche, aber nichts weniger als vorurtheilsfreie Literatur eher beigetragen, Leidenschaften zu erregen, als eine wissenschaftliche Belehrung zu verbreiten, so ist doch gewiß, daß bereits viele nicht zu unterschätzende Resultate gewonnen worden sind.

Allerdings können die Untersuchungen noch nicht als abgeschlossen angesehen werden, aber wie wir durch die Aufgrabungen von Pompeji und Herculanum eine gründlichere Einsicht in das häusliche Leben und den Tagesverkehr der alten Römer erlangt haben als durch alle geschichtlichen Ueberlieferungen, so stellen auch die von Tag zu Tag sich mehrenden Entdeckungen vorgeschichtlicher Denkmale ähnliche Ergebnisse in Aussicht. Sollen aber die Forschungen einem ersprießlichen Ziele zugeführt werden, ist jede Voreingenommenheit beiseitezustellen: man darf nicht hier Pelasger und Hellenen, dort Celten und Germanen, oder gar Mongolen, Slawen und Magyaren heraus=finden wollen, noch weniger an jener unnatürlichen (obendrein specifisch dänischen) Eintheilungsweise festhalten, nach welcher das gesammte Alterthum in drei Culturperioden: „Stein=, Bronze= und Eisenalter", zerlegt würde, sondern hat mit unbefangenem Blick die Weltgeschichte zu prüfen, um aus bekannten Thatsachen das Unbekannte zu ermitteln. Diesen Weg verfolgend werden wir inne, daß alle Völker, ob sie nun früher oder später in das Culturleben eingetreten sind und ob sie einen geringern oder höhern Bildungsgrad sich angeeignet haben, in ihrer Urzeit einen gleichen Entwickelungsgang durchzumachen hatten.

Denn wie in der großen Natur die Organismen sich nach gewissen Gesetzen entwickeln und die weitere Ausbildung in gleich=mäßigen Schritten erfolgt, so liegen auch analoge Verhältnisse dem Culturleben zu Grunde. Es ist hierbei selbstverständlich, daß jedes Volk seinen eigenen Bildungsweg vom ersten Anbeginn zurückzulegen hat, wenn ihm nicht von außen her eine gewisse Cultur beigebracht wird. Der letztere Fall ist allerdings bei Eroberungen oft eingetreten, ohne daß jedoch der regelmäßige Bildungsgang berührt worden wäre, denn hier hatte das herrschende Volk zugleich für das unterjochte den Cursus durchzumachen.

Die ersten Menschen waren, wie sich schon bei einigem Nachdenken herausstellt, genöthigt, alle ihre Bedürfnisse im rohen Zustande der Natur zu entnehmen und die verschiedenen Gegenstände den jemaligen Zwecken anzupassen. Es waren daher unsere Urältern äußerlich gleichgestellt mit den Thieren und hatten vor denselben nur den einzigen Vortheil, daß sie aus den mit Hülfe des Verstandes gemachten Wahrnehmungen Schlüsse ziehen lernten und durch diese zu Begriffen, weiterhin zum über=legten planmäßigen Handeln gelangten.

Dienten anfänglich Baumäste, Muscheln, Knochen, Fisch=

gräten und Steine zugleich als Werkzeuge, Einrichtungsstücke und Waffen, führten die während des Gebrauches sich ergebenden Beobachtungen bald allerlei Verbesserungen herbei: man lernte die verschiedenen Härtegrade der Stoffe erkennen, bohrte, schnitzte und raspelte, bis unter unsäglichen Mühen die zur Erhaltung und Bequemlichkeit des Lebens nöthigsten Requisiten angefertigt und eine gewisse Häuslichkeit geschaffen wurden. Wie lange dieser primitive Zustand gedauert, ob Jahrhunderte oder Jahrtausende, wird wol für immer in Dunkel gehüllt bleiben: gewiß ist nur, daß die eine Völkergruppe früher, die andere später zu höherer Bildung sich emporgeschwungen habe und daß bei diesem Aufschwunge nicht allein natürliche Begabung, sondern klimatische und örtliche Einflüsse mitwirkten.

Will man diese Frühperiode des menschlichen Wirkens mit dem Namen „Steinzeitalter" belegen, erscheint der Ausdruck gerechtfertigt, da die Gesteine thatsächlich eine Hauptrolle spielten. Es darf aber nicht übersehen werden, daß die ältesten Culturvölker, die Aegypter, Inder und Chinesen, den Zustand des Steinalters vor etwa 4000 Jahren hinter sich hatten, während die Celten und Germanen noch zur Zeit des Julius Cäsar in demselben lebten und einzelne Stämme, z. B. die Tungusen, Eskimos, noch immer darin verharren.

Diese Verhältnisse sind bei den Untersuchungen und Besprechungen der vorhistorischen Denkmale, namentlich der Pfahlbauten, häufig außer Acht gelassen worden, indem man nicht sowol culturgeschichtliche als nationale Fragen zu lösen sich abmühte und so die ganze Angelegenheit dem naturgemäßen antiquarischen Gebiete entrückte.

Anfänge der Metalltechnik.

Als der Mensch die Metalle kennen und benutzen lernte, erhielt die bisherige Lebensweise eine veränderte Richtung; jedoch fand kein plötzlicher Uebergang statt, sondern es behielten die Waffen und Geräthe noch lange die frühere Gestalt, indem nur einzelne Theile zweckmäßiger durchgebildet wurden. Die edeln Metalle, vor allen das Gold, scheinen am frühesten bekannt geworden zu sein; diesen folgten die nutzbaren, Kupfer und Eisen. Dasselbe Verhältniß fanden auch die Spanier in Amerika zur Zeit der Entdeckung vor: die Bewohner Westindiens schmückten sich mit goldenen Zierathen, kannten aber noch keine metallenen Instrumente. Die Stätten, wo das Bearbeiten der Metalle zuerst in größerer Ausdehnung betrieben wurde, waren ohne Zweifel die potamischen Gebiete des Orients. In Ostasien wurde gediegenes Eisen, angeblich Meteoreisen, in großen Massen gefunden, weshalb die Anwendung keinen allzu großen Schwierigkeiten unterlag; doch lassen sich über den Zeitpunkt, wann die Menschen mit den Eigenschaften der Metalle bekannt wurden, nur leise Vermuthungen aufstellen. In der Bibel wird Tubalkain, der Sohn des Lamech und der Zilla, ein Abkömmling des Kain, als Meister in allerlei Erz und Eisenwerk genannt, welcher Angabe zufolge die Metalle bereits von den ersten Menschen benutzt worden wären. Gold und Silber dienten schon zur Zeit Abraham's, circa 2000 vor Christus, zum Schmuck und als Ausgleichungsmittel, wie das erste Buch Moses, Kap. 13, B. 2, berichtet.

Homer und Hesiod kennen das Eisen; der erstere beschreibt auch das Zusammenschmelzen der Metalle in so eingehender Weise, daß man überzeugt wird, der Dichter habe das Verfahren mit eigenen Augen angesehen. Um 680 vor Christus wurde nach griechischen Zeugnissen der Erzguß von Rhökos dem Samier erfunden; der Nachfolger dieses Künstlers, Theodoros, goß bereits Statuen aus Eisen und Glaukos vervollkomnete diese Erfindungen durch Hinzufügung der Löthkunst. Eingelegte Arbeiten, gehämmerte Waffen und Geräthe aus Erz waren um 1500 vor Christus in Kleinasien, Phönizien und Griechenland so verbreitet, daß alle Fürsten und Häuptlinge dergleichen Gegenstände besaßen. Daß aber diese Thatsache eine Uebung von mehrern Jahrhunderten voraussetzt, ist augenscheinlich.

Im allgemeinen scheint man in Ostasien das Eisen früher und häufiger verarbeitet zu haben als das Kupfer, welches letztere in den Küstenländern des Mittelmeeres vorgezogen wurde. Jedenfalls aber wurden die unvermischten Metalle früher benutzt, ehe man die Legirungen kennen lernte, was namentlich von der aus Kupfer und Zinn bestehenden Mischung gilt, welche gegenwärtig Bronze genannt wird. Aus welchem Metall die von

Hiram aus Tyrus für den Tempel Salomonis gegossenen Knäufe und Geräthe bestanden, läßt sich nicht ermitteln; das Wort χαλκός wurde in alter Zeit sowol für Kupfer wie Bronze gebraucht.

Als Ursache, weshalb in Phönizien und Griechenland die Eisentechnik zurückgesetzt wurde, ist zunächst der Ueberfluß an Kupfer anzusehen, welcher sich in Kleinasien und den Aegäischen Inseln darbot; auch mochten Handelsverhältnisse mitwirken, um das glänzende Erz in allgemeinere Aufnahme zu bringen. Ob in Griechenland oder Phönizien die Kunst des Legirens erfunden worden sei, ist unbekannt und für unsere Zwecke nebensächlich; der eigentliche Erzguß scheint in ersterm Lande früher betrieben worden zu sein. Von hier aus verbreitete sich die Erztechnik wahrscheinlich durch pelasgische Colonisten nach Italien, wo schon im hohen Alterthum eine bedeutende den Handelsinteressen zugewandte Kleinkunst erblühte. Um welche Zeit phönizische Kauffahrer bis in die Ostsee vordrangen, um dort Bernstein und Pelze gegen Fabrikerzeugnisse umzutauschen, läßt sich nicht genau bestimmen; schwerlich dürfte dieses vor Mitte des sechsten Jahrhunderts vor Christus geschehen sein. Unter jenen alterthümlichen Geräthen und Schmucksachen aus Gold, Silber und Bronze, welche bisher im nördlichen Europa aufgefunden wurden, dürften sich schwerlich einige von den Phöniziern herrührende Fabrikate befinden: die meisten dieser Gegenstände wurden in italischen Städten fabrikmäßig hergestellt und zwar absichtlich in einem barbarisirenden Geschmacke, um sie den rohen Völkerstämmen mundgerecht zu machen. Eine selbsteigene Metalltechnik kannten die Germanen, Celten und Skandinavier nicht; von einem abgeschlossenen Bronze- und Eisenalter kann bei diesen Völkerschaften um so weniger die Rede sein, als alle bis zur Berührung mit den Römern im eigentlichsten Steinalter lebten. Was Tacitus von den alten Germanen sagt, bezieht sich offenbar auf das gesammte nördliche Europa, soweit es damals bewohnt war; der edle Römer äußert sich in folgender etwas humoristischer Weise („Germania", 5): „Bergbau kennen sie nicht, man ist ungewiß, ob der Götter Gunst oder Zorn ihnen diesen Reichthum versagt habe."

V. Künstlerische Bestrebungen in vorgeschichtlicher Zeit.

Wir würden an dieser Stelle das von dänischen Archäologen erfundene und mit seltsamer Zudringlichkeit nach Deutschland herüberverpflanzte System von den angeblichen drei Culturperioden nicht berührt haben, wäre nicht durch dasselbe eine unbeschreibliche Verwirrung in die gesammte Kunst- und Alterthumsforschung eingeführt worden. Daß die Spitze dieses Stein-, Bronze- und Eisenaltersystems in directester Weise gegen Deutschland gerichtet sei und einen schlecht verdeckten Angriff auf deutsche Bildung enthalte, haben unsere Gelehrten nach hergebrachter Gewohnheit übersehen.

Bei Beurtheilung der germanischen, celtischen und slawischen Alterthümer ist ganz besonders der Zeitpunkt im Auge zu behalten, wann die Christianisirung der betreffenden Länder erfolgt ist. Solange die nordeuropäischen Stämme im Heidenthume verharrten, war die allgemeine Technik eine ziemlich gleichmäßige und es konnten bisher weder nationale Merkmale noch auffallende stilistische Fortschritte nachgewiesen werden. Da die Verbreitung des Christenthumes nicht allein auf Sitten und Gebräuche, sondern auch auf die kunsttechnische Entwickelung einen bedeutenden Einfluß übte, lassen sich die heidnischen Artefacte, zumal die Gräberfunde, in der Regel unschwer von den christlichen unterscheiden; sobaß die Uebergangsperiode einen sichern Anhaltspunkt für die Altersbestimmung gewährt. In den Rheingegenden und in einem großen Theile von Süddeutschland vollzog sich die Christianisirung um drei bis vier Jahrhunderte früher als im nordöstlichen Deutschland, in Skandinavien und den slawischen Ländereien; in den letztern Bezirken wurde namentlich die heidnische Todtenbestattungsweise bis herab in das elfte und zwölfte Jahrhundert nach Christus beibehalten. Unter solchen Verhältnissen wird begreiflich, warum sich in den nördlichen Ländern die meisten und besterhaltenen von jenen Denkmalen vorfinden, welche man Hünengräber, Dolmen, Bautasteine, Cromlechs u. s. w. zu benennen pflegt, deren Errichtung in die vorgeschichtliche Zeit verlegt wird, wenn auch die Mehrzahl erst im Verlaufe unserer Zeitrechnung, und zwar ziemlich spät, entstanden sein mag.

V. Künstlerische Bestrebungen in vorgeschichtlicher Zeit.

Der Stiftshüttenbau.

Vor einer eingehenden Besprechung der nordeuropäischen Denkmale haben wir jedoch unsere Aufmerksamkeit den Culturzuständen eines nomadisirenden Hirtenvolkes zuzuwenden, von welchem das zweite Buch Moses, Kap. 35—38, Kunde gibt. Um 1520 vor Christus wanderten die Israeliten aus Aegypten, wo sie seit 230 Jahren als Hirten in der Landschaft Gosen gelebt hatten, um das ihnen verheißene Land Kanaan zu erobern. Diese Aufgabe zu lösen war jedoch das Volk viel zu verweichlicht, weshalb Moses sich genöthigt sah, mit den vereinigten Stämmen 40 Jahre lang in der Arabischen Wüste umherzuziehen, bis sich die heranwachsenden Generationen eine genügende Kriegstüchtigkeit erworben hatten. Während dieser langen Wanderschaft besaßen die Israeliten keine Strecke Landes als Eigenthum, obwol sie gegen dritthalb Millionen Seelen, darunter gegen 600000 streitbare Männer, gezählt haben sollen; sie hatten weder Häuser noch Tempel, sondern wohnten in Zelten, welche nach Beschaffenheit der Weideplätze heute hier, morgen dort aufgeschlagen wurden. Nichtsdestoweniger erfreute sich das Volk einer gewissen Cultur, welche zum Theil auf uralten Traditionen beruhen, zum größern Theile aber ägyptischen Ursprunges sein mochte. Schon im Anfange dieses Wanderlebens ließ Moses für den Gottesdienst ein großes tragbares Zelt, die Stiftshütte, herstellen, deren Beschreibung uns ein deutliches Bild von der damaligen Technik gibt.

Die Stiftshütte war ein aus Föhrenholz gezimmertes und zum Zerlegen eingerichtetes Doppelzelt; das Innere wurde durchaus mit seidenen Teppichen überkleidet, die Außenseiten aber mit einer großen aus Ziegenhaaren gewebten Decke umhüllt. Zum Schutze gegen die Witterung wurde über das Ganze noch eine zweite aus Dachs- und Widderfellen gefertigte Decke ausgebreitet. Alles Holzwerk, auch die Tragstangen wurden mit Goldblechen überzogen, die Ringe aber, in welche die Stangen gesteckt wurden, bestanden aus reinem Golde, die Füße des Gezeltes aus Silber. Auch der Opferaltar bestand aus Föhrenholz, war mit Erz überkleidet und hatte eherne Ringe, damit er getragen werden konnte. Die zu der Herstellung nothwendigen Metalle,

V. Künstlerische Bestrebungen in vorgeschichtlicher Zeit.

Gold, Silber und Erz, wurden durch freiwillige Gaben zusammengebracht, indem Männer und Frauen ihre Schmucksachen, Spangen, Ringe und sonstigen Geschmeide, opferten. Es kam bei dieser Gelegenheit eine solche Menge edler Metalle zusammen, daß Moses durch ein förmliches Gebot das fernere Darbringen von Gaben einzustellen für nothwendig fand. Wenn ein solcher Vorrath von Gold und Silber bei einem Nomadenvolke überrascht, geschieht dieses in noch höherm Grade bei Schilderung der vielen seidenen Teppiche, mit denen nicht allein das Innere, sondern auch der Vorhof ausgestattet waren. Das Weben, sowol der Seidenzeuge wie der Haardecke, besorgten verständige Frauen unter Aufsicht der beiden Meister Bezaleel und Ahaliab. Diese Männer waren in Aegypten geboren und hatten dort ihre Kenntnisse erworben; sie konnten zimmern, in Erz arbeiten, sticken, weben und Edelsteine schneiden.

Es spricht sich in der Anordnung dieser Stiftshütte eine so seltsame Vermischung uranfänglicher Zustände und ziemlich entwickelter Cultur aus, daß man leicht die vorwaltenden ägyptischen, vielleicht auch phönizischen Einflüsse herausfühlt. Gegen das Ende ihrer Wanderung erscheinen die Israeliten nicht mehr so kunstreich, als bei dem Auszuge, wie besonders aus einigen bemerkenswerthen Stellen des fünften Buches Moses und des Buches Josua hervorgeht. So errichtet Moses einen Altar von unbehauenen Steinen, darüber kein Eisen gefahren war, Josua läßt ein ähnliches Denkmal im Jordanflusse an jener Stelle errichten, wo die Bundeslade gestanden hatte, und thürmt mehrmals große rohe Steine als Erinnerungsmale auf. Um die Beschneidung zu vollziehen fertigt Josua steinerne Messer und beschneidet mit denselben die Kinder Israels auf dem Hügel Araloth. Dann werden nicht allein Gold, Silber und Erz, sondern auch Zinn und Blei, vor allem aber das Eisen wiederholt angeführt. Daß das Eisen sowol zu Geräthschaften wie Waffen verarbeitet wurde, beweisen mehrere Gesetzabschnitte: so soll unter anderm des Todes sterben, wer jemand mit dem Eisen schlägt, daß er daran stirbt. Das Eisen wurde demnach allgemein benutzt, war aber nicht sonderlich geachtet und wurde unwürdig befunden zur Verwendung bei einem geheiligten Werke wie die Stiftshütte.

V. Künstlerische Bestrebungen in vorgeschichtlicher Zeit.

Wenn auch die poetische Beschreibung des Stiftshüttenbaues nicht ganz wörtlich zu nehmen ist, und namentlich die unermeßlichen Vorräthe an Gold, Seide und Edelsteinen bei einem armen, soeben der härtesten Sklaverei entronnenen Volke etwas zweifelhaft erscheinen, gibt sich dennoch manche Uebereinstimmung mit der griechischen Heldenzeit kund. Moses und die hellenischen Civilisatoren Cecrops, Kadmus und Danaus sind Zeitgenossen, allen ist die Schriftsprache bekannt, alle wirken in ähnlicher Weise als Staatengründer und Gesetzgeber, wenn auch Moses seine Aufgabe mit unendlich größerer Tiefe erfaßt und consequenter durchgeführt hat. Auch besaßen die Hellenen der Urzeit ebenso wenig eine eigene Technik als die Israeliten: beide Völker erborgten ihre Kenntnisse bei den nachbarlichen Aegyptern, Phöniziern oder Indern und gelangten bis zu dem angegebenen Zeitpunkte nur dahin, zimmern, Gefäße auf der Drehscheibe formen, verschiedene Zeuge weben und Metalle bearbeiten zu können. Während jedoch die betretene Bahn von den Griechen eifrig verfolgt wurde, vergaßen die Juden das in Aegypten Erlernte so sehr, daß Salomo um das Jahr 1000 genöthigt war, für die Ausführung des von ihm beabsichtigten Tempels phönizische Künstler zu verschreiben.

Das nordeuropäische Alterthum.

Versetzen wir die beschriebenen Culturanfänge in ein nordisches Klima und nehmen anstatt der Bibel und der Homerischen Epen den Tacitus als Leitfaden zur Hand, werden uns die celtischen und germanischen Denkmale nicht als so unentzifferbare Räthsel erscheinen, wie man sie häufig darzustellen pflegt. Die Arten der Denkmale sind dieselben, wie sie bei allen in der ersten Entwickelung begriffenen Völkern getroffen werden: man findet Erd- und Steinhügel, aufgethürmte rohe Steinblöcke und große, aber noch unbehauene Steine, welche nach einer gewissen Ordnung aufgestellt sind. Einige dieser Werke mögen als Erinnerungszeichen an große Thaten aufgestellt worden sein, die meisten aber sind durch den Inhalt als Grabmäler documentirt: sie enthalten je nach der ortsüblichen Bestattungsweise Skelete oder Aschen-

V. Künstlerische Bestrebungen in vorgeschichtlicher Zeit.

krüge, dann verschiedene Liebesgaben, Waffen, Schmucksachen, Münzen u. dgl., die man den Todten ins Grab zu legen pflegte.

Ausgeführt sind diese Denkmale jederzeit mit den gerade zur Hand liegenden Materialien: in den Küstengegenden und Mittelgebirgen, wo Findlingsblöcke häufig vorkommen, wurden Steinpfeiler und Steinkästen oder Hünenbetten (Menhir und Dolmen) aufgethürmt, während in den Binnenländern der Erdhügel (Tumulus) vorherrschend blieb. Obwol Werke dieser Art in allen Landen von Sibirien bis zu den Südseeinseln entdeckt worden sind, hat es bisher nicht gelingen wollen, an deren Structur (vom Inhalt abgesehen) irgend nationale Eigenthümlichkeiten festzustellen.

Etwas höhere Entwickelung zeigen die sogenannten Steinringe, deren Zweck in unverkennbarster Weise ausgesprochen ist, nämlich einen dem Gottesdienst gewidmeten Raum abzugrenzen. Die bedeutendsten dieser Denkmale befinden sich im Süden von England, wo die Erbauung gewöhnlich den Celten zugeschrieben wird, wenn es auch nicht an Stimmen fehlt, welche diese Ringbauten mit den Pelasgern oder Phöniziern in Verbindung bringen. Vor allen bekannt ist der unweit Salisbury befindliche Steinkreis, Stonehenge, welcher bei 108 Fuß Durchmesser aus vier Reihen von concentrisch aufgestellten Steinpfeilern besteht. Wenn auch durch die Unbilden der Zeit sehr ruinös, haben sich noch immer solche Reste erhalten, daß die ursprüngliche Form festgestellt werden kann. Der äußerste Kreis bestand aus 30 Pfeilern von etwa 16 Fuß Höhe, von denen je zwei mit einem aufgelegten Querbalken zu einem Thore verbunden waren. Der nächstinnere Kreis zeigte kleinere, der drittinnere aber die größten Pfeiler, welche eine Höhe von 22 — 24 Fuß einhielten. Den Mittelpunkt bildete ein großer einzeln stehender Steinblock als Altar dienend. Einige Bearbeitung der Steine läßt sich erkennen, die Pfeiler und aufgelegten Balken waren viereckig, auch scheinen die Blöcke hier und da verzapft gewesen zu sein. Denkmale von ähnlicher Beschaffenheit bestehen auch in der Bretagne, wo besonders die Steinalleen bei Carnac die Aufmerksamkeit der Forscher erregt haben. Auch hier ist einige Bearbeitung der Steine zu bemerken, und es halten einzelne Blöcke noch größere

Dimensionen als in Stonehenge, aber die Anordnung des Ganzen läßt sich nicht mehr erkennen.

Daß auch Deutschland dergleichen Steinkreise besaß, ist bisher nicht genügend zur allgemeinen Kenntniß gebracht worden. In dem an alten Denkmalen, Tumulen und Steingräbern überreichen Eichstädter Lande wurde vor funfzig Jahren ein eigentlicher Steinkreis mit einem in der Mitte liegenden Opferaltar entdeckt, welcher zwar viel kleiner als die englischen, doch wegen seiner Lage und Form hohes Interesse verdient. Die Anordnung war so, daß etwa 100 größere und kleinere Steinblöcke, von denen die größten etwa 10 Kubikfuß halten mochten, in einer Schneckenlinie ähnlich der ionischen Volute aufgestellt waren. Die Steine zeigten keine Spur von Bearbeitung, auch die das Auge der Volute bildende Altarplatte nicht, dagegen wurden Urnen, Steinmeißel und ähnliche Geräthe ausgegraben. Leider wurde dieses Denkmal durch Unwissenheit und Habsucht der in der Nachbarschaft wohnenden Landleute gänzlich zerstört. Weil damals in einigen der dort vorkommenden Grabhügel goldene Spangen und Münzen gefunden worden waren, verbreitete sich unter den Bauern der Gegend eine förmliche Wuth, die Heidengräber zu durchwühlen und nach Gold zu suchen. Bei dieser Gelegenheit wurden Hunderte von Denkmalen und auch der besprochene Steinkreis zerstört, ehe ganz zuverlässige Aufnahmen gemacht worden waren. (Der Verfasser hat leider das besprochene Denkmal nicht selbst gesehen, jedoch über den Bestand ganz unzweifelhafte Nachrichten und auch eine gedruckte Abhandlung erhalten, zu welcher die rühmlich bekannte Künstlerin Babette Popp in Regensburg ums Jahr 1828 sehr sorgfältig nach der Natur aufgenommene Zeichnungen geliefert hat. Die anonyme Druckschrift dürfte wahrscheinlich von dem gelehrten Stadtpfarrer Dr. F. Anton Mayer in Eichstädt verfaßt worden sein, einem Manne, welcher damals isolirt stehend sich um Erforschung der deutschen Alterthümer sehr verdient gemacht hat.)

Wenn im innern Deutschland jene aus großen Steinblöcken errichteten Denkmale nur ausnahmsweise vorkommen, werden desto häufiger ringförmig abgeschlossene Opferplätze und Befesti-

V. Künstlerische Bestrebungen in vorgeschichtlicher Zeit. 141

gungsanlagen getroffen, deren Mauern nach cyklopischer Weise aus unregelmäßigen, ohne Bindemittel gefügten mittelgroßen Steinstücken bestehen. Die geheiligten Orte sind leicht von den Festen zu unterscheiden, weil die letztern stets mehrfache Umwallungen und gewöhnlich eine Art von Hochburg besitzen, während die erstgenannten bei einfacher Ummauerung sich durch breite Thore und bequeme Zugänge auszeichnen. Vorzüglich charakteristisches Mauerwerk, welches an die pelasgischen Werke erinnert, trifft man auf dem Sanct-Odilienberg im Elsaß; auch im Taunus und Westerwald wie in den verschiedenen deutschen Mittelgebirgen sind ähnliche Structuren entdeckt worden. Reste eines derartigen Steinringes fand Dr. S. Seibertz, der Verfasser der „Geschichte Westfalens", nächst Meschede an der Ruhr, im Regierungsbezirk Arnsberg.

Als eine der bemerkenswerthesten hierher gehörigen Anlagen verdient die Umwallung auf dem Rablsteinberg, unweit Teplitz in Böhmen, hervorgehoben zu werden. Der Rablstein ist eine 2327 pariser Fuß hohe kegelförmige Basaltkuppe, welche aus dem Milleschauergebirge emporragt und deren Spitze deutlich die künstliche Abebnung erkennen läßt. Auf dieser künstlichen Plattform besteht ein kreisförmiger Wall aus Basaltstücken von verschiedener Größe, welche ohne Spuren von Bearbeitung so aufeinandergethürmt wurden, daß der Querschnitt ein gleichschenkeliges Dreieck von 45 Grad bildet. Vier nach den Weltgegenden gerichtete weite Thore führen in den innern Raum, dessen mittlerer Durchschnitt gegen 200 Schritte beträgt. Die gegenwärtige Höhe der Wallmauer mißt noch 5 Fuß, wobei die Basis gegen 25 Fuß breit ist. (Genaue Maße sind wegen der zahllosen umherliegenden Steintrümmer, auch weil das Ganze mit Bäumen und Dorngestrüpp überwachsen und durch Schatzgräberei vielfach beschädigt worden ist, nicht zu nehmen.) Die Mauer liegt nicht am Rande des Plateau, sondern ist auf dasselbe eingerückt, ein Beweis, daß hier kein fortificatorisches Werk beabsichtigt war. Der gottesdienstliche Zweck wird außerdem durch viele Reste von Urnen, Knochen u. dgl., welche bei jedem Spatenstiche zu Tage gefördert werden, sichergestellt. Die jetzige Bezeichnung Rablstein ist weder ursprünglich noch deutsch, sondern eine Corrumpirung des slawischen hrab oder grab, gleichbedeutend mit Burg. Die Anlage selbst schreibt jedoch aus viel früherer Zeit, ehe die Slawen in diesen Gegenden einwanderten: ob die Celten oder Markomannen Urheber seien, ist fraglich, die größere Wahrscheinlichkeit spricht für markomannischen Ursprung. Obgleich der Rablsteinberg nur vier Wegstunden von dem weltberühmten Badeorte Teplitz entfernt liegt, wird er doch äußerst selten bestiegen, theils weil der Weg über die spitzen Basalttrümmer allzu beschwerlich ist, theils weil die nähere Milleschauerspitze eine reichere Aussicht bietet.

Eine von den Steinringen und Opferplätzen wesentlich verschiedene Anlage zeigen die aus der Urzeit herrührenden Befestigungswerke, von denen sowol England wie Frankreich eine beträchtliche Anzahl besitzen, die aber doch in Deutschland die größte Verbreitung gehabt zu haben scheinen. Wir finden entlang des Rheines, in Westfalen, Nieder- und Obersachsen, Thüringen, Franken und bis tief hinein in die ehemals von Markomannen, Quaden, Longobarden und Sueven bewohnten Ostmarken dergleichen Befestigungen, denen ein gewisser einheitlicher Plan zu Grunde liegt, die in der Regel auf mäßig hohen, von Flüssen oder Bächen umzogenen Hügeln angelegt sind. Eins von den großartigsten Bauwerken dieser Art trägt der Berg Altkönig bei Kronberg nördlich von Frankfurt am Main. Die Umwallung ist eine doppelte, gefügt aus rohen, ohne Mörtel oder sonstiges Bindungsmittel aufeinandergehäuften Steinblöcken. Die Größe der Steine wechselt außerordentlich, es kommen Stücke von 1 bis 15 Kubikfuß Gehalt vor. Der obere und innere Wall besteht aus größern Steinblöcken, und umschreibt mit einer ziemlich regulären Eilinie von circa 1300 Schritten Länge den Gipfel des Berges. Hier oben sind auch Spuren einer Zwischenabtheilung (vielleicht Hochburg) bemerkbar. Der untere Wall folgt den Vorsprüngen des Berges in minder regelmäßiger Linie, indem der zwischen beiden Wällen liegende Raum sich von 30 Schritten bis zu 120 erweitert. An die Südseite des untern Walles schließt sich eine Art Vorwerk in der Längenausdehnung von 1000 Schritten an, welches bei hufeisenförmiger Biegung keinen Eingang zeigt und sich über ein sehr abschüssiges Terrain erstreckt. Diese Vorwerke scheinen wesentliche Bestandtheile der Wallburgen gebildet zu haben, da sie fast an allen getroffen werden. Bisher sind in Deutschland mehrere Hundert ähnlicher Umwallungen (in Böhmen allein sechsunddreißig) nachgewiesen und zum großen Theil beschrieben worden, ohne daß durch die gepflogenen Untersuchungen über Erbauer und Bauzeit sichere Aufschlüsse gewonnen worden wären. Wenn die meisten Forscher der Neuzeit diese Werke den Celten zuschreiben, folgen sie nur der allgemeinen Strömung, indem das Wort „celtisch" gegenwärtig als beliebtes Schlagwort figurirt, durch welches schwierige Fragen umgangen werden sollen. Daß im alten Gallien viele Festen bestanden, ist historisch erwiesen und wird namentlich durch Cäsar's Berichte ausführlich dargethan: diesen gegenüber erscheint nahezu unbegreiflich, warum die römischen Geschichtschreiber über die vielen in Deutschland vorfindlichen Burgen beinahe gänzlich schweigen, obwol die kriegerischen Operationen des Germanicus und Tiberius sich vorzugsweise durch den Taunus, Westerwald und Westfalen, also die mit den meisten Burgen versehenen Gegenden bewegten.

Da diese Burgen mit römischen Castellen nicht die entfernteste Aehnlichkeit besitzen, die Annahme jedoch, als seien sie von einem vor den Germanen in Deutschland seßhaften Volke angelegt worden und bereits vor Ausbruch des römisch-germanischen Krieges in Verfall gerathen, einer jeden Begründung entbehrt und schon durch den Verwitterungsgrad vollständig widerlegt wird, bleibt nur übrig, den ausgedehnten Befestigungsgürtel, welcher sich von den Arbennen und Vogesen durch den Oden- und Thüringerwald, Böhmen und die Lausitz hinzieht und vielfach verzweigt, dem ausgebreiteten Stamme der Sueven zuzuschreiben. Die Ausführung scheint erst zur Zeit Hadrian's und zwar gleichzeitig mit dem von diesem Kaiser hergestellten Grenzwall (117—138 nach Christus) gewissermaßen als Repressalie bewerkstelligt worden zu sein.

Die Pfahlbauten.

Schließlich haben wir noch den Pfahlbauten unser Augenmerk zuzuwenden. So dürftig sich die Resultate der bisherigen Untersuchungen in Bezug auf Kunstgeschichte darstellen, gewähren sie doch über alte Ortsanlagen, häusliche Einrichtungen und technische Fortschritte höchst wichtige und unmittelbare Aufschlüsse.

Die Pfahlbauten waren dorfartige Ansiedelungen, welche zum Schutze vor plötzlichen Ueberfällen auf Pfahlrosten in ruhigen Gewässern errichtet wurden. Selbstverständlich konnten derartige Anlagen nur gegen umherziehende räuberische Banden und wilde Thiere Schutz gewähren; einem geregelten Angriffe gegenüber war eine solche Befestigungsweise eher schädlich, wie sie auch bei zunehmender Bevölkerung jeden Werth verlieren mußte. Nachdem der erste Pfahlbau 1853/54 im Züricher See entdeckt worden, reihte sich Fund an Fund, es wurden nicht allein in den Seen der Schweiz, sondern in vielen ehemals mit Gewässern bedeckten Niederungen und auch in Meeresbuchten ähnliche Bauwerke ans Licht gefördert. Beinahe alle bisher bekannten Pfahlbauten sind durch Feuer zerstört worden: die Ueberreste versanken in das Wasser, wurden nach und nach mit einer Schlammschicht überzogen und so vor der gänzlichen Auflösung geschützt. Wie es bei Bränden zu geschehen pflegt, sind mit den unverbrennbaren Gegenständen auch viele verbrennbare von den Flammen unberührt geblieben, mit versunken und so der Nachwelt erhalten worden. Aus diesen Bruchstücken läßt sich die Construction der Wohngebäude so ziemlich ermitteln.

Die Häuser waren größtentheils rund und bestanden aus Stangengerüsten, welche durch Flechtwerke verbunden und an den Außenseiten wie im Innern mit Lehm verstrichen waren. Der auf einem Pfahlroste ruhende, aus gespaltenen Baumstämmen gezimmerte Fußboden war für alle Häuser gemeinschaftlich und scheint ebenfalls mit Lehm verkleidet gewesen zu sein. In diesen Fußboden waren die Gerüste der Häuser mit Zapfen eingelassen und mit hölzernen Nägeln untereinander verbunden. Die Form der Häuser war zeltartig, doch stiegen die Wände oft senkrecht auf, sodaß ein Pfahldorf das Ansehen einer Reihe von landwirthschaftlichen Feimen hatte. Es wurden auch, wiewol seltener,

V. Künstlerische Bestrebungen in vorgeschichtlicher Zeit.

rechteckige Gebäude errichtet, welche jedoch in ihrer allgemeinen Anordnung sich nicht von den runden unterschieden, auch ähnlich ausgestattet waren. Die Häuser enthielten wahrscheinlich nur einen einzigen Raum und scheinen, nach den auf dem Seeboden liegenden Wandresten zu urtheilen, 20—24 Fuß weit gewesen zu sein; doch waren auch kleinere Hütten, wol besondere Vorrathskammern oder Ställe, vorhanden. Ein Feuerherd aus Steinplatten stand in der Mitte des Wohnraumes, der Rauch verzog sich durch das Dachwerk, und die Thür diente zugleich als Lichtöffnung. Die Dächer bestanden aus Schilf, Stroh oder Baumrinde, von welchen Stoffen große Quantitäten zwischen den Bautrümmern gefunden wurden, auch waren die Dächer zur Sicherung gegen Feuersgefahr mit Lehm überstrichen.

Eine leichte Holzbrücke, welche ohne Mühe zurückgezogen werden konnte, verband das Pfahldorf mit dem nahen Ufer; das Holz, aus welchem sowol die Pfahlwerke wie die auf denselben errichteten Häuser bestanden, wurde als Tannen-, Eichen-, Buchen-, Birken- und Ulmenholz erkannt. Die Stämme wurden entweder in voller Stärke benutzt oder gespalten, doch hat man nur schwache 7—10 Zoll im Durchmesser haltende Bäume zu diesen Bauten gewählt, weil stärkeres Gehölze den unvollkommenen Werkzeugen allzu große Schwierigkeiten entgegenstellte.

Ein Tempel oder sonst ein gottesdienstlichen Zwecken gewidmetes Bauwerk ist bisher in keinem Pfahlbau entdeckt worden, auch kommen weder am Holzwerk noch an den aus Lehm bestehenden Bautheilen irgend Spuren von Ornamenten vor.

Obwol die bekannt gewordenen Pfahlbauten sehr verschiedenen Zeiten angehören und manche derselben schon untergegangen waren, als andere entstanden, lassen doch die auf uns gekommenen baulichen Ueberreste keine wesentlichen architektonischen Fortschritte erkennen, während die in den Ruinen aufgefundenen Einrichtungsstücke die verschiedensten Bildungsgrade beurkunden. Wir treffen Anlagen, in denen nur Geräthschaften der primitivsten Art, grobgeformte Thongefäße, Instrumente aus Holz, Horn, Stein und Knochen vorkommen; während in andern Metallwaaren, Schmucksachen aus Gold und Silber und kunstreich gearbeitete Waffen vorherrschen. Daß die erstern Anlagen einer frühern Periode angehören, unterliegt wol keinem Zweifel, weshalb wir ihnen zuerst unsere Aufmerksamkeit zuwenden wollen. Vorauszusenden ist, daß die Pfahlbauten älterer Art, welche in den Seen der deutschen Schweiz und den Moorlagern Mecklenburgs vorkommen, in ihrem Inhalte auffallend übereinstimmen und daß auch die altgermanischen Grabhügelfunde einen ähnlichen Charakter einhalten.

Die am häufigsten aufgefundenen Gegenstände sind: Steinbeile und Steinmeißel von verschiedener Form und Größe aus Granit, Serpentin und Feuerstein, Messer, Lanzen- und Pfeilspitzen aus Feuerstein und Horn, Schleifsteine aus Sandstein auf denen die Instrumente geschliffen wurden, abgearbeitete größere Granitsteine zum Zerquetschen des Getreides, Sägen aus Feuerstein mit Pech zwischen Holzstücke eingekittet, allerlei durchbohrte Steine, als Gewichte und Hämmer dienend, endlich Bohrer, Ahlen, Nadeln, Knöpfe, Haften und ähnliche Gegenstände aus Fischgräten, Knochen, Horn und Eberzähnen. Diesen reihen sich an: hölzerne Schlägel und Hauen zur Bearbeitung des Feldes, hölzerne Spindeln, Rahmen zum Weben, Spinnwirtel, flache Näpfe, Krüge und sogar Käseseiher aus nicht sehr hart gebranntem Thon.

Bezeichnender noch sind allerlei Geflechte aus Bast und Binsen, Linnen- und Wollenfäden, Angelschnüre, Netze und fertige Stücke von Geweben.

Um den Ueberblick dieser uralten Häuslichkeit zu vervollständigen, haben wir noch die vorgefundenen Lebensmittel anzuführen. Vor allen sind zu nennen verkohlte Gersten- und Weizenkörner in Thongefäßen aufbewahrt, verkohltes aus grobgeschrotenen Getreidekörnern bereitetes Brot, Linsen, Hasel- und Buchnüsse, verkohlte Apfel- und Birnschnitte, endlich, da Käseseiher und Butterquirle vorgefunden werden, auch Butter und Käse nebst den sonstigen Ergebnissen der Viehzucht, Jagd und Fischerei. Von Hausthieren wurden gehalten das Rind, das Schaf und die Ziege am häufigsten; die Schweinezucht scheint in Norddeutschland früher als in den Alpenländern betrieben worden zu sein; Pferd und Hund gehörten zu den Seltenheiten.

Aus dieser Schilderung ergibt sich, daß die Bewohner jener Pfahldörfer, in denen noch keine Metallgegenstände getroffen werden, weder Nomaden waren noch ein unstetes Jäger- und

V. Künstlerische Bestrebungen in vorgeschichtlicher Zeit. 147

Hirtenleben führten, sondern in festen Niederlassungen zusammen wohnten, Ackerbau und Viehzucht betrieben, und daß sie ihre Cultur von der Pike auf in selbständiger Weise errungen haben. Vergegenwärtigen wir uns das Leben der in diesen Wasserbehausungen wohnenden Menschen nach Maßgabe der Gebäude, Werkzeuge und Einrichtungsgegenstände, stellt sich unsern Augen ein Bild dar, welches den Beschreibungen des Tacitus sehr nahe kommt.

Zuerst fällt der Mangel eines jeden tempelartigen Gebäudes auf, mit welchem Umstande die von Cäsar und allen spätern römischen Schriftstellern ausgesprochene Behauptung übereinstimmt, daß die Germanen weder Tempel noch Götterbilder gekannt, sondern ihre Götter in geheiligten Wäldern verehrt haben. In diesem Sinne erwähnt Tacitus auch das von Germanicus zerstörte marsische Heiligthum Tanfana, welches man sich nur als einen abgegrenzten Raum in einem hochgelegenen Walde denken kann, ähnlich den erwähnten Steinringen. Das Pfahldorf selbst setzt die Verbindung einer Markgenossenschaft voraus; das in großen Quantitäten aufgefundene Getreide und Brot konnte nicht ohne Ackerbau beschafft werden, und die zahlreichen Gewebe und Webrahmen, die Ueberreste von Leinsamen und Flachs bezeugen, daß die Frauen sich allgemein mit Spinnen und Weben beschäftigten. Wenn alle diese Einzelheiten den Schilderungen des Tacitus entsprechen, so gilt auch sein Urtheil über die Wohnhäuser, daß die Germanen nicht einmal den Gebrauch der Ziegelsteine kennen und daß ihre Häuser einer unförmlichen Masse gleichen.

―――――

Minder wichtig für unsere Zwecke erscheinen jene deutschen Pfahlbauten, die Metallobjecte enthalten. Wenn auch die Möglichkeit nicht ausgeschlossen ist, daß einzelne aus Asien herübergewanderte Scharen eiserne oder bronzene Waffen mit sich geführt haben, dürften doch solche Beispiele sehr vereinzelt dastehen. Betrieben wurde die Metalltechnik erwiesenermaßen von den nordeuropäischen Völkern erst, nachdem sie mit den Römern in Berührung gekommen waren, was bekanntlich innerhalb der geschichtlichen Zeit geschah. Da die Altersbestimmung der Metallgegenstände enthaltenden Bauwerke hierdurch wesentlich erleichtert wird und obendrein Münzen oder Fabrikzeichen oft untrügliche Anhaltspunkte gewähren, können wir hier nur auf die oben mitgetheilten Bemerkungen über die Anfänge der Metalltechnik und das Bronze- und Eisenzeitalter verweisen.

Abgesehen von einer bizarren, abenteuerlich verschlungenen Ornamentik, welche sich schon in den Runensteinen bemerklich machte und die in den irisch-angelsächsischen Miniaturen des achten Jahrhunderts ihren vollständigen Ausdruck fand, wird man in den mit germanischen, skandinavischen und celtischen Bronzeobjecten gefüllten Museen vergebens nach einem nationalen Gepräge suchen; eine selbständige Kunst ist bei den nordischen Völkerschaften erst durch das Christenthum hervorgerufen worden.

Jene classificationslustigen Archäologen aber, denen die besprochenen drei Culturperioden: Stein-, Bronze- und Eisenzeitalter, noch nicht genügen und die zahlreiche Unterabtheilungen zu erfinden bestrebt sind, um jeden einigermaßen abweichenden Fund sogleich registriren und einschachteln zu können, möchten wir bitten, ein paar ungarische oder polnische Dörfer gründlich durchzumustern. Diese Herren würden in manchem Hause kein Quentchen Eisen finden, in andern höchstens ein paar Messingknöpfe oder Maultrommeln, und so hier in das Stein-, dort in das Eisen- oder Messingalter versetzt werden. Daß am Schlusse des neunzehnten Jahrhunderts neben den schnaubenden Locomotiven her manches Viergespann durch die Puszta dahinrollt, bei dessen Anfertigung weder Schmied noch Schlosser betheiligt waren, das nur aus Holz, Leder und Stricken zusammengefügt ist, dürfte doch manchen Anhänger des Worsaae'schen Systems etwas wankend machen.

In eine Erörterung der altamerikanischen Kunstbestrebungen einzugehen, liegt außerhalb unserer vorgezogenen Grenzen: die mexicanischen Tercalli wie die peruanischen Paläste gehören einer verhältnißmäßig jungen Zeit an, indem die ältesten dieser Bauwerke erst im zwölften oder dreizehnten Jahrhundert unserer Zeitrechnung, also gleichzeitig mit unsern gothischen Domen entstanden sind. Es spricht sich in diesen Werken oft ein bewunderungswürdiger Größensinn und zugleich eine sehr fortgeschrittene Technik aus: die Kunstformen aber sind nicht aus einer regelmäßigen Ent-

V. Künstlerische Bestrebungen in vorgeschichtlicher Zeit.

wickelung hervorgegangen, sondern von auswärts her, wahrscheinlich aus Ostasien, übertragen worden.

Die mexicanische Cultur ist ein Bruchstück, dem Anfang und Ende fehlen. Entsprungen an einem unbekannten Orte, fortverpflanzt von einem Volke, welches bei Mangel jedes innern Verständnisses dem rohesten Fetischdienst huldigte, konnte es nicht anders geschehen, als daß sich vor Eintritt der Blüte schon eine völlige Entartung einstellte. Daher diese greulichen sculptirten Zerrbilder, wie sie keine zweite Nation hervorgebracht hat, neben sorgfältig ausgearbeiteten, wenn auch unrichtig gezeichneten Menschen- und Thiergestalten; daher das Vorherrschen phantastischer Schnörkeleien, Federbüsche und seltsamer Bekleidungen, zwischen denen die bildlichen oder plastischen Darstellungen oft ganz verschwinden. In Bezug auf Bewältigung der härtesten Materialien dürfen sich die alten Mexicaner den Indern ebenbürtig zur Seite stellen, die Ausführung ihrer Stuccoarbeiten ist unübertrefflich, wie auch ihren Malereien ein glänzender Farbenauftrag zuerkannt wird. Trotz dieser vielseitigen Technik besitzen die Gebilde der Tolteken und Azteken mehr ein ethnographisches als kunstgeschichtliches Interesse: man erkennt sozusagen an jedem Steine, daß bei dem verwilderten Naturcultus jede Möglichkeit einer höhern geistigen Entwickelung von vornherein ausgeschlossen war.

Während sich aus den rohen nordeuropäischen Hünenbetten und Steinringen unter dem Einfluß einer veredelnden Religion eine wunderbar erhabene Kunstblüte entwickelte, zeigt das mexicanische Alterthum nur Rückschritte: die Denkmale von Mitla, Uxmal und Palenque waren allem Anschein nach schon verlassen und vergessen, als Cortez das Land Mexico eroberte.

VI.

Die Kunstthätigkeit der alten Culturvölker.

Wir haben uns im vorigen Abschnitte mit solchen Werken beschäftigt, in welchen das künstlerische Streben kaum wie eine Ahnung, wie ein unbestimmter Drang hindurchschimmert. Die menschliche Thätigkeit wurde in der Urzeit mehr durch Bedürfniß und Zufall als durch bewußte Absicht geleitet, weshalb alle Volksstämme, mochten sie auch noch so entfernt voneinander wohnen und so verschiedenartig wie immer begabt sein, ähnliche Erzeugnisse zu Tage förderten. Erst durch Vereinigung mehrerer Stämme zu einem nationalen Verbande und nachdem feste Wohnsitze gegründet worden waren, konnte sich eine geregelte Werkthätigkeit entfalten, welche je nach Land und Volk eine besondere Prägung annahm.

Wenn wir das geographische Vorkommen jener alten Denkmale, welche auf künstlerische Weihe Anspruch machen, in Betracht ziehen, ergibt sich, daß sie mit unwesentlichen Ausnahmen in einer östlich-nordwestlichen Linie liegen, die von Hindostan aus über Persien gezogen die Länder des Mittelmeeres umfängt. Diese Linie blieb auch maßgebend für die mittelalterliche und neuere Kunstübung Europas, indem sie hier nur etwas weiter gegen Norden hinaufgerückt wurde. Die bezeichnete Linie aber ist dieselbe, welche der indogermanische oder kaukasische Völkerstamm bei seiner Verbreitung über die Erde eingehalten hat, welche heute noch vorzugsweise von diesem Stamme bewohnt wird. Die diesem Hauptstamme angehörenden nationalen Gruppen haben seit Jahrtausenden in überwiegender Weise ihren civilisatorischen Beruf kundgegeben, sie sind die einzigen, welche ununterbrochene Fortschritte machten, während andere Stämme

VI. Die Kunstthätigkeit der alten Culturvölker.

theils unthätig verharrten, theils nach kurzem Anlaufe stehen geblieben sind.

Man hat die unbedeutenden künstlerischen Fortschritte und den geistigen Stillstand der mongolischen und äthiopischen Nationen aus allerlei äußern Verhältnissen, als geringer Küstenentwickelung, ungünstiger Lage, Wassermangel u. dgl., abzuleiten versucht, ohne jedoch eine genügende Erklärung finden zu können. Das hauptsächlichste und zugleich für alle Zeiten fortwirkende Hinderniß scheint jedoch in der minder günstigen Körperbildung zu liegen, mit welcher diese Stämme ausgestattet sind. Bei den Negern, Irokesen oder Botocuden konnte sich unmöglich eine so freudige Anschauungsweise, ein so lebendiger Darstellungstrieb entwickeln als bei den Griechen, den bevorzugtesten Repräsentanten der indogermanischen Rasse. Den vollgültigen Beleg für diesen Ausspruch erblicken wir in der gegenseitig üblichen Behandlungsweise des Körpers selbst. Während die dunkelfarbigen Stämme sich von je bestrebten, ihre eckigen Gesichter und unförmlichen Körper durch Aufschlitzen der Nasenflügel, Durchlöcherung der Lippen und grelle Tätowirungen noch abschreckender zu gestalten, ließen es sich die Griechen angelegen sein, die von der Natur begünstigten Formen durch zweckmäßige Erziehung und Gymnastik zu vervollkommnen und durch gewählte Kleidung zu heben.

Unter solchen Umständen geschah es, daß die Künstler Griechenlands vom Studium des menschlichen Körpers ausgingen und dessen Verhältnisse allen ihren Kunstgebilden, auch den architektonischen, zu Grunde legten: ein Verfahren, welches sich bei Völkern von misgestalteter Körperbildung als Unmöglichkeit darstellte.

Man vergegenwärtige sich die Sculpturen eines Praxiteles oder Skopas und statte in Gedanken die Niobidengruppe mit mongolischen Gesichtern aus. Welch seltsame Bilder würden sich ergeben, wenn man dem Weltenschöpfer des Michel Angelo eine Kaffernphysiognomie, der Sixtinischen Madonna das Aeußere einer Irokesin verleihen wollte! Schon der Gedanke ist haarsträubend und kommt uns als eine Versündigung gegen alle Aesthetik vor. Rafael aber und Michel Angelo haben sich gleich den griechischen Künstlern bei ihren Gebilden stets an die jemaligen Umgebungen gehalten und diese nur nach Erforderniß veredelt. Demnach wäre die Berechtigung vorhanden, biblische, mythologische und ähnliche Darstellungen, welche sich nicht in einem bestimmten durch Geschichte und Geographie festgestellten Costüm bewegen, mit Negern oder Kupferfarbigen auszustatten; doch sind derartige Versuche bisher nicht gemacht worden. Wir sehen vielmehr bei den Chinesen, dem einzigen farbigen Stamme, welcher sich künstlerische Bildung angeeignet hat, das entgegengesetzte Streben, sich den kaukasischen Formen zu nähern.

In China blüht seit undenklichen Zeiten eine eigenthümliche Art von Malerei, deren Producte erst im vorigen Jahrhundert in Europa bekannt geworden sind. Man hat die Farbenpracht und Sonderbarkeit dieser Schildereien bewundert, ohne ihnen ein anderes als ethnographisches Interesse zuzuerkennen. Seit China mehr in den allgemeinen Weltverkehr einbezogen wurde, sind so viele und verschiedenartige chinesische Gemälde in unsern Landen verbreitet worden, daß man ein Urtheil über die eingehaltene Kunstrichtung zu fällen im Stande ist. Neben dem bekannten Festhalten der Orientalen am Hergebrachten, neben gänzlicher Vernachlässigung des Halbdunkels und der Perspective spricht sich in diesen Bildwerken eine scharfe Beobachtungsgabe und ein oft überraschender Formen- und Farbensinn aus. Die Darstellungen sind genreartig und gleichen etwas den altägyptischen Lebensbildern, indem meist Scenen aus dem Land- und Hofleben, Prunkzüge, Schmausereien, Jagden und andere Beschäftigungen vorgetragen werden. Was aber an diesen Bildern ganz besonders auffällt, ist das Bestreben, die Hauptfiguren durch lichte Färbung und regelmäßige dem indoeuropäischen Körperbau sich nähernde Formen hervorzuheben.

Während Wasserträger und Marktweiber dunkelgelb, mit viereckigen Schädeln und verkrümmten Beinen dargestellt werden, erscheinen die Vornehmen als schlanke hochaufgebaute Gestalten mit bedeutend lichterer Hautfarbe, und die Damen des kaiserlichen Hofes zeigen meist blendendweiße Gesichter mit zartgerötheten Wangen und feinen, beinahe griechischen Profilen. Die chinesischen Maler haben also die Vorzüge der lichten Färbung und kaukasischer Körperbildung vielleicht schon in einer Zeit anerkannt, als von europäischer Kunst kaum die Rede war. Als

VI. Die Kunstthätigkeit der alten Culturvölker.   153

Curiosum ist zu erwähnen, daß die in den Bildern vorkommenden Scharfrichter öfters rothe Haare haben.

Daß für die Malerei eine lichte Hautfarbe sich als Grundbedingung darstellt, bedarf kaum einer eingehenden Erörterung. Selbst dem gewandtesten Farbentechniker würde es nicht gelingen, ein großes mit Negern erfülltes Gemälde, z. B. ein Abendmahl, ein Jüngstes Gericht, harmonisch abzurunden.

Wenden wir uns nach diesen allgemeinen Betrachtungen den noch vorhandenen oder mit Sicherheit nachweisbaren Denkmalen von kunstgeschichtlicher Bedeutung zu, gehören alle dem Orient und folgenden Ländern an:

1) China,
2) Indien,
3) Aegypten,
4) Assyrien,
5) Medo-Persien,
6) Kleinasien, Phönizien und Palästina.

China mit seiner uralten Cultur steht isolirt und ohne Verbindung mit der übrigen Welt. Indien und Aegypten, obwol nicht in unmittelbarer Berührung, nähern sich in Bezug auf staatliche Einrichtungen, Religion und Kastenwesen vielfach, während Assyrien, Persien, Medien, Kleinasien, Phönizien und Palästina seit ältester Zeit einen engen Verkehr unterhalten haben.

China.

Das Culturleben der Chinesen ist von dem aller übrigen Völker so gründlich verschieden, daß keine Vergleichungen möglich sind und die frühzeitige geistige Entwickelung dieser Nation wie ihr späterer Stillstand in gleicher Weise räthselhaft erscheinen. Die eigenthümliche und weltgeschichtliche Bedeutung dieses Volkes besteht darin, daß sein Charakter wie seine häuslichen und staatlichen Einrichtungen seit der Urzeit beinahe unverändert geblieben sind. Eine zweite Eigenthümlichkeit der Chinesen ist die, daß sie eine vollständig geordnete Staatsform gegründet haben, ohne der Religion irgendwelchen Einfluß auf dieselbe zu gestatten. Die Religion war in China von je den Staatszwecken untergeordnet, daher konnte sich der religiöse Sinn nur in geringem Grade entwickeln, und jener Trieb, welcher die Felsentempel Indiens, die Pyramiden Aegyptens erstehen ließ, fehlte hier gänzlich.

Wenn unter solchen Verhältnissen ein Tempelbau und überhaupt eine monumentale Kunst sich nicht entwickeln konnten, wurden dagegen alle jene Industriezweige gefördert, welche unmittelbar praktischen Nutzen gewährten. Die Schreibekunst soll bei den Chinesen schon etwa 3000 Jahre vor unserer Zeitrechnung geübt worden sein, die Fabrikation von Seide, Porzellan, Glas, Papier und Wollgeweben gehört der Urzeit an; auch waren Holzschnitt, Buchdruck, Schießpulver und Compaß Jahrhunderte früher bekannt als bei jedem andern Volke.

Dem überall vorwaltenden Nützlichkeitsprincip entsprechend wurden auch die Künste behandelt: man zeichnete und modellirte, um mit Hülfe der erlernten Kenntnisse den Geweben, den Porzellangeschirren und sonstigen Handelsartikeln gefälligere Formen zu verleihen, folglich die Waaren theuerer verwerthen zu können. Demselben Princip hatte sich auch die Baukunst zu fügen: es wurde ein bewunderungswürdiges Straßen- und Kanalisirungssystem durchgeführt, man erbaute steinerne Bogenbrücken, Holz-, Seil- und Drahtbrücken, Viaducte und Tunnel. Eigentliche Städte nach unserm Sinne, Orte, in denen gewerbtreibende Menschen unabhängig nebeneinander wohnen, wurden zuerst in China gegründet. Das berühmteste Bauwerk ist die große Mauer, welche der Kaiser Tschin-Wang etwa 240 vor Christus hat ausführen lassen, um sein Land vor den Einfällen der in Nordwesten wohnenden barbarischen Völker zu schützen. Diese Mauer, welche östlich von Peking in der Länge von etwa 300 geographischen Meilen hinzieht, ist durchschnittlich gegen 24 Fuß hoch, ebenso breit und von Distanz zu Distanz mit gewaltigen Thürmen ausgestattet. Die bekannten chinesischen Prachtthürme, von denen der Porzellanthurm in Nanking der bedeutendste, sollen zwar zu gottesdienstlichen Zwecken errichtet worden sein, tragen aber keinen monumentalen Charakter und lassen sich füglich als großartige Spielereien bezeichnen.

VI. Die Kunstthätigkeit der alten Culturvölker. 155

Der Bau des Wohnhauses wurde schon in der Urzeit cultivirt, ohne jedoch Fortschritte zu machen: das chinesische Haus ist bis auf den heutigen Tag verblieben, was es von Anbeginn war, nämlich ein auf Eckpfeiler aufgesetztes künstlich eingerichtetes Zelt. Die innern Wände bestehen aus überspannten Rahmen und sind gleich den Theaterdecorationen verschiebbar, sobaß man die Zimmereintheilung beliebig umändern kann.

Unter den Völkern des Mongolenstammes sind die Chinesen die einzigen, welche sich nicht allein zu höherer Cultur erschwungen, sondern die auch auf die Nachbarländer Japan und Tibet einen großen Einfluß geübt haben.

Indien.

Wenn wir in den Niederungen des Hoang-Ho und Yang-tse-kiang, eine zwar frühe, aber abgeschlossene und im höchsten Grade nüchterne Kunstübung kennen gelernt haben, erscheint Indien als das Land der Wunder und der ausschweifendsten Phantasie. Hier ist die Kunstthätigkeit eine ausschließlich religiöse, auf Monumentalität gerichtete, das gesammte Streben gipfelt sich im Tempelbau. Neben der Architektur gelangte auch die Steinbildnerei zu hoher Bedeutung, während die Malerei nur zu decorativen Zwecken diente.

Die Tempelformen sind sehr mannichfaltig, lassen sich aber in folgende Hauptgruppen eintheilen:

a) Grottentempel,
b) monolithische, aus ungeheuern freiliegenden Felsenblöcken ausgemeißelte Tempelanlagen,
c) Pagoden oder aus Werkstücken erbaute Tempel,
d) Topen, kleinere kapellenartige Bauwerke, meist zu Grabstätten bestimmt.

Jede dieser Formen erlebte unzählige Umbildungen, doch sind die Topen und Felsbauten im allgemeinen gleichmäßiger gestaltet als die Pagoden, von denen beinahe jede eine andere Anordnung zeigt. Einen bestimmten Baustil findet man in Indien nicht, jedes Denkmal ist anders gedacht und in anderm Geiste durchgeführt, wenn auch die Grundrisse meistens eine gewisse Regelmäßigkeit beurkunden.

Die ältesten Grottentempel befinden sich an der Westseite des Landes Dekan entlang des Ghatgebirges, welches steil in das Meer abfällt. Sowol an der Küste wie auf den nahe gelegenen Inseln, besonders auf Salsette und Elephanta, sind bedeutende Grotten entdeckt worden, ganz hineingegraben in porphyrartiges Gestein. Der Grottentempel auf Elephanta besteht aus einem 130 Fuß langen und 124 Fuß breiten rechteckigen Saal von nur 17 Fuß Höhe, dessen Decke ursprünglich von 26 Säulen unterstützt war. Die Wände sind mit kolossalen Götterbildern in hocherhabener Arbeit verziert und die Sculpturen aus derselben Felsmasse herausgearbeitet, aus welcher die ganze Insel besteht. Aehnliche Felsenbauten bestehen zu Kenneri, Karli und verschiedenen Orten, wobei jedoch die Haupträume mit den mannichfaltigsten Nebengemächern, Sakristeien, Priesterwohnungen und Kapellen umgeben sind. So bewunderungswürdig die Ausführung dieser Grottentempel erscheint, so ausgeprägt die Formen hervortreten, werden doch diese Werke verdunkelt durch jene umfangreichen monolithischen Anlagen, welche ganz aus Felsenbergen herausgeschält worden sind und als freie Bauwerke bestehen. Die bekanntesten Denkmale dieser Art sind die von Ellora und Mahamalaipur (Mahalipuram), förmliche Felsenstädte, welche sich meilenweit in der Runde erstrecken und die noch immer nicht ganz durchforscht worden sind.

Bei Ellora, einem unweit Aurung-Abad gelegenen Dorfe, erhebt sich ein aus dem härtesten röthlichen Granit bestehender senkrecht abfallender Felsenkamm, welcher sich in einem halbmondförmigen Bogen von Nordwest gegen Südost hinzieht. Die Längenausdehnung dieses Bogens beträgt über eine Wegstunde, die Tiefe der vom Felsen eingenommenen Grundfläche ist vielleicht noch bedeutender und dieser ganze Raum, in welchen eine Stadt wie München, Dresden oder Hamburg hineingestellt werden könnte, ist ausgearbeitet worden zu einer Unzahl von Tempeln, Kapellen, offenen Vorhöfen, Galerien, Treppen und freistehenden Monumenten, alle mit filigranartiger Genauigkeit bis ins kleinste Detail vollendet. Es existirt kein zweites Werk menschlichen Kunstfleißes, welches auch nur entfernt mit dem Götterberge von Ellora verglichen werden könnte. Angenommen, daß ein ganzes Volk von Steinmetzen hier thätig gewesen sei, waren dennoch viele Jahrhunderte erforderlich, um diese Anlage, welche dem göttlichen Baumeister Visma-Karma zugeschrieben wird, hervorzurufen. Dabei ist zu bedenken, daß diese Millionen von Bildnereien, Ornamenten und Gliederungen aus dem feststehenden Gestein gemeißelt werden mußten, eine äußerst schwierige Arbeit, welche viel mehr Zeit erfordert als die Construction aus einzelnen Werkstücken.

Das hervorragendste unter den Denkmalen Elloras wird Kailasa, Sitz der Seligen, genannt; es bildet eine besondere Anlage für sich und besteht aus einem Haupttempel, einer mit Flügelbauten versehenen Eingangshalle und einer großen Kapelle, zwischen welchen Bauwerken noch zahlreiche Denksäulen, Standbilder und Heiligthümer Platz gefunden haben. Für die in einem offenen Vorhofe stehende Façade des Tempels mußte der Fels auf eine Länge von beiläufig 1000 Fuß herausgebrochen werden, sodaß dieser einzige Hof das Ausheben von circa 100 Millionen Kubikfuß des härtesten Granits bedingte.

Der in Kailasa entwickelte Baustil zeigt die verschiedenartigsten Richtungen und Bildungsweisen: man sieht einzelne Partien von edler, beinahe hellenischer Formgebung, während die Massenbauten mehr an die spätrömische Architektur erinnern. Hier und da treten ganz barocke Formen auf, welche gar keinen Vergleich erlauben, anderwärts kommen sogar Anklänge an die Gothik vor. Die Decken einiger Grotten sind nach Art der Tonnengewölbe erhöht, neben welchen sogar die Kuppelform erscheint; am häufigsten jedoch wurden die Decken den Balkenconstructionen nachgebildet.

Daß eine sehr entwickelte, daher vieljährige Holztechnik der indischen Steinarchitektur vorangegangen sei, läßt sich nicht verkennen; wenn auch die Gesetze der Statik nicht sonderlich beachtet worden sind und von den Wechselbeziehungen zwischen Stütze und Last manchmal kaum eine Ahnung vorhanden ist. So kommt vor, daß ein quadratischer Pfeiler von 12 Fuß Basis sich zu einem 3 Fuß im Durchmesser haltenden Ringe zusammenzieht und oberhalb wieder zu einer Deckplatte erweitert, welche an Ausdehnung die Basis übertrifft.

Die Anordnung der Grotten und Monolithentempel ist so, daß der Hauptraum durch zwei oder vier Säulenreihen in Schiffe zerlegt wird, wobei das mittlere Schiff gewöhnlich größere Weite einhält. Mit den Säulen correspondiren Pilaster, die aus den Wandflächen vortreten und ein Steingebälke oder, wie in Karli, Steingurten tragen. Die Säulen sind sehr verschiedenartig gestaltet: in der größern Grotte zu Baug sieht man runde Säulen mit gewundenen Reifen und runden Capitälen, sonst aber den altdorischen Formen sich nähernd. Zu Elephanta entwickeln sich auf hohen würfeligen Untersätzen kurze birnförmig geschweifte Schäfte, welche mit Cannelirungen und polsterartigen Capitälen versehen sind. Aehnliche Bildungen kommen auch in der Lenagrotte zu Ellora und andern brahmanischen Tempeln vor, während die einfachern buddhistischen Bauwerke meist mit achteckigen Säulen ausgestattet sind.

Nicht selten dienen Elefanten als Säulenträger, häufiger noch erblickt man Karyatiden und phantastische Gestalten, welche die Gebälke der Galerien und Corridore unterstützen. Ueberall, wo es nur möglich ist, quellen und knospen aus den Gesimsen und Flächen üppige, jedoch vorwaltend geometrische Ornamente hervor, abwechselnd mit animalischen Bildungen, indem das pflanzliche Element eine untergeordnete Rolle spielt.

Dieses gilt besonders von den altbrahmanischen Tempelbauten, welche zu verherrlichen alle Naturreiche beitragen mußten. Die Denkmale des Buddhaismus, der zweiten einst in Indien verbreiteten Religion, sprechen gewöhnlich größere Einfachheit aus; doch gehen die beiderseitigen Formen oft ineinander über, sodaß sich nicht immer bestimmen läßt, ob das zu untersuchende Bauwerk ein buddhistisches oder brahmanisches sei. Sakyamuni Buddha, ein Sohn des Königs von Maghaba, der ums Jahr 600 vor Christus als Reformator auftrat, war Gründer des Buddhaismus, durch welchen eine Verbesserung der damals schon entarteten Brahmanenreligion angestrebt werden sollte. Natürlich dauerte es geraume Zeit, bis die Anhänger der neuen Lehre eine ihren Grundsätzen entsprechende künstlerische Ausdrucksweise fanden, wobei man sich im allgemeinen begnügte, die überreichen brahmanischen Formen etwas zu vereinfachen. Bald nach dem Beginn unserer Zeitrechnung wurde der buddhistische Cultus in Indien gewaltsam unterdrückt und seine Anhänger vertrieben, infolge dessen von dieser Seite keine fernern Tempel errichtet

werden konnten. Durch diese Thatsache ergibt sich für die bud=
dhistischen Denkmale in Indien die annähernde Altersbestimmung,
daß sie größtentheils den ersten Jahrhunderten vor und nach
Christus angehören. In Bezug auf das Alter der brahmanischen
Felsbauten fehlen alle geschichtlichen wie archäologischen Anhalts=
punkte, da die Brahmalehre nach Vertreibung der Buddhisten
ausschließliche Staatsreligion verblieb und die altherkömmliche
Bauweise unverändert beibehalten wurde.

Nicht minder bewunderungswürdig als in den besprochenen
Grottentempeln tritt die indische Architektur im Freibau auf,
als dessen hervorragendste Erzeugnisse die Pagoden anzusehen
sind. Obschon viele der bestehenden Pagoden innerhalb der christ=
lichen Aera entstanden sind und zwar in dem Zeitraume, welcher
zwischen Unterdrückung des Buddhaismus und der Eroberung
Indiens durch den Sultan Mahmud von Baktrien (1000 nach
Christus) verfloß, deuten doch alle Ueberlieferungen, namentlich
die sogenannten Veden oder heiligen Bücher, eine Bauthätigkeit
an, welche etwa zwei Jahrtausende über Christi Geburt zurück=
greift. Unmittelbar nach der Eroberung durch Sultan Mahmud
wurde die indische Kunstübung durch die Intoleranz der Moham=
medaner für einige Zeit unterbrochen, lebte aber unter der Pa=
tanendynastie (1205—1413) wieder auf und blühte in ziemlich
unveränderter Weise bis in die neueste Zeit fort.

Wenn auch der Name Pagode (von Bhaguwati = heiliges
Haus) eigentlich einen ausgedehnten Complex von Baulichkeiten,
bestehend aus Haupttempel, mehrern Kapellen, Priester= und
Pilgerwohnungen, Galerien, Sälen u. s. w. bezeichnet, pflegen
die Europäer darunter doch vorzugsweise jene terrassenförmig sich
erhebenden Thurmpyramiden zu verstehen, welche gewöhnlich die
Hauptzierde der Pagode bilden. Der Pagodenbau herrscht in
der östlichen Hälfte des Dekan mit derselben Entschiedenheit vor,
wie die Grottentempel an der Westseite des Landes: die Anzahl
der im Stromgebiete des Ganges bestehenden Pagoden entspricht
beiläufig der Summe aller in Deutschland, Frankreich und Italien
vorkommenden Stifts= und Kathedralkirchen.

Die zu einer Pagode gehörenden Gebäude sind stets von
Vorhöfen umgeben und mit Ringmauern abgeschlossen. Unge=
heuere, oft mehr als 100 Fuß hohe Thore führen in die quadra=

tischen oder rechteckigen Höfe, in denen jedoch die einzelnen Bauwerke ziemlich regellos herumliegen. Ein einheitlicher Gesammtplan, wie man ihn bei den Grottentempeln nicht selten gewahrt, fehlt den Freibauten fast immer, wenn auch die einzelnen Denkmale mit märchenhaftester Großartigkeit und Pracht ausgeführt sind. Im Haupttempel der Pagode zu Ramisseram wird das Dach von mehr als tausend reichdecorirten Säulen getragen, am Portal zu Chillambrum sieht man vier ganz mit Sculpturen bedeckte Pilaster, von denen jeder aus einem einzigen 45 Fuß hohen Granitblocke besteht, und monolithische reichverzierte Kuppeln kommen an verschiedenen Orten vor.

Die Krone des Pagodenbaues bleibt die obenerwähnte Thurmpyramide, welche ursprünglich den gleichen Zweck wie der gothische Kathedralthurm haben mochte, nämlich eine besondere Cultstätte zu bezeichnen. Diese Denkmale steigen in sieben, acht und noch mehrern Stockwerken auf, wobei jedes obere Geschoß zurücktritt oder einen kleinern Grundriß hat als das untere. Die innere Architektur ist im Vergleich mit dem Außenbau untergeordnet und oft sogar bedeutungslos, indem manche dieser Pyramiden nur eine einzige Kammer besitzt. An den Außenseiten hingegen ist nicht allein die ganze Pracht des Orients entfaltet, sondern zeigt sich oft ein geläuterter Geschmack und wahrhaft künstlerische Durchbildung. Auf einem 20—25 Fuß hohen mit Lessenenstellungen versehenen Sockel erhebt sich die einer Mitra ähnliche Pyramide, deren Stockwerke aufs reichste mit Sculpturen und Blendarchitektur ausgestattet sind. Die einzelnen Theile dieser Blendarchitektur nähern sich vielmals dem altfranzösischen Renaissancestil, während der Charakter des Ganzen eher der Frühgothik entspricht, ohne jedoch mit dieser oder jener Bauart mehr als einige Aeußerlichkeiten zu theilen.

Neben der ausschweifendsten Phantasie und Willkür in der Formbildung ist es ganz besonders die bis zur Unbegreiflichkeit gesteigerte Beherrschung des Materials, welche uns an den indischen Bauwerken entgegentritt. Abgesehen von Kolossalstatuen, welche aus den härtesten Granit- und Porphyrgesteinen hergestellt wurden, begegnet man solch überkünstelten Gebilden, wie sie von keinem andern Volke je versucht worden sind; angeführt sei nur die Ausarbeitung einer 65 Fuß langen Kette in Chillambrum,

VI. Die Kunstthätigkeit der alten Culturvölker.

welche sammt dem dazu gehörigen Pfeiler aus einem einzigen Granitstücke gemeißelt worden ist. In derartigen Spielereien suchten sich die Brahmanisten und Buddhisten zu überbieten.

Neben der Architektur erfreuten sich in Hindostan alle Kunstgebiete einer in ältester Zeit unbekannten Pflege, und es hat sich hier am frühesten eine ästhetische Anschauungsweise entwickelt. Die Dichtung, welche tief in das zweite Jahrtausend vor Christus zurückgreift, bewegt sich in allen denkbaren Formen: Epos und Drama, Lyrik, Naturschilderung, Elegie und Fabel, vor allen aber die Idylle wurden mit Meisterschaft behandelt. Musik und Tanzkunst waren zur Zeit Alexander's des Großen so ausgebildet, daß nach dem Urtheile der Griechen kein zweites Volk den Indern zur Seite gesetzt werden konnte. Denkt man hinzu die höchste Pracht landschaftlicher Ausstattung, Küstenentwickelung, Alpengebirge durchrauscht von Wasserfällen, ungeheuere Flüsse und Seen, die üppigste Vegetation durchwogt von bunter Thierwelt, dazu einen Menschenstamm von geistiger Begabung und vollendeter Formenschönheit, alles umzogen von ewig reiner Frühlingsluft, so mögen diese flüchtigen Andeutungen darthun, daß alle Bedingungen, um die bildenden Künste aufblühen zu lassen, in überreichem Maße vorhanden waren. Wenn dessenungeachtet das vorgesteckte Ziel nicht erreicht wurde, läßt sich dieses nur durch den ungeheuern Druck erklären, welchen die indische Hierarchie auf das öffentliche Leben übte. Zwischen dem geisttödtenden Kastenwesen konnte sich trotz der poetischen Anlage und seltenen Begabung des Volkes kein höheres Kunstleben entwickeln, weil die ersten Grundbedingungen: „politische Selbstständigkeit und freies Bürgerthum", fehlten. Die Inder blieben politisch unmündig für alle Zeiten und fielen daher jedem Eroberer als sichere Beute zu. Als ferneres Hinderniß der Kunstblüte ist die religiöse Richtung anzusehen. Bei überwiegend speculativen Tendenzen sowol des Brahmanenthums wie Buddhaismus gewährten die indischen Mythen dem Bildner keine so leichtfaßlichen Anhaltspunkte wie die griechische Götterlehre. Um den Vorschriften des Cultus zu entsprechen und die geistigen Eigenschaften eines Brahma oder Vischnu auszudrücken, wurden die Künstler zu abenteuerlichen Bildungsweisen gezwungen. Daher diese Vorliebe für Monstrositäten, in denen sich die Sculptur so häufig bewegt, daher diese vielköpfigen und vielarmigen Gestalten, bei deren Zusammenfügung nicht die mindeste Vermittelung der Formen angestrebt ist.

Es müssen diese Verirrungen um so mehr auffallen, als in den Dichtungen ein vollständiges Schönheitsideal aufgestellt worden ist, welches dem griechischen nahe kommt. Zu weiblicher Schönheit gehört unter anderm: ein ovales Gesicht, reiche fließende Haare, welche herabwallend sich wie ein Pfauenschweif ausbreiten, Augenbrauen gleich dem Regenbogen, Augen klar wie die Saphire und geschnitten wie die Blätter der Manilablume, korallenartige Lippen, Zähne gleich den hervorbrechenden Jasminblüten, der Hals schlank und rund, der Busen kegelförmig, dazu eine Taille zum Umspannen und breite Hüften. Arme und Beine seien geschwungen und spindelförmig gebaut, die Umrißlinien der Figur weich und zart, sobaß nirgends die Knochen scharf vortreten.

Diese Schönheitsbedingungen hätte ein Praxiteles nicht anders feststellen können; auch haben sich die indischen Bildhauer oft bemüht, denselben nachzukommen. In der That erhebt sich die Sculptur in ruhigen Situationsbildern, deren namentlich die Mythe des Krischna unzählige bietet, zu erfreulicher Höhe: die Figuren der Gopien, welche gleich den Musen ihren Gebieter Krischna begleiten und bei den Tönen seiner Flöte Tänze aufführen, dürfen in Bezug auf Anmuth und Feinheit der Linien als Meisterwerke genannt werden, nicht minder gelungen sind einige Darstellungen der Liebesgöttin Lakschmi und der Göttin Bhavani, welche letztere in ihren Eigenschaften zwischen der Demeter und Cybele die Mitte einhält. Bewegte und kräftige Gestalten werden selten getroffen, doch hat Ellora mehrere gelungene Reliefs aufzuweisen, unter andern den auf einem Wagen stehenden Gott Siva, welcher einen gespannten Bogen in der Hand hält.

Obgleich die Außenseiten der Tempel mit zahllosen Bildwerken überdeckt sind, haben sich die Künstler doch nur ausnahmsweise im eigentlichen Geschichtsfache versucht, zusammenhängende Bildercyklen aber scheinen gar nicht durchgeführt worden zu sein.

VI. Die Kunstthätigkeit der alten Culturvölker.

Am schwächsten war es ohne Zweifel mit der Malerkunst bestellt, wenn man von bloßer Decorationsmalerei und farbiger Ausstattung der Sculpturwerke absehen will. Es werden zwar Porträts in den Dichtungen vielfältig genannt, auch sind sowol Zeichnungen wie farbige Miniaturen auf uns gekommen, welche dem dreizehnten und vierzehnten Jahrhundert nach Christus anzugehören scheinen. Diese Schildereien bewegen sich meist im Gebiete der Idylle und zeigen bei naiver Auffassung und ziemlich correcter Zeichnung einen noch wenig entwickelten Farbensinn. Auch Wandgemälde wurden entdeckt, so zu Ajayanti, Bang und Ellora; sie sind auf Stuccogrund aufgetragen und meist einfarbig nach Art der etruriſchen Grabmalereien gehalten. Bisher ist zu weniges bekannt geworden, um ein endgültiges Urtheil fällen zu können; doch steht fest, daß die indische Kunst nur in der Architektur ihren vollständigen Ausdruck gefunden habe.

Die Altersbestimmung der Denkmale Indiens unterliegt so außerordentlichen Schwierigkeiten, daß sich die gründlichsten Forscher und Kenner in den wichtigsten Fragen geradezu widersprechen. Der eine erkennt den Grottenbauten, der andere den Pagoden und Topen ein höheres Alter zu; dieser läßt den Buddha 2000, jener nur 600 Jahre vor Christus auftreten. Wenn bei solchen Widersprüchen der ersten Autoritäten, von denen jede ihre Ansichten mit den triftigsten Gründen zu belegen weiß, zuverlässige Aufschlüsse noch in weite Ferne gerückt sind, wird die Detailforschung obendrein durch den Umstand erschwert, daß die Kunstübung von ältester Zeit an bis herab ins siebzehnte Jahrhundert nach Christus nahezu unverändert die gleiche geblieben ist und stilistische Merkmale sozusagen ganz fehlen. Aus dem Zusammenhalte der geschichtlichen Ueberlieferungen und Sagen mit den archäologischen Untersuchungen ergibt sich als ungefähres Resultat, daß die indische Architektur etwa ums Jahr 1500 vor Christus jenen Grad von künstlerischer Ausbildung erreicht hatte, welchen die noch bestehenden Denkmale aussprechen. Die Entwickelungsperiode selbst ist in das tiefste Dunkel gehüllt.

Die indische Kunst steht vereinzelt; es ist weder ein Anschluß an die Bestrebungen der westlich vom Indus wohnenden Culturvölker nachzuweisen, noch haben von außen her irgend wesentliche Einwirkungen stattgefunden. Wenn zur Zeit des Seleucidenreiches (312—64 vor Christus) einige Elemente griechischer Kunst nach dem Orient verpflanzt wurden, mögen sich diese Einflüsse nur in sehr oberflächlicher Weise auf die Induslönder erstreckt haben; das eigentliche Indien blieb jedenfalls für fremde Beeinflussung unzugänglich.

Die Inder oder Hindu bilden den östlichsten Zweig des indogermanischen Stammes, sind aber nicht die Urbewohner des Landes, sondern wanderten in unbestimmbarer Vorzeit aus dem centralasiatischen Hochlande, dem Quellgebiete des Indus und Oxus, in die Gangesländer ein, indem sie die negerartige Urbevölkerung theils vertrieben, theils zur Sklaverei verdammten. Diese Einwanderer nannten sich Arja (Arier) nach ihrer Heimat Arjavarta, dem gemeinschaftlichen Ursitze des indogermanischen Stammes, welcher deshalb auch der arische oder nach der ältesten gemeinsamen Sprache der sanskritische genannt wird. Vom Paropamisus aus ergossen sich einzelne arische Strömungen nach verschiedenen Richtungen und traten gleichzeitig als Eroberer wie Civilisatoren auf, gründeten im Osten das brahmanisch-indische Reich und theilten sich westwärts in viele Familien, von denen die Perser, Meder, Griechen, Italer und Germanen für die Culturgeschichte das hervorragendste Interesse besitzen. Die Zeiten der Wanderzüge und die Reihenfolge derselben entziehen sich jeder Forschung, die Eroberung Indiens scheint jedoch die früheste Unternehmung der Arier gewesen zu sein.

Aegypten.

Entlang des Nilstromes entwickelte sich in frühester Zeit ein reges Cultur- und Kunstleben, welches für uns um so beachtenswerther erscheint, als sich hier im Vergleich mit den übrigen Ländern der Alten Welt viel zuverlässigere Nachrichten erhalten haben. Die Aegypter bewohnten seit ältester Zeit das Nilthal in jener Ausdehnung, welche sich vom nubischen Hochlande bis an die Flußmündungen erstreckt. An der Westseite wird das Land von der Libyschen Wüste, an der Ostseite durch das Rothe

VI. Die Kunstthätigkeit der alten Culturvölker.

Meer begrenzt, und der auf 6000 Quadratmeilen geschätzte Flächeninhalt ist bis heute ziemlich unverändert geblieben, von dem Umstande abgesehen, daß Nubien öfters mit Aegypten vereint war und wieder getrennt wurde.

Die ehemaligen Bewohner des Landes, von denen sich in den heutigen Fellahs Ueberreste erhalten haben sollen, waren ein durchaus eigenthümlicher Menschenschlag, zwischen der äthiopischen und indoeuropäischen Rasse in der Mitte stehend, jedoch mehr der letztern sich nähernd. Sie waren schlank, aber nicht kräftig gebaut, hatten gerade Nasen, langgeschlitzte Augen und fließende, nicht wollige Haare. Die Frauen zeichneten sich durch große Schmächtigkeit, jedoch dicke Leiber und schmale Hüften aus, dabei war der Mund zwar klein, aber etwas aufgeworfen, die Stirn zurücktretend und niedrig, der Hals im Verhältniß zu dem gestreckten Körperbau zu kurz. Die Aegypterinnen entsprachen mithin dem indischen Ideale sehr wenig.

Nachdem man sich seit Jahrhunderten mit oberflächlichen und zum Theil falschen Nachrichten über Aegypten hatte begnügen müssen, wurde dieses Land der Wissenschaft erschlossen durch die im Jahre 1798 von Napoleon I. unternommene Expedition, an welcher sich die angesehensten Gelehrten Frankreichs betheiligten. Das Land wurde seitdem in allen Richtungen durchforscht; man hat sich mit Sprache und Schrift vertraut gemacht, einheimische Geschichtsquellen, namentlich die Aufzeichnungen des Manetho, kennen gelernt und mit Hülfe derselben die Landesgeschichte bis gegen 4000 Jahre vor Christus (nach Lepsius bis zum Jahre 3892) aufgedeckt.

Um diese Zeit verlegte Menes, der erste nachweisbare ägyptische König, seine Residenz von This nach Memphis und gründete eine Dynastie, welche etwa 250 Jahre hindurch herrschte. In die Periode des Königs Menes fallen die Anfänge der Cultur, die Aegypter wandelten sich aus Hirten zu Ackerbauern um, Bewässerungskanäle wurden angelegt und die ersten Pyramiden bei Daschur aus Ziegeln erbaut. Etwas später, gegen 3000 vor Christus, entstanden die großen Pyramiden bei Memphis als Königsgräber, welche schon von Herodot den Weltwundern beigezählt wurden und als solche noch immer von unzähligen Reisenden besucht werden. Unter der zwölften Dynastie, etwa 2300, wurde Theben zur Hauptstadt des Landes erhoben, und damals erreichte die Cultur des ältern Reiches ihren Höhepunkt: es wurde der See Möris, ein ungeheueres künstliches Wasserbassin, angelegt und mit dessen Hülfe eine gleichmäßige Bewässerung Mittelägyptens ermöglicht.

Nun folgte eine Unterbrechung, herbeigeführt durch ein aus Arabien herübergezogenes wildes Volk, Hyksos genannt, welches um 2100 einen großen Theil von Aegypten unterjochte, die bestehenden Bauwerke zerstörte und mehrere Jahrhunderte im Lande herrschte. Diese Hyksos wurden endlich durch König Tuthmosis III. vertrieben, worauf sich unter den kräftigen Fürsten Sethos I. und Ramses II., zwischen 1600 — 1500 vor Christus, eine neue Blüte des Reiches entfaltete. Ramses, von den Griechen Sesostris genannt, war einer der größten Herrscher; unter ihm wurde Nubien und ein Theil von Abyssinien mit Aegypten vereint, er drang siegreich nach Syrien vor und ließ zahlreiche Denkmale erbauen, so die Felsentempel zu Ipsambul, Derrhi, Girscheh und mehrere der großen Paläste in Theben. Unter seinen Nachfolgern nahmen Luxus und Schwelgerei mehr und mehr überhand, Aegypten gerieth unter äthiopische Herrschaft, befreite sich zwar nach längerm Ringen für einige Zeit, wurde aber etwas später durch Kambyses, 525 vor Christus, erobert. Noch einmal gewann das Land für kurze Zeit seine Unabhängigkeit, um von Alexander dem Großen im Jahre 332 zur macedonischen Provinz gemacht zu werden. Nach dessen Tode erklärte sich Ptolemäus Lagus, einer von Alexander's Feldherren, als unabhängig und gründete die Ptolemäische oder Lagidische Dynastie, welche sich durch Kunstliebe auszeichnete und beinahe drei Jahrhunderte über Aegypten herrschte. Im Jahre 30 vor Christus endete mit der Königin Kleopatra diese Dynastie, Aegypten wurde eine römische Provinz, ohne daß die uralten Einrichtungen wesentliche Veränderungen erlitten hätten. Bei der Theilung des Römischen Reiches wurde Aegypten der östlichen Hälfte, nämlich dem byzantinischen Kaiserthum, zugetheilt und blieb mit diesem vereint, bis die Mohammedaner 639 nach Christus das Land eroberten und dem mehr als viertausendjährigem Bestande des Aegypterthums das Ende bereiteten.

———

VI. Die Kunstthätigkeit der alten Culturvölker.

Die ägyptische Kunst ist gleich der indischen eine streng monumentale; mit diesem Worte aber ist die hervorragendste Aehnlichkeit bezeichnet, welche die beiden Richtungen miteinander gemein haben. In Indien herrscht die Phantasie, in Aegypten die nüchternste Ueberlegung vor: hier abgewogene Regelmäßigkeit, dort überstürzende Willkür; in beiden Ländern aber die ausgebildetste Priesterherrschaft und gleiche Kasteneintheilung. Die weltgeschichtliche Bedeutung der ägyptischen Kunst aber ist eine unermeßliche, und der Einfluß, welchen sie auf die europäische Culturentwickelung übte, ein ebenso tiefer als nachhaltiger, während die indische Kunst auf das eigene Land beschränkt blieb.

Die griechische Baukunst mit ihren Säulenstellungen und Gebälken, die altitalischen und phönizischen Tempelanlagen sind nicht allein von Aegypten aus beeinflußt, sondern beruhen auf ägyptischen Grundlagen; sogar der christliche Kirchenbau läßt diese Principien nicht verkennen. Die Nachrichten, welche von griechischen Geschichtschreibern über den Tempelbau der Aegypter mitgetheilt werden, haben durch neuere Untersuchungen volle Bestätigung erhalten.

Der ägyptische Tempel war stets von einem geheiligten Raume umgeben, durch welchen ein mit Sphinxen eingefaßter gepflasterter Weg führte. Hatte man diesen Weg zurückgelegt, stand man vor einem großen, an beiden Seiten mit je einem Thurme flankirten Thore, dem Propylon, welches in einen offenen mit Säulengängen umzogenen Vorhof führte. Vor dem Propylon waren oft, jedoch nicht immer, zur Rechten und Linken Obelisken angeordnet, monolithische Spitzsäulen von 60—80 Fuß Höhe, welche muthmaßlich als Gnomonen dienten. Im Vorhofe stand ein Altar, denn das Innere des Tempels war nur für wenige zugänglich. Ein zweites wieder mit Pylonen versehenes Thor führte aus dem Vorhofe in das Tempelhaus, welches jederzeit aus drei Theilen, der Vorhalle, dem Schiff und dem Heiligthum, bestand. Vorhalle und Schiff, von Herodot mit den griechischen Bezeichnungen Pronaos und Naos angeführt, waren regelmäßig mit Säulen unterstützt, das hinter dem Schiff liegende Heiligthum, Sekos, bestand gewöhnlich aus einer einfachen unbeleuchteten Kammer, in welcher das Götterbild aufbewahrt wurde. Nicht selten schlossen an die Vorhalle Flügelbauten an, auch wiederholte sich dieselbe Eintheilung manchmal hintereinander, sodaß zwei Vorhöfe und mehrere Schiffe in gerader Linie aneinandergereiht waren; immer jedoch herrschte die strengste Symmetrie und wurde durch eine Mittellinie das Gebäude in zwei ganz gleiche Hälften zerlegt.

Die Horizontalität ist in allen Theilen eingehalten, es kommen weder im Innern Gewölbe noch an den Außenseiten giebelförmige Aufsätze vor; die Räume sind mit geraden Steinbalken überlegt, und die Beleuchtung ist dadurch bewerkstelligt, daß die Schiffe über die Masse des Gebäudes erhöht, die Säulenzwischenräume offen gelassen werden.

Fassen wir den stets langgezogenen ägyptischen Tempel etwas näher ins Auge, erinnern der zwischen zwei Thürmen liegende Eingang, die Dreitheilung in Vorhalle, Schiff und Heiligthum, die Ueberhöhung des mittlern Schiffes und der dunkle Altarraum auffallend an die christliche Domkirche. Dazu kommen noch der offene mit Säulen umgebene Vorhof (das Atrium der altchristlichen Kirche, aus welchem sich der Kreuzgang entwickelte) und das mit einer Mauer umzogene heilige Feld, welches im Mittelalter zum Friedhof umgestaltet wurde.

In geographischer Hinsicht gehören die wichtigsten Tempelbauten dem Lande Oberägypten an, während in Unterägypten die Pyramiden das größere Interesse in Anspruch nehmen. Die Hauptstadt Oberägyptens war das hundertthorige Theben, in dessen riesenhaften Ueberresten sich jetzt die arabischen Dörfer Karnak und Luxor am rechten, Medinet-Abu und Kurnah am linken Nilufer angesiedelt haben. Das bedeutendste der noch erhaltenen Denkmale ist der große Tempel zu Karnak, das alte Ammonium, dessen Pylonen zusammen 336 Fuß breit und 138 Fuß hoch sind, wobei das zwischen den Pylonen liegende Thor eine Höhe von 60 Fuß einhält. Sphinxallee und Vorhof sind größtentheils zerstört, dieser hatte eine Breite von 320, eine Tiefe von 270 Fuß, und an seinen Pfeilern waren 28 Fuß hohe Kolosse aufgestellt. Durch ein zweites Pylonenthor tritt man dermalen in die von 134 kolossalen Säulen getragene Vorhalle, welche von Sethos I. angelegt und von seinen Nachfolgern vollendet worden ist. Die mittlere Säulenreihe ist überhöht und steht doppelt, es ist daher ein eigentliches Mittelschiff vorhanden, wobei die Säulen eine Höhe von 66 und einen Durchmesser von 13 Fuß einhalten; die Nebensäulen aber zeigen etwas kleinere Dimensionen. Der Hauptsaal ist wie die Vorhalle 320 Fuß breit, 164 Fuß tief und grenzt an einen offenen Hof, jenseit desselben wieder Pylonen, Säulengänge und Prachtgemächer liegen.

Aehnlich und in seiner Gesammtanordnung noch reicher erscheint der ruinösere Tempel zu Medinet-Abu, das sogenannte Osymandeon, neben welchem sich das Feld der Kolosse befindet. Hier liegen viele Trümmer von alten Statuen umher; zwei aufrecht sitzende Königsbilder haben sich vollständig erhalten, darunter das weltberühmte 65 Fuß hohe Memnonsbild, welches nach uralter Sage bei Sonnenaufgang erklungen haben soll. Auf dieser, der Westseite des Nils, liegen nicht weit von Kurnah die unter dem Namen Hypogeen bekannten Grabkammern, welche übereinander hinlaufend in den das Ufer begleitenden Felsenhang eingegraben und mit reichen Galerien und Treppenwerken ausgestattet sind. In diesen Felsengräbern kommen cannelirte Säulen vor, welche den dorischen nicht unähnlich als protodorische bezeichnet wurden; ferner sieht man hier zahlreiche Wandmalereien, rahmenartig eingefaßte Bilder, in denen die Hauptmomente aus dem Leben der an dieser Stelle Begrabenen geschildert sind.

Der in Theben eingehaltene Baustil mit seinen Detailformen zeigt den Charakter der Frühperiode am reinsten: die Säulen gleichen zusammengeschnürten Rohrbündeln, stehen auf ungegliederten runden Plinthen und sind bekrönt mit den bekannten der Mohnkapsel oder Lotosknospe ähnlichen Capitälen. Die Gebälke entbehren noch den Fries und sind gebildet aus dem glatten Architrav und dem aus einer Kehle bestehenden Kranze. Alle Mauern sind an den Außenseiten geböscht, nämlich treten gegen oben zurück und sind an den Ecken mit Rundstäben eingefaßt. Die Säulen zu Kurnah halten 4½, die zu Karnak und Luxor 5 Durchmesser ein. Im Tempel zu Soleb in Nubien gibt sich eine größere Schlankheit kund, auch sind dort die Einzelheiten feiner durchgebildet als in Theben, weshalb dieses im Anfange unsers Jahrhunderts noch wohlerhaltene Denkmal als das vorzüglichste Werk ältern Stiles angesehen wird.

In Oberägypten und Nubien wurden zur Zeit des Ramses auch großartige Felsentempel ausgeführt, von denen die zu Derrhi und Ipsambul die merkwürdigsten sind. Der Tempel zu Derrhi ist in den Naturfelsen eingegraben, die Vorhalle aber wurde als freier Anbau hinzugefügt und besteht aus zwölf quadratischen Pfeilern, welche das Steingebälk tragen. Vier Kolossalstatuen bewachen den Eingang in das etwas längliche Schiff, dessen Decke auf sechs viereckigen Pfeilern ruht. Das Heiligthum hat kubische Form, in der Mitte liegt der Altarstein zwischen zwei kolossalen Standbildern, deren Bedeutung nicht sichergestellt ist. Räumlich größer und auch von sorgfältigerer Durchbildung zeigt sich der von Ramses II. errichtete Tempel von Ipsambul, welcher ganz in den Felsen vertieft wurde. Die 118 Fuß lange und 86 Fuß hohe Façade ist ähnlich wie das indische Bauwerk Kailasa ganz aus einem Granitberge herausgeschält. Neben dem Eingange erheben sich vier Kolossalstatuen, je 65 Fuß hoch, oberhalb ist ein Standbild des Osiris angebracht und darüber hin zieht sich ein reichverziertes Kranzgesims. Die beinahe quadratische Vorhalle von 58 Fuß Tiefe wird von acht Pfeilern unterstützt, das Schiff ist 62 Fuß tief und besteht aus zwei Abtheilungen, die horizontal überdeckt und aufs reichste mit Sculpturen decorirt sind. Im Sekos befindet sich der Altar und hinter demselben vier kolossale Statuen. Die Ausführung der Bildwerke zu Ipsambul schließt sich den vorzüglichsten Leistungen ägyptischer Kunst an.

Im weitern Verlaufe, etwa ums Jahr 1000 vor Christus, erfuhr der fast überstrenge Stil allerlei Modificationen und Bereicherungen; die Capitäle wurden bald mit Maskenbildern ausgestattet, bald der sich entfaltenden Palme nachgebildet; anstatt der frühern geometrischen Ornamente wurden pflanzliche Verzierungen gewählt und alle Theile, namentlich die Säulen und Pylonen, schlanker gehalten. Diese Bauweise erhielt unter den Ptolemäern ihre höchste Ausbildung. Als eins der schönsten dieser Richtung angehörenden Beispiele haben wir den Tempel von Edfu (Apollinopolis magna) zu verzeichnen, welcher den erhabensten Denkmalen aller Zeiten beigezählt werden darf, leider jedoch in unsern Tagen zerstört worden ist. Denkmale dieser Art finden sich auf der Insel Philä, zu Ombos, Elephantine, Anteopolis und andern Orten.

Der Pyramidenbau ist von ältester Zeit an bis herab in die letzten Jahrhunderte des Reiches ununterbrochen in Aegypten geübt werden; doch gehören die großen und berühmten Pyramiden der frühesten Kunstperiode an. In Form und Zweck entsprechen diese Bauwerke ganz und gar den vorhistorischen Tumulen; sie sind Grabstätten, theils aus ungebrannten oder aus gebrannten Ziegeln, theils aus behauenen Werkstücken von oft ungeheurer Größe aufgethürmt. Gewöhnlich enthält die Pyramide eine einzige Kammer zur Aufbewahrung des Sarges, der übrige Körper des Bauwerkes ist mit Gußwerk oder sonstigen gerade zur Hand befindlichen Materialien ausgefüllt und mit großer Sorgfalt überkleidet. Was die Menschen seit Jahrtausenden anstaunen, ist einzig und allein die Kolossalität, die grenzenlose Mühe und Geduld, mit welcher diese Massen von Materialien aufgethürmt sind; auch imponirt, wie es bei kolossalen Verhältnissen immer der Fall ist, die riesenhafte, wenn auch nutzlose Verschwendung an Zeit, Mitteln und Menschenleben, die sich in dergleichen Bauten ausspricht.

Die große Pyramide unweit der alten Hauptstadt Memphis erforderte 74 Millionen Kubikfuß von behauenen Steinen, welche Masse verbraucht wurde, um zwei kleine Kammern zur Aufnahme von zwei Steinsärgen herzustellen.

Einige Meilen südlich von der Stadt Kairo bezeichnen zerstreute Ueberreste von Prachtbauten die Stelle, an welcher die alte Hauptstadt Unterägyptens, das königliche Memphis, stand. Westlich davon breitet sich am Saume der Libyschen Wüste ein weites Gräberfeld aus, wo in mehrern Gruppen zerstreut gegen vierzig größere und kleinere Pyramiden liegen, welche nach den benachbarten Dörfern benannt werden. Die drei größten sind den Königen Cheops, Chefren und Mycherinos gewidmet und liegen bei dem Dorfe Gizeh in gerader von Ost nach West gezogener Linie, je 4—500 Schritte voneinander entfernt. Von diesen ist die Cheopspyramide die größte, ihre senkrechte Höhe beträgt 460 Fuß, die Seite des regulären Grundquadrats gegen 750 Fuß pariser Maß. (Wegen des bald ansteigenden, bald sinkenden Wüstensandes ist eine genaue Vermessung der Grundfläche noch nicht möglich gewesen. Alle bisherigen Vermessungen haben etwas andere Resultate gegeben.)

Das Material, aus welchem diese drei Pyramiden erbaut sind, ist Kalkstein, der in ungeheuern Blöcken im nahen Höhenzuge gebrochen und mittels angehäufter Sandbahnen zur Stelle geschafft wurde. Der Bau geschah in treppenförmigen Absätzen, doch soll die große Pyramide ganz mit geschliffenen Granitplatten überkleidet gewesen sein. Der Eingang in diese letztere befindet sich an der Nordseite, ungefähr 46 Fuß über dem gewöhnlichen Niveau, von hier aus führt ein steil aufsteigender Gang in eine untere und eine obere Grabkammer; die übrige Masse ist mit Ausnahme einiger kleinen Nebengänge dicht ausgefülltes Mauerwerk.

Nicht fern von der Cheopspyramide ragt ein ungeheueres Sculpturwerk mit Kopf und Hals aus dem Sande empor, eine Sphinx, deren Körperlänge 90 Fuß, die Gesammthöhe 70 Fuß beträgt, der Kopf mit dem Halse ist 42 Fuß hoch. Das Ganze ist mit Meisterschaft aus dem dort zu Tage liegenden Felsen gemeißelt. Dieses Gebilde wird von den Arabern unter der treffenden Bezeichnung: „Abu-el-hula, Vater des Schreckens", mit ehrfurchtsvoller Scheu angesehen.

In Aegypten wurden beinahe alle Kunstfächer geübt, wenn auch Baukunst und Steinsculptur in erster Linie standen. Der Sinn für das Kolossale herrschte auch in der Bildnerei vor, namentlich ist die Mehrzahl der Statuen in überlebensgroßen Verhältnissen ausgeführt. Eine strenge architektonische Haltung gibt sich bei allen runden Gebilden kund, die Zeichnung ist gewöhnlich richtig, aber leblos und die Muskulatur wenig ausgedrückt. Glücklicher bewegten sich die ägyptischen Künstler in leichterhabenen Reliefarbeiten, mit denen unter anderm alle Wände des Tempels zu Karnak überdeckt sind. Man erblickt hier Darstellungen, welche nicht allein mit Schönheitssinn durchgeführt,

VI. Die Kunstthätigkeit der alten Culturvölker.

sondern auch mit künstlerischer Einsicht entworfen sind. Für das Relief bot zugleich die bildliche Behandlung der Schriftzeichen, die Hieroglyphenschrift, eine ungewöhnliche Bereicherung. Anstatt der erhabenen Reliefs sieht man nicht selten vertiefte, sogenannte Koilanaglyphen oder basreliefs en creux, welche zunächst durch die Hieroglyphen in Gebrauch gekommen sein mögen.

In gebrannter Erde wurde sehr viel gearbeitet, wie die zahlreichen in Museen vorkommenden Canoben und Götterfiguren erkennen lassen; ferner blühte die Holzschnitzerei, wenn auch das Material aus weiter Ferne beschafft werden mußte. Die Steinschneidekunst war sehr ausgebildet, die ägyptischen Scarabäen und Gemmen (erhaben und vertieft bearbeitete Steine) gehören noch immer zu den beliebtesten Schmuckgegenständen.

Dagegen scheint der Erzguß wenig oder gar nicht cultivirt worden zu sein, wohl aber wurden getriebene Arbeiten aus edeln Metallen hergestellt.

Die Malerei ging von Colorirung der Reliefs und Hieroglyphen aus und erreichte in den Wandgemälden der Hypogeen einige Selbständigkeit, ohne jedoch über die durch das Relief vorgezogenen Grenzen hinauszugehen. Die Umrisse wurden mit dem Pinsel oder Schilfrohr vorgezogen und auf monochrome Weise mit Rücksicht auf die Naturfarben ausgefüllt. In ähnlicher Weise wurden auch die Mumienkästen oder hölzernen Särge bemalt; man überzog das Holz vorher mit einem dünnen Kreidegrunde und trug die Farben mit einer Mischung von Leim, häufiger jedoch Wachs, auf. Auch die Kunst des Emaillirens soll geübt worden sein; Plinius erwähnt ägyptische auf Silber aufgetragene (geschmelzte) Malereien, deren auch einige in der Neuzeit aufgefunden worden sind.

In ihrer Gesammtheit steht die ägyptische Kunst uns nicht allein unendlich näher als die übrige orientalische, sondern sie erhebt sich in einzelnen Denkmalen zu wirklich classischer Höhe. Bei Beurtheilung der Pyramiden, Kolossalstatuen und monströsen Göttergestalten hat man jedoch stets in Erwägung zu ziehen, daß zwischen Erbauung der ersten Pyramiden und der Kunstblüte unter Ramses gegen zwei Jahrtausende verflossen sind und daß in dieser Zwischenzeit zwar sehr langsame, aber immerhin Fortschritte gemacht worden sind. Uebrigens stehen die Pyramidenbauten, mag man nun sich für dieselben begeistern oder sie als rohe Kraftäußerungen ansehen, in keinem unmittelbaren Zusammenhange mit der großen, durch Tuthmosis eingeleiteten Kunstblüte; die Pyramiden mochten höchstens anregend wirken durch ihren Hinweis auf das Kolossale, und diese Wirkung scheint auch erreicht worden zu sein. Die Architektur bewegte sich unter Ramses in allzu strengen Formen, welche gegen das neunte Jahrhundert hin gefälliger wurden und in der ersten Ptolemäerzeit sogar ein heiteres Aussehen gewannen. Die Bildhauerei hingegen erreichte ihren Höhepunkt um das dreizehnte Jahrhundert vor Christus und verflachte in der Folge, vielleicht weil man griechische Elemente herüberverpflanzen wollte. Die Malerei behielt von Anfang bis zum Ende die gleiche untergeordnete Stellung.

Assyrien.

Man hat sich in neuester Zeit sehr viel mit den assyrisch-babylonischen Denkmalen beschäftigt und ihnen vielleicht größere Wichtigkeit beigelegt, als sie in der That besitzen. Durch diese Worte soll die hohe kunstgeschichtliche Bedeutung der fraglichen Werke nicht in Zweifel gezogen werden, wenn wir auch einigen übertriebenen Ansichten, welche über Alter und Einfluß der assyrischen Kunst verbreitet worden sind, entgegentreten müssen. Das Hochland von Iran und die großen Stromgebiete des Euphrat und Tigris sind ohne Zweifel hochalterthümliche Cultursitze und zugleich die wichtigsten Knotenpunkte der semitisch-indogermanischen Völkerbewegung; eine so frühzeitige Kunstentwickelung jedoch, welche der ägyptischen oder indischen zur Seite gestellt werden könnte, läßt sich hier thatsächlich nicht nachweisen.

Die Sagen vom Thurmbau zu Babel deuten allerdings in eine sehr frühe Zeit zurück, erscheinen aber so unbestimmt, daß sich kunstgeschichtliche Folgerungen nicht daran knüpfen lassen.

VI. Die Kunstthätigkeit der alten Culturvölker.

Die Gründung der Städte Babylon und Ninive wird den mythischen Helden Nimrod und Ninus, dann der kriegerischen Königin Semiramis zugeschrieben, deren Zeitalter in keinem Falle über 2000 Jahre vor Christus zurückverlegt werden kann. Semiramis, welche nach dem Tode ihres Gemahls Ninus über die Reiche Babylonien und Assyrien geherrscht haben soll, wird vom Alterthume als eine unternehmende, zum Herrschen geborene Frau geschildert; man schrieb ihr die Erneuerung Babylons, den Bau eines unter dem Euphrat durchziehenden Tunnels und insbesondere der Hängenden Gärten zu, welche den sieben Weltwundern beigezählt wurden. Geschichtlich jedoch steht fest, daß alle diese Werke von Nebukadnezar, 604—563 vor Christus, ausgeführt worden sind, und daß von den Anlagen der frühern Perioden sich schwerlich etwas anderes erhalten hat als Schutthaufen und Spuren von Wasserleitungen.

Auch die für die Kunstgeschichte höchst bedeutungsvollen Palastbauten und Sculpturen von Ninive, welche durch die Bemühungen eines Botta, Layard und Flandin ausgegraben und bekannt gemacht worden sind, sprechen kein wesentlich höheres Alter als die babylonischen an, und Flandin's Ansicht, daß ein Theil der zu Khorsabad aufgefundenen Reliefdarstellungen sich auf die Unternehmungen Nebukadnezar's I. beziehe, wird gleichsehr durch stilistische wie geschichtliche Gründe unterstützt. Daß eine frühere Kunstblüte den bisher aufgefundenen Werken vorangegangen sei, läßt sich nicht verkennen; Ursprung und Entwickelung aber sind unbekannt, und es bleibt fraglich, ob die vielbewunderte assyrische Sculptur im eigenen Lande entsprungen oder durch einen Machtspruch aus Ost oder West herüberverpflanzt worden sei.

Abweichend von den patriarchalischen Verhältnissen Chinas und den hierarchischen Einrichtungen Indiens und Aegyptens hatte sich frühzeitig in Mittelasien jene rein despotische Regierungsform ausgebildet, welche seitdem im Orient die herrschende geblieben ist. Damals aber bestand zwischen den assyrisch-babylonischen Reichen, denen zeitweilig auch Kleinasien mit Palästina untergeordnet waren, einerseits und Aegypten andererseits ein ununterbrochener, bald freundlicher bald feindlicher Verkehr. So hatte der ägyptische König Psammetich einen Theil von Syrien und Kleinasien seinem Reiche unterworfen, sein Sohn Necho eroberte ganz Palästina und drang siegreich in Babylonien vor, wurde aber zuletzt bei Karchemisch am Euphrat ums Jahr 604 von Nebukadnezar völlig geschlagen. Bald nachher gerieth Aegypten für einige Zeit unter die Botmäßigkeit Babylons und wurde nur durch das rasche Sinken dieser Macht von der bleibenden Unterwerfung errettet.

Während dieses Gewoge zwischen den Nil- und Euphratländern stattfand und ägyptische Einflüsse sich über Phönizien, das östliche Kleinasien und sogar die Südspitze des Peloponnesos ausbreiteten, hatte sich in Hellas eine staatliche Umwandlung von unberechenbarer Tragweite vollzogen und erblühte an den ionischen Gestaden eine neue Kunstrichtung. Theodoros und Chersiphron, knossische Künstler, erbauten um 600 vor Christus den Tempel der Artemis von Ephesus, wobei der erstere den sumpfigen Grund mit Kohlen ausfüllte, der andere die zum Theil monolithen 60 Fuß hohen Säulen aufstellte. Metagenes, des Chersiphron Sohn, versetzte mit Hülfe von Sandsäcken die ungeheuern Architravstücke, wie durch die Zeugnisse des Herodot, Plinius und anderer alter Schriftsteller dargethan wird. Das Heräon zu Samos, der Cybeletempel zu Sardis und einige im diesseitigen Griechenland um jene Zeit ausgeführte Bauten lassen den hohen Grad von Ausbildung erkennen, welche die griechische Architektur bereits erreicht hatte, als Nebukadnezar den Parabeisos (die Hängenden Gärten zu Babylon) für seine medische Gemahlin Amuhia hat ausführen lassen.

Eine stetige Fortentwickelung der Künste, welche sich von Hochiran oder Hindukuh aus gegen Westen durch Assyrien, Persien und Kleinasien bis Griechenland verbreitet haben soll (eine in vielen kunstgeschichtlichen Werken ausgesprochene Ansicht), kann bei den obwaltenden chronologischen Verhältnissen nicht stattgefunden haben. Die assyrisch-babylonische Baukunst gehört ganz und gar der potamischen Welt an, in welcher sie entstanden ist: auswärts kahl und formlos wie die umgebenden Ebenen, spricht sie im Innern vollständig den Charakter der orientalischen Despotie aus.

Zuerst fällt auf, daß Architektur und Bildnerei in gar keinem Einklange stehen, daß erstere in beinahe primitivster Form auftritt, während die zweite nicht allein einen anerkennenswerthen Grad von Ausbildung, sondern auch Anzeichen eines bereits überschrittenen Höhepunktes verräth.

Wir beginnen mit den Werken der Baukunst. Die sämmtlichen bisher entdeckten Baureste gehören Palästen an, welche terrassenförmig um einen in der Mitte liegenden festen Kern aufgeführt wurden. Auf einer 10—12 Fuß hohen, gewöhnlich aus Ziegeln erbauten Plattform wurden nach einem rechteckigen Grundrisse fortlaufende Reihen von Sälen und Gemächern in derselben Weise angeordnet, wie bei dem alten tuscischen Hause die Wohnräume um den Hof herumgelagert sind. Der Hof jedoch wurde bei den babylonischen Bauten ganz fest mit lufttrockenen Ziegeln ausgefüllt, und dieser Mauerkörper bildete die Grundlage für das obere Geschoß, welches um die volle Breite der untern Gemächer zurückgerückt wurde. Dieses Verfahren blieb maßgebend für alle höhern Stockwerke, immer traten die obern Gemächer um die Breite der nächstuntern zurück, und in demselben Maße wurde die in der Mitte befindliche dichte Mauermasse verengt. Die Gebäude bildeten mithin abgetreppte Pyramiden, deren einzelne Absätze je 20—30 Fuß zurücktraten und die sich meist zu sehr bedeutender Höhe erhoben.

Der große Tempel des Belos oder Baal, welchen Herodot als Augenzeuge beschreibt, bildete im Grundrisse ein gleichseitiges Quadrat von 600 Fuß und erhob sich in acht Absätzen zu einer mit der Grundform gleichen Höhe. Das oberste Stockwerk bestand aus einem einzigen Gemache, in welchem das Ruhebette des Gottes sammt Tisch und Thron, ganz aus Gold bestehend, aufgestellt waren. Einen eigentlichen Tempelbau jedoch darf man sich hier nicht vorstellen: Hallen, in denen die Gläubigen sich zur Andacht versammelten, scheinen in Assyrien gefehlt zu haben, auch bedingte die Religion (ein ausgebildeter Sonnen- und Sterncultus) derartige Räume nicht. Durch die bisherigen Untersuchungen ist noch kein Gebäude zu Tage gefördert worden, welches mit Sicherheit als Tempel anzuerkennen wäre, denn der Belustempel, dessen Ueberreste in dem Schutthügel Birs-Nimrod aufgefunden wurden, war ein terrassirter Palastbau.

Ein anderer Trümmerhügel, gegenwärtig el Kasr genannt, wird als die Stelle bezeichnet, wo die Hängenden Gärten gestanden haben sollen. Dieser Bau maß 400 Fuß im Geviert und bestand aus vielen 20—22 Fuß dicken parallelen Backsteinmauern, welche mit Steinbalken überlegt und zu Terrassen von verschiedenen Höhen aufgeführt waren. Das Ganze wurde durch aufgeworfenes Erdreich und Baumpflanzungen zu einem Gebirgsgarten eingerichtet, erlitt aber durch die üppige Vegetation baldige Zerstörung.

Die Kunst des Wölbens scheint nicht bekannt gewesen zu sein, wenn auch bogenförmige Thore in mehrern Reliefdarstellungen vorkommen. Wahrscheinlich ist, daß die Säle mit Gebälken aus Palmenstämmen bedeckt und die Decken etwas überhöht waren, sobaß das Licht von oben einfallen konnte.

Wir haben hiermit die ganze Construction der babylonischen Bauwerke geschildert: die größtentheils aus ungebrannten Ziegeln bestehenden Mauern, die ungeheuern Massen von Ausfüllungen im Verein mit leichten Gebälken geben hinreichenden Aufschluß, warum sich von der riesenhaften gegen 12 deutsche Meilen im Umfange messenden palastreichen Stadt mit Ausnahme einiger Steinbildnereien nur Schutt und Trümmer erhalten haben.

Die außerordentliche Höhe der Gebäude (die Paläste stiegen zu 3—600 Fuß an) wird von mehrern Gelehrten dahin erklärt, daß die Könige, Hohenpriester und Großen des Landes ihre Wohnungen aus dem einzigen Grunde so hoch als möglich anlegten, um dem in diesen Niederungen äußerst lästigen Qualm und der Insektenplage zu entgehen.

Es ist jedoch nicht die Architektur, sondern die Bildnerei, welche der assyrischen Kunst ihre Bedeutung verleiht. Die meisten der in neuester Zeit ausgegrabenen Sculpturen entstammen den Ueberresten der Stadt Ninive, deren Gebäude in der beschriebenen Weise construirt sind. Hier entdeckte man viele mit fortlaufenden Reliefs ausgestattete Säle. Die reihenweise übereinander hinziehenden Sculpturen stellen die Thaten oder vielmehr die Lebensgeschichten der verschiedenen Könige dar und beurkunden einen sehr ausgebildeten Sinn für historische Auffassung. Statuen und überhaupt runde Bildwerke finden sich im Verhältniß zu der ungeheuern Menge von Reliefplatten äußerst wenige, obwol gerade die erstern in den Schriften des Alterthums, namentlich im Buche Daniel, wiederholt genannt werden. Die statuarischen Gebilde zeigen völlig monumentale Haltung und bestehen größtentheils aus symbolischen Thiergestalten, welche mit Menschenhäuptern, Flügeln und hohen Federmützen versehen, die Stelle der ägyptischen Sphingen vertreten. In den Reliefarbeiten spricht sich eine viel freiere Anschauung und besonders ein regeres Lebensgefühl aus, als in den ägyptischen; die Bewegungen der Figuren sind naturgemäß, die Muskeln derb, aber richtig ausgeprägt und die Gesichter scharf markirt. Größere Compositionen zeigen jedesmal den Vorgang in klarer, allgemein verständlicher Weise, die Hauptfiguren sind nicht allein durch Größe, sondern mehr noch durch Stellung ausgezeichnet, Nebenpersonen und Beiwerk mit künstlerischem Geschick untergeordnet. Das Material, aus welchem diese Sculpturen gemeißelt sind, ist gewöhnlich feiner Sandstein; Terracotten werden ebenfalls getroffen, auch hat man in den Trümmern von Babylon Alabasterplatten gefunden. Dagegen scheint von jenen Standbildern, deren Kern aus Holz (nach Daniel, 65, auch aus Thon) bestand und welche mit geschlagenem Metall überkleidet waren, keine Spur auf uns gekommen zu sein.

Die Ausführung der Reliefs ist die sorgfältigste, welche gedacht werden kann, Kleiderstoffe, Fransen, Federmützen, Sandalen u. dgl. sind sogar bei kolossalen Gebilden mit miniaturartiger Accuratesse gemeißelt und geschliffen; doch tritt das Relief nur sehr schwach aus dem Grunde hervor und beträgt häufig nicht mehr als etwa einen halben Zoll, was größern Darstellungen ein befremdliches Ansehen verleiht.

Schließlich haben wir noch der in den Bildhauerwerken häufig angebrachten Ornamente zu gedenken, welche um so bedeutsamer erscheinen, als den Architekturen jede Decoration und überhaupt alle feinere Gliederung fehlt. In den Reliefs dagegen kommen zierliche Bändergeflechte, Blumen- und Pflanzenornamente vor, namentlich ist es die Palmette, welche in ihrer Durchbildung an griechische Behandlung erinnert. Es ist bereits aufmerksam gemacht worden, daß die Decorationen der vorhistorischen Zeit größtentheils geometrischer Art sind und Pflanzenformen erst in verhältnißmäßig später Zeit zur Verwendung gelangen: eine Thatsache, welche auch durch die indische und ägyptische Kunstentwickelung bestätigt wird.

In Anbetracht dieser Vorkommnisse erscheint die Vermuthung gerechtfertigt, daß man bei Aufführung der babylonischen Bauten an alten Traditionen festgehalten habe, während die Sculptur durch äußere Einwirkungen einer höhern Ausbildung zugeführt wurde.

Die Malerei nimmt dieselbe Stellung ein wie in Aegypten und Indien, geht von Colorirung der Bildwerke aus und begnügt sich späterhin mit farbiger Ausfüllung der vorgezogenen Contouren. Eine Bereicherung ist insofern bemerkbar, als die Farben oft mit einem sehr dauerhaften Firnis angemacht sind. Künstliche mit Figuren durchzogene Gewebe, geschnittene Steine, Goldschläger= arbeiten und glasirte farbige Terracotten waren Erzeugnisse, durch welche sich die Babylonier von je auszeichneten, auch schei= nen Schmelzwerke und Glas schon in sehr früher Zeit bekannt gewesen zu sein.

Medo = Persien.

In den weiten Ländereien, die sich zwischen dem Tigris, Indus, dem Kaspischen Meere und Persischen Busen ausbreiten, wohnten seit uralter Zeit Völker indogermanischen Stammes, welche miteinander verwandt waren, deren Sprache, das soge= nannte Zend, als die eigentliche Ursprache des ganzen Stammes angesehen wird. Zu diesen Völkern gehörten die Meder, Perser, Baktrier, Sogdianer und noch einige kleinere Nationen: den nordwestlichen Winkel der Ländergruppe bewohnten die Meder, den Norden und Osten die Baktrier und Sogdianer, die Perser aber hatten den langgezogenen Gürtel inne, welcher östlich von Assyrien am Erythräischen Meere hinzieht und heute den Namen Farsistan führt. Schon in der Urzeit kamen die medo=persischen und assyrischen Völker vielfach in Berührung, und es waren die Perser längere Zeit dem babylonischen Reiche unterworfen, bis sie sich im Verein mit den Medern freimachten, dann aber unter medische Oberhoheit kamen. Mit dieser Erhebung der Medo= Perser, welche im siebenten Jahrhundert vor Christus stattfand, beginnt ihre eigentliche Geschichte; damals wurde durch Dejoces die medische Hauptstadt Ekbatana erbaut und das assyrische Susa

VI. Die Kunstthätigkeit der alten Culturvölker.   181

erneuert. Kyaxares, ein Enkel des Dejoces, verband sich mit
Nebukadnezar, um Ninive zu zerstören und das assyrische Reich
zu vernichten. Unter Astyages, dem Sohn und Nachfolger des
Kyaxares, empörten sich die Perser und gewannen nicht allein
die Obermacht über die Meder, sondern gründeten unter Cyrus
und seinem Sohne Kambyses ein Weltreich, welches das mittlere
Asien nebst einem Theile von Indien, ganz Aegypten, Palästina
und Kleinasien umfaßte und sich über den Hellespont bis herein
nach Thrazien ausbreitete.

Die Perserkönige erbauten sich, abweichend von dem Ge=
brauche der übrigen orientalischen Herrscher, schloßartige, nicht
mit Städten und Tempelanlagen verbundene Residenzen, als
deren älteste der wahrscheinlich von den Achämeniden herrührende
Palast Pasargada genannt wird. Von diesem Prachtbau haben
sich nur wenige zerstreute Reste erhalten, welche annähernd grie=
chisches Gepräge zeigen. Darius Hystaspis und Xerxes verlegten
ihren Sitz nach Persepolis in der Thalebene von Merdascht.
Diese ganze Gegend auf viele Meilen in der Runde ist mit
Trümmern bedeckt, welche den verschiedensten Perioden entstam=
men; hoch überragt jedoch wird die Landschaft von den Tschihil=
Minar oder Vierzig Säulen, wie die Ruinen von Persepolis
gegenwärtig genannt werden.

So groß immer die Zerstörungen waren, welche seit Alexan=
der's des Großen Zeit den königlichen Palast Persepolis betroffen
haben, sind dessen Ueberbleibsel doch die besterhaltenen, ja einzigen
Werke, nach denen die persische Kunst beurtheilt werden kann.

Der Palast erhebt sich auf einer natürlichen, durch eine
Berglehne gebildeten Plattform, zu welcher eine ungeheuere Dop=
peltreppe hinanführt. Ist diese 150 Stufen hohe Treppe erstie=
gen, steht man vor einem Porticus von 49 Fuß Höhe, aus
welchem Riesenthiere als Portalwächter hervortreten. Diese
Thiergestalten, wahrscheinlich idealisirte Stiere, stehen auf beson=
dern Postamenten, sind gegen 20 Fuß lang, ebenso hoch und
wiederholen sich in ähnlicher Weise an einem zweiten Porticus,
von wo aus eine fernere Prachttreppe auf den obersten Theil
der Plattform führt. Die Wände dieser Treppen sind mit Sculp=
turen in erhabener Arbeit bedeckt, welche gleich den assyrischen
Bildwerken geschichtliche Ereignisse und Scenen aus dem Leben

darstellen: man sieht einen Festzug wie zur Huldigung über die Treppe hinanschreiten, daneben werden Thierkämpfe und Spiele sichtbar, während im Mittelfelde bewaffnete Krieger die Wache halten.

Auf der obersten Terrasse lagen die Prachtgemächer des Königs: dem Eingange zunächst lassen sich die Reste einer großen Halle von 80 Fuß Länge erkennen, deren Decke von sechs Säulenreihen getragen wurde. Hinter diesem Saale lag ein zweiter von ähnlicher Anordnung, daneben zur Rechten und Linken viele Gemächer. Weiter rückwärts gegen die Berglehne hin gelangt man in den Hauptsaal von 210 Fuß Länge, dessen Wände mit Bildhauereien reich verziert waren. Hier und in den angrenzenden Partien des weitläufigen in den riesenhaftesten Dimensionen angelegten Residenzgebäudes lassen sich deutliche Spuren eines großen Brandes erkennen.

Da alle Decken und wahrscheinlich auch viele Zwischenwände aus Holz bestanden, starren die zahlreichen erhaltenen Säulen, Pfeiler und Portiken seltsam in die Luft, und es ist mitunter unmöglich, den ehemaligen Zusammenhang zu ergründen. Die hier entwickelte Architektur trägt bei aller Kolossalität ein lebendig heiteres Gepräge und bildet sowol hierdurch wie durch ihre reiche Gliederung den vollendetsten Gegensatz zu der assyrischen. Die Anlagen von Persepolis zeigen eine in allen Theilen übereinstimmende Säulenarchitektur, welche jedenfalls dem griechisch-ionischen Stile nahe steht, wenn auch ein unmittelbarer Zusammenhang schwerlich bestanden hat. Die sehr schlanken Säulen erheben sich bei 4 Fuß unterm Durchmesser zu einer Höhe von 55 Fuß, sie ruhen auf zierlichen, mit Laubwerk geschmückten Basen, sind schwach verjüngt, cannelirt und bekrönt mit glockenförmigen Doppelcapitälen, denen häufig noch ein mit Voluten ausgestatteter Aufsatz beigefügt ist. Eine andere Capitälbildung ist die, daß zwei zusammengewachsene Einhörnergestalten aus dem Säulenschafte vortreten und auf ihrem gemeinschaftlichen Rücken eine Console tragen.

Nahe bei Persepolis liegen die Grabmonumente der persischen Könige; diese sind nach Art der ägyptischen Hypogeen in den Felsen eingehauene Kammern, für deren Façaden der Fels abgearbeitet werden mußte. Die Architektur dieser Felsengräber zeigt dieselben Formen wie am Palaste zu Persepolis, auch hat sich hier eine vollständige Gesimsordnung erhalten. Auf schlanken Halbsäulen ruhen Einhorncapitäle, welche den mit Streifen gegliederten Architravbalken tragen; darüber zieht sich ein mit Zahnschnitten verzierter Fries hin, und dieser wird durch eine Deckleiste bekrönt.

Die medo-persische Bildnerei steht auf gleicher Höhe und im richtigen Einklange mit der Baukunst; jene Widersprüche zwischen den beiden Fächern, welche in Babylon und Ninive so grell hervortreten, sind in Persepolis nicht vorhanden. Ein wesentlicher Unterschied zwischen der assyrischen und persischen Sculptur findet jedoch nicht statt: wir sehen hier wie dort die gleiche stilistische Formengebung und die gleiche Auffassungsweise bei historischen Darstellungen. Auch die symbolischen Thiergestalten, nämlich geflügelte mit Menschenhäuptern versehene Stiere, phantastisch gebildete Löwen und Rosse spielen in der persischen Kunst eine Hauptrolle, nur treten hier die Einhörner als nationale Eigenthümlichkeit hinzu. Bemerkenswerth ist ferner in den persischen Gebilden die genaue Angabe der Trachten: Meder, Perser, Scythen und andere Völkerschaften sind jedesmal mit minutiösester Treue in Bekleidung, Haarputz, Schmucksachen und Waffen dargestellt, man unterscheidet die Hirten, Krieger und Hofleute nicht allein an den Ausstattungen, sondern auch in ihren Stellungen und Geberden.

Die orientalische Scheu, weibliche Gestalten der allgemeinen Betrachtung preiszugeben, tritt in den assyrisch-persischen Bildwerken zum erstenmal mit Entschiedenheit hervor und erscheint um so bemerkenswerther, als die indischen Künstler mit Vorliebe Frauenbilder ausführten und auch in den streng gemessenen ägyptischen Darstellungen eine solche Zurückhaltung nicht getroffen wird. Steinschneide- und Gravirkunst wurden in Medo-Persien und Babylonien in gleicher Weise geübt und sind die beiderseitigen Arbeiten, Petschafte und Cylinder, nicht zu unterscheiden. Persische Malereien werden zwar von Schriftstellern angeführt, doch scheinen sich charakteristische Ueberreste nicht erhalten zu haben.

Das Material, aus welchem Persepolis und die vielen im Thale des Araxesflusses zerstreuten Denkmale bestehen, ist harter Marmor von grauer oder weißer Farbe, der entlang des Flusses gebrochen wird. Persepolis selbst liegt auf einer solchen Marmoranhöhe, die für den Bau nothwendigen ungeheuern Werkstücke wurden an Ort und Stelle gebrochen, behauen und mit eisernen Klammern verbunden. Eiserne mit Blei eingegossene Bolzen und Klammern werden auch in den ältesten Monumenten von Babylon getroffen, namentlich in den Ruinen von el Kasr.

In ihrer Gesammtheit steht die persische Kunst der griechischen ungleich näher als die assyrische, hauptsächlich aus dem Grunde, weil die Architektur in Persien einer höhern mit der Bildnerei übereinstimmenden Stufe zugeführt wurde. Daß gegenseitige Einwirkungen stattgefunden und griechische wie ägyptische Künstler für die persischen Könige gearbeitet haben, ist unzweifelhaft und wird nicht allein durch den Charakter mehrerer Denkmale, sondern durch Angaben von Diodor und Plinius bestätigt. Auf der andern Seite aber sind ebenso gewiß mittelasiatische Elemente nach Griechenland übertragen worden, zunächst durch die ionischen Colonien, welche sich schon unmittelbar nach dem trojanischen Kriege an den westlichen Küsten Kleinasiens ausgebreitet hatten. So vielseitig jedoch die Berührungspunkte zwischen der östlichen und westlichen Kunstübung sein mochten, bleibt doch gewiß, daß die obwaltenden Wechselwirkungen sich zunächst auf Aeußerlichkeiten und technische Vortheile beschränkten, ohne daß hier oder dort das Wesen und nationale Gepräge eine Veränderung erlitten hätte.

Beanspruchen auch die noch bestehenden Denkmale Mediens und Persiens kein sehr hohes Alter, darf eine autochthone Kunstentwickelung um so mehr vorausgesetzt werden, als die Originalität der Bauwerke und die stilmäßige Einheitlichkeit aller Fächer nur die Ergebnisse einer langen Vorübung sein können.

VI. Die Kunstthätigkeit der alten Culturvölker.

Kleinasien, Phönizien und Palästina.

Diese Ländergruppe war seit ältester Zeit zum größern Theile von Völkern semitischen Stammes bewohnt und Schauplatz der großartigsten Völkerbewegungen.

Kleinasien bestand ursprünglich aus vielen kleinen Staaten, welche erst von eigenen Königen regiert wurden, dann aber in fortwährendem Wechsel unter assyrische, ägyptische, persische, griechische oder römische Oberherrschaft gelangten. Zwischen dieses Staatenconglomerat hatten sich schon im elften Jahrhundert vor Christus griechische Colonien eingeschoben, gegründet von jenen Joniern, welche durch die dorische Wanderung aus Achaja vertrieben worden waren.

Aus allen diesen Perioden hat das Land merkwürdige Zeugnisse aufzuweisen, welche mehr Uebertragungen künstlerischer Typen als einheimische Kunstwerke genannt zu werden verdienen. Zuerst ist eine große Anzahl von Tumulen, Felsengräbern und monolithen Denkmalen in Betracht zu ziehen, von denen einige entschieden ägyptischen Stil beurkunden und theils von Ramses II., theils von Psammetich herrühren sollen. Von Denkmalen dieser Art berichtet schon Herodot. Diesen zur Seite stehen Werke, welche an die assyrische und die spätere persische Herrschaft erinnern, ebenfalls Gräber und Felsenreliefs, zwar von roher Arbeit, aber ausgesprochener Formgebung. Nun folgt eine große Reihe von eigenthümlichen, dem Holzbau nachgebildeten Grabfaçaden, welche aus den Felsen herausgeschält worden sind. Diese Denkmale sollen den einheimischen Königen gesetzt worden sein und werden in allen Theilen des Landes getroffen. Eins der bedeutendsten Werke dieser Art ist das sogenannte Denkmal des Midas in Phrygien, ein giebelförmig überspanntes Felsrelief, mit mäanderartigen Dessins ausgefüllt. Reicher, aber auch viel derber sind die lycischen Felsgräber behandelt; sie gleichen mitunter hölzernen Blockhäusern, sind oft mit bogenförmigen Giebeln bekrönt, mit mehrern Eingängen oder Fenstern versehen und scheinen Ausartungen persischer Kunst zu sein. Cyklopisches Mauerwerk findet man an verschiedenen Punkten des Landes, ferner kolossale auf Felsblöcke gestellte Sarkophage und schließlich sogar einige von den Persern errichtete thurmartige Feueraltäre.

Da wir die griechischen und römischen in Kleinasien befindlichen Monumente späterhin zu besprechen haben, bleibt nur beizufügen, daß auch die hier vorkommenden Sculpturen sich als abgeblaßte Copien assyrischer oder ägyptischer Originale darstellen. Das von vielen Reisenden beschriebene, auf dem Berge Sipylos in Lydien befindliche Standbild der trauernden Niobe soll nach neuerlichen Untersuchungen kein Bildhauerwerk, sondern ein Naturspiel sein, ähnlich den abersbacher Felsen, von denen mehrere figürlichen Darstellungen gleichen.

Einheimische alte Tempelanlagen werden nicht getroffen.

Phönizien oder Kanaan (Chnaa) ist ein schmaler Küstenstrich, welcher sich an der Ostseite des Mittelländischen Meeres vom Libanon bis zu den Mündungen des Orontes ausbreitet und in geographischer Beziehung zu Palästina gehört. In diesem kleinen, während der Blütezeit vielleicht 150 Quadratmeilen umfassenden Lande entwickelte sich der erste Handelsstaat der Alten Welt: es erstanden im sechzehnten oder achtzehnten Jahrhundert vor Christus entlang des Ufers die mächtigen Städte Sidon, Tyrus, Byblus, Beritus, Aradus und andere, welche wieder Colonien in allen damals bekannten Ländern gründeten und ihre Schiffahrt nicht allein über das Mittelländische und Schwarze Meer, sondern auch über einen Theil des Atlantischen Oceans ausgedehnt haben. Wenn auch mehr handeltreibend, als selbst producirend, haben die Phönizier doch viele Gewerbe und Kunstfächer werkthätig gefördert, und es sind namentlich Farbenbereitung und Färberei, Glasfabrikation, Metallguß, Erzarbeit und Kunstweberei hier einer hohen Vollkommenheit zugeführt worden. Zwischen Aegypten und Assyrien eingeklemmt und mit beiden Staaten im regen Handelsverkehr stehend, haben die Phönizier bei Mangel eigenen Kunstsinnes ihren künstlerischen Bedarf da und dort entlehnt und eine Architektonik geschaffen, welche den beiden Nachbarländern zu gleichen Theilen angehört. Wenn sich auch nur unbedeutende Reste phönizischer Kunstwerke erhalten haben, besitzen wir doch in der Beschreibung des Salomonischen Tempels, welche das Alte Testament mittheilt, eine so vollständige Urkunde über das Wesen der phönizischen Kunst, daß eine

VI. Die Kunstthätigkeit der alten Culturvölker.

Reihe von Denkmalen uns nicht bündigere Aufschlüsse gewähren könnte.

Indem der König von Tyrus dem von Salomo gestellten Ansuchen, einen tüchtigen Werkmeister für den beabsichtigten Tempelbau nach Jerusalem zu senden, mit sichtbarem Vergnügen nachkommt, schildert er den empfohlenen Künstler mit folgenden Worten: „So sende ich nun einen weisen Mann, der versteht zu arbeiten in Gold, Silber, Erz und Gestein, Holz, Scharlach, gelber Seide, Leinwand und Rubinroth und weiß zu graben allerlei und allerlei künstlich zu machen, was man ihm angibt."

Dieser Meister, Hiram Abif aus Tyrus, brachte das Werk zwischen 1015 und 975 glücklich zu Stande, er ebnete den Berg Moriah durch große Substructionen ab und führte auf der vorgerichteten Terrasse den 60 Ellen langen, 20 Ellen breiten und 30 Ellen hohen Tempel in solcher Weise aus, daß die Umfassungswände aus Stein, die innere Ausstattung aber aus Cedernholz bestanden. Der Tempelraum wurde durch eine hölzerne Scheidewand in zwei Theile abgesondert, von denen der dem Eingang nächste 40 Ellen lang war und „Haus" genannt wurde, der innere 20 Ellen lange und ebenso breite Raum wurde für die Aufstellung der Bundeslade bestimmt und hieß das Chor oder Allerheiligste. Vor dem Hause wurde eine Vorhalle angelegt, ebenfalls 20 Ellen breit und 10 Ellen tief, also in der Längenrichtung des Gebäudes liegend. (Diese Maßangaben beziehen sich auf die lichten Ausdehnungen der Räume, für das Aeußere würden sie nicht übereinstimmen.) Ueber der Vorhalle erhoben sich zwei Pylonen, deren Höhe 120 Ellen betragen haben soll. Diese Höhe scheint übertrieben, und es dürften hier die Maße der beiden Pylonen zusammengezählt worden sein, ein Verfahren, welches bei Beschreibung der zwei Säulen Jachim und Boas, II, 3, wiederkehrt.

Die Mauern waren an den Außenseiten stark gebösht, und es betrug, wie aus der Beschreibung der den Tempel umziehenden hölzernen Galerien hervorgeht, das Zurücktreten der Mauerflucht 2 Fuß, ein Verhältniß, welches an den ältern ägyptischen Tempeln öfters getroffen wird. Die sorgfältige Ausführung der Quadern wird in der Bibel besonders hervorgehoben; man hörte während der Aufstellung des Mauerwerks weder Hammer noch Beil oder Eisenzeug.

Die Innenseiten des ganzen Tempels waren mit Cedernholz ausgetäfelt und reich vergoldet. Aus den Wänden traten Palmbäume (Halbsäulen mit palmartigen Capitälen) vor. Die Thüren waren mit Erz beschlagen und die Deckenbalken mit goldenen Nägeln verziert.

Hinter dem Altar standen zwei Cherubime als Wächter, geflügelte Thiere, von denen jedes mit ausgebreiteten Flügeln 10 Ellen maß, die also zusammen von einer Wand bis zur entgegengesetzten reichten. Die Cherubime hatten Menschenhäupter, waren aus Holz geschnitzt und mit Goldblech überzogen. Vor dem Eingang waren die symbolischen Säulen Jachim und Boas aufgestellt, jede 18 Ellen hoch und aus Erz gegossen; ferner standen im Vorhofe ein großes von zwölf Rindern getragenes Wasserbecken, und diesem gegenüber der Opferaltar. An beiden Seiten des durch den Vorhof führenden Weges befanden sich je fünf auf Wagen ruhende Kessel, gleich dem Becken und Altar aus Erz bestehend; der Vorhof endlich wurde mit einer Mauer umgeben.

Die Verschmelzung ägyptischer und mittelasiatischer Formen spricht sich hier in jedem Worte aus: die architektonische Anlage, Dreitheilung des Tempels in Vorhalle, Haus und Heiligthum, die Pylonen und geböschten Mauern gehören der ägyptischen Bauweise an und haben nur durch die hölzernen Einschaltungen unbedeutende Modificationen erlitten. Die innere Ausstattung aber, die Cherubime und die mit Goldblechen überkleideten Decorationen, die hölzernen Terrassengänge und an den Außenseiten angebrachten Treppen wie die Granatäpfel und Kettenwerke sind assyrischen Ursprunges und nur nach den Vorschriften des Judaismus etwas umgebildet worden.

Einen fernern Beleg für das Vorherrschen ägyptischer Baukunst in Phönizien bietet der von demselben Hiram Abif für den König Salomo ausgeführte Palast. Hier waren die Wohngelasse um mehrere Säulenhöfe herumgelagert, der König selbst wohnte im Hinterhofe, wo auch ein besonderes Haus für seine Gemahlin, eine Tochter Pharao's von Aegypten, eingerichtet wurde.

VI. Die Kunstthätigkeit der alten Culturvölker.

Von einem dem besprochenen Tempel ähnlichen, durch die Phönizier erbauten Denkmal, dem Tempel der Aphrodite zu Paphos, sind einige Reste auf uns gekommen. Das Tempelhaus war höchst einfach und ungegliedert, zwei hohe Pylonen erhoben sich neben dem Eingange und vor demselben stand auf jeder Seite eine freie Säule. Der sogenannte Apollotempel in Karthago war den Beschreibungen zufolge im Innern reich vergoldet oder mit getriebenen Decorationen von Goldblechen ausgestattet. Diese Nachrichten lassen in ihrem Zusammenhalte keinen hohen Stand der phönizischen Architektur erkennen, auch waren die eingehaltenen Dimensionen sehr bescheiden. Nehmen wir die hebräische Elle rund mit 0,553 Meter oder 1⅚ rheinischen Fuß an, ergeben sich für den Salomonischen Tempel Maße, welche heute von vielen Dorfkirchen übertroffen werden.

Unendlich tiefer stehen die wenigen Sculpturwerke, welche mit Sicherheit als phönizische oder karthagische Arbeiten bezeichnet werden können; die verschiedenen Bilder der Astarte, des Esmun und die sonstigen nicht zu deutenden Idole gehören zu den primitivsten Erzeugnissen, welche die Bildhauerei je hervorgebracht hat.

VII.

Die Kunst des classischen Alterthums.

Griechenland und seine Colonien.

Es liegt nicht in unserer Absicht, an dieser Stelle eine ausführliche Schilderung der hellenischen Cultur und Kunstentwickelung zu geben oder eine Würdigung und tabellarische Uebersicht der Monumente aufzustellen. In diesen Richtungen ist seit Winckelmann von deutschen, französischen und englischen Forschern so außerordentlich vieles geleistet worden, daß die vorhandenen kunstgeschichtlichen Werke, von denen nur Kugler's treffliches Handbuch genannt sein soll, nahezu als erschöpfend angesehen werden dürfen. Minder umfassend wurde bisher der synchronistische Theil der Kunstgeschichte und das Ineinandergreifen der Völkerthätigkeiten behandelt, zunächst aus dem Grunde, weil unsere Historiker allzu sehr an einer von Ostasien ausgehenden mit Consequenz nach Westen sich bewegenden Culturströmung festhielten.

Daß der kunstgeschichtliche Verlauf, soweit derselbe nachgewiesen werden kann, mit einer solchen Annahme thatsächlich nicht übereinstimmt, ergibt sich bei Untersuchung der assyrisch-persischen und mehr noch der kleinasiatischen Denkmale aufs deutlichste. In Kleinasien finden sich ungleich ältere Monumente als in Persien und vielleicht als in Babylonien, während die verhältnißmäßig junge medo-persische Kunst eine ursprünglichere und einheitlichere Entwickelung zeigt, als sie den sämmtlichen mittel- und westasiatischen Ländern eigen ist. Auffallender noch werden die Verwickelungen, sobald wir den Boden Europas betreten, um uns den großen Culturvölkern: den Hellenen und Italern, zuzuwenden.

Ueber die Abstammung der Griechen oder wie sie sich nannten „Hellenen", sind die verschiedensten Ansichten verbreitet, welche sich im allgemeinen dahin einigen, daß Griechenland etwa 2000 Jahre vor unserer Zeitrechnung von mehrern stammverwandten Völkerschaften bewohnt war. Zwischen diesen hatten sich die Pelasger niedergelassen, ein räthselhaftes Volk, welches ringsum an den Küsten des Mittelmeeres Colonien gegründet und kolossale, aber rohe Bauwerke ausgeführt hat, ohne in irgendeinem Lande politische Bedeutung zu erlangen. Einen gemeinsamen Namen führten diese theils nomabisirenden, theils ackerbauenden Stämme nicht, sie hießen Lapithen, Perrhäber, Minyer, Leleger u. s. w. Zu diesen gesellten sich noch fremde Scharen, Kureten, Telchinen, Korybanten und Cyklopen genannt, welche allerlei Kunstfertigkeiten innehatten und mit Bearbeitung der Metalle vertraut waren. Schon in der Urzeit wurden die Pelasger von den hellenischen Stämmen mehr und mehr gegen Westen gedrängt und scheinen bereits um den Beginn des heroischen Zeitalters aus dem Peloponnes verschwunden zu sein. Obwol sich die Griechen in Besitz der pelasgischen Städte und Burgen setzten, kam ihnen doch das ganze Pelasgerthum so fremdartig vor, daß sich ihre eigenen Geschichtsforscher darüber keine Auskunft zu geben vermochten.

Das heroische Zeitalter beginnt mit verschiedenen Sagen von hochbegabten Männern, welche um die Mitte des zweiten Jahrtausends vor Christus aus Aegypten, Phönizien und Kleinasien nach Griechenland eingewandert sein und auf die Culturentwickelung mächtig eingewirkt haben sollen. Der erste dieser ausländischen Civilisatoren soll der Aegypter Cecrops gewesen sein, der um 1580 aus Saïs nach Attika kam, sich hier mit einer Fürstentochter vermählte und die Burg Cecropia, die spätere Akropolis von Athen, anlegte. Um diese Zeit hatten sich die Griechen nach ihren Wohnsitzen und Sprachweisen in verschiedene Gruppen gesondert, unter denen anfänglich die Achaier durch Länderbesitz hervorragten; neben diesen besaßen die Dorer, Aeoler und Jonier je ihre schriftmäßigen Dialekte und unabhängigen Gebiete.

Cecrops machte die damals rohen Bewohner Attikas mit Ackerbau, Handel und Schiffahrt bekannt und soll auch die Schreibkunst (wahrscheinlich Hieroglyphenschrift) eingeführt haben. Bald nachher gelangte Kadmus, der Phönizier, nach Böotien und erbaute hier die Burg Kadmea. Er brachte ein aus 16 Buchstaben bestehendes Alphabet mit, lehrte das damit verbundene Zahlensystem und wurde Herrscher des Landes Böotien, wie Cecrops erster König in Attika geworden war. Dem Kadmus folgte nach einigen Jahren Danaus, ein ägyptischer Königssohn, welcher sich des Landes Argolis bemächtigte und hier Cultur verbreitete. In geraumer Zeit später landete Pelops aus Phrygien im südlichen Griechenland; er gewann die Königstochter Hippodamia zur Gattin, aus welcher Ehe Atreus, der berühmte Herrscher und Held, entstammte. Pelops bebaute das Land, führte die Olympischen Spiele ein und verlieh der Halbinsel den Namen Peloponnesos.

Dem Erechtheus, einem gleichfalls hochgefeierten Heroen, wird ägyptische Abkunft zugeschrieben; er soll ein Zögling der Minerva gewesen sein, zur Zeit großer Hungersnoth Getreide nach Attika gebracht haben und dort zum König erwählt worden sein. Theseus endlich, neben Hercules der berühmteste Held Griechenlands, war zwar ein Sohn des attischen Königs Aegeus, wurde aber in fremden Landen erzogen und brachte bei seiner Rückkehr nach Athen fremde Bildung mit sich. Nachdem er viele Heldenthaten verrichtet, erwarb er sich um sein Vaterland das Verdienst, die zerstückelten attischen Gemeinden zu einem geregelten Staatskörper zu verbinden. Um diesen Bund zu befestigen, stiftete er der Schutzgöttin Athene zu Ehren das Fest der Panathenäen. Zur Regierung gelangt, entsagte Theseus aus eigenem Antriebe der unbeschränkten Macht und räumte den Bürgern einen Theil an der Landesverwaltung ein.

So unbestimmt diese Sagen lauten und so nebelhaft die geschichtliche Grundlage erscheint, läßt sich doch daraus entnehmen, daß asiatische, ägyptische und phönizische Culturelemente zusammengewirkt haben, um die geistigen Kräfte des hellenischen Volkes anzuregen; daß es erleuchtete, in fremden Ländern gebildete Männer waren, welche Handel und Industrie, Wissenschaften und Künste in Flor brachten.

VII. Die Kunst des classischen Alterthums.

Hochinteressant ist, wie neben diesen Heroensagen schon in sehr früher Zeit Künstlersagen hergehen und gleich jenen mit der Göttergeschichte verwachsen sind. Der Titane Prometheus, welcher an Weisheit und Kunst mit dem Zeus selbst rivalisirt, tritt als der erste Bildner auf: Deukalion, ein Sohn des Prometheus, der Noah Griechenlands, wird als Städtegründer und Tempelbaumeister genannt. Bedeutsamer noch erscheint die Mythe des Hephästos, welche mit der Telchinensage und der Metallkenntniß in enger Beziehung steht und wahrscheinlich einen geschichtlichen Hintergrund hat.

Hephästos ist göttlicher Abkunft, ein Sohn Jupiter's und der Juno; er wird als Bildner in Erz und Thon geschildert, welcher unter anderm den kunstreichen von Homer beschriebenen Schild des Achilles fertigte. Dädalos, der Athener, ein Zeitgenosse des Theseus und Abkömmling von Erechtheus, tritt als der erste ausübende Künstler in seiner Vaterstadt auf. Nachdem er sich große Verdienste erworben und viele nützliche Erfindungen gemacht hatte, begab er sich wegen unablässiger Verfolgungen erst zum Könige Minos nach Kreta, wo er das Labyrinth erbaute, dann aber nach Sicilien, um dort für den König Kokalos die Burg Akragas und verschiedene Kunstwerke auszuführen.

Die liebenswürdigste aller Künstlersagen darf nicht unerwähnt bleiben. Pygmalion, König von Cypern, formte eine schöne Frauengestalt und entbrannte gegen dieselbe in so heißer Liebe, daß er das Bild fortwährend an seine Brust drückte und küßte. Von Mitleid ergriffen, hauchte Venus der Gestalt Leben ein und hieß sie Pygmalion's Liebe erwidern.

Diese verschiedenen Sagen hatten sich bereits ausgebildet, als die beiden größten Ereignisse der Heroenzeit, der Argonautenzug und der trojanische Krieg, stattfanden. Der letztere Krieg, welcher mit Zerstörung der Stadt Troja um 1180 endete, ist eine nicht zu bezweifelnde Thatsache, welche für uns um so wichtiger erscheint, als hierdurch die sichere Geschichte der Griechen eingeleitet wird.

Die Erzählungen der vor Troja verübten Heldenthaten pflanzten sich von Mund zu Mund fort und wurden in dichterische

Form eingekleidet, bis Homer, der größte griechische Dichter zwischen 1000 und 900 vor Christus, die verschiedenen umlaufenden Gesänge zu einem einheitlichen Epos verwebte. Trotz der sagenhaften Einkleidung bieten doch die Homerischen Epen ein treues Bild der Sitten, der kriegerischen und häuslichen Einrichtungen jener Zeit und gehören mit der Bibel zu den ältesten Urkunden des Menschengeschlechtes.

Beinahe unmittelbar nach dem trojanischen Kriege begann in Griechenland eine Umwälzung, welche gewöhnlich die dorische Wanderung oder die Rückkehr der Herakliden genannt wird. Die Dorer, in den nördlichen Gebieten wohnend, setzten sich in Bewegung, durchzogen erobernd Griechenland, vertrieben die in Achaja wohnenden Jonier und setzten sich im Peloponnes fest, während die Achajer theils nach Attika, theils nach den asiatischen Inseln und Gestaden übersiedelten und dort Colonien anlegten. Chios und Samos, dann Ephesus, Phokäa, Teos, Milet und Delos waren die wichtigsten der ionischen Colonien. Auch die Dorer begannen bald nachher Colonien auszusenden, sowol ost= wie westwärts; neben Rhodus und Kreta in Osten blühten zahlreiche dorische Colonien in Unteritalien und Sicilien. Sehr bedeutend waren auch die von den Aeolern gegründeten Colonien auf Lesbos und der mysischen Küste Kleinasiens, wiewol die äolischen Völker und die mit ihnen verwandten Böotier keinen so überwiegenden Einfluß auf das gesammte Culturleben übten als die Dorer und Joner, von denen alle geistigen Anregungen ausgingen.

Jeder von diesen beiden Stämmen hatte seine eigenen Anschauungen gemäß für sich eine besondere künstlerische Ausdrucksweise geschaffen, welche als dorischer und ionischer Stil bis tief herein in die historische Zeit nicht verwechselt oder beliebig vermischt wurden. Im kleinasiatischen Jonien wurde ursprünglich nur der ionische Stil geübt, im Peloponnes der dorische. Erst als infolge der Perserkriege viele Jonier nach dem diesseitigen Griechenland zurückübersiedelten, begann man in Athen beide Bauweisen nebeneinander, aber nicht durcheinander zu gebrauchen.

Die ältesten der erhaltenen griechischen Bauwerke sind ionischer Art und liegen an der kleinasiatischen Seite; darunter die

VII. Die Kunst des classischen Alterthums.

Reste des Heraion zu Samos, des Tempels in Sardis und, wenn anders die von mehrern Forschern gemachten Angaben sich bestätigen, auch des Artemistempels zu Ephesus. Das letztgenannte und großartigste Denkmal altgriechischer Kunst bestand unversehrt bis zum Jahre 356 vor Christus und wurde von mehrern Schriftstellern ausführlich beschrieben. Aus diesen Berichten erhellt, daß das System des griechischen Tempelbaues bereits um 600 vor Christus vollständig ausgebildet war, während die Technik noch keine den Verhältnissen entsprechende Stufe erreicht hatte.

Die vielen damals vorkommenden Tempelbrände, die unbeholfene Fortbewegung schwerer Massen durch Handarbeit, wie auch das von Metagenes beim Bau des ephesischen Tempels eingehaltene Verfahren, große Werkstücke mit Hülfe von Sandsäcken aufzustellen, deuten eine noch wenig entwickelte Technik an. Trotz dieser obwaltenden Mängel und der unübersehbaren Schwierigkeiten, mit denen die Ausführung verbunden war, entstanden gerade um jene Zeit Bauwerke von seltenster Großartigkeit der Anlage.

Der Artemistempel zu Ephesus, ein Octastylos dipteros von 220 Fuß Frontseite bei einer Länge von 425 Fuß, war aus weißem Marmor erbaut, aber im Innern mit hölzernen Gebälken ausgestattet. Die Ausführung, für welche sich nicht allein Griechenland, sondern auch die Nachbarländer interessirten (Krösus und andere kleinasiatische Fürsten steuerten Geschenke zur Erbauung bei), rief die erste über Kunst veröffentlichte Schrift hervor, eine Unterweisung im Tempelbau, von den Architekten Theodoros und Chersiphron verfaßt. Diese und noch andere Aufzeichnungen damaliger Künstler, welche dem römischen Schriftsteller und Architekten Vitruvius bekannt waren und von ihm benutzt wurden, sind ohne Ausnahme verloren gegangen. Neben dem Tempel von Ephesus und dem nicht minder großartigen Heraion zu Samos galten der von Pisistratos und seinen Söhnen erbaute dorische Tempel des olympischen Zeus zu Athen und der ebenfalls dorische Tempel von Delphi als die bedeutendsten Werke der Frühzeit.

Das griechische Tempelschema war höchst einfach: der Tempel bestand aus einem rechteckigen Hause, welches entweder an der Vorder- und Rückseite, oder ringsum mit Säulen umgeben war. Stand nur an der Vorderseite ein Säulengang, hieß der Tempel ein Prostylos; waren aber auch an der Rückseite Säulen angebracht, ein Amphiprostylos. Gebäude dieser Art waren selten umfangreich und dienten eigentlich nur zur Aufbewahrung der Götterbilder, da der Gottesdienst im Freien stattfand. Ungleich wichtiger erscheint der rings mit Säulen umgebene Peripteraltempel, die künstlerisch vollendetste Form, etwa der christlichen Domkirche entsprechend. Das Umziehen des Tempelhauses mit einer doppelten Säulenreihe ist nur als eine Bereicherung des Peripteralbaues anzusehen, welche auf die Formen keinen Einfluß geübt hat. Ein solcher mit doppelter Säulenreihe umgebener Tempel wurde Dipteros genannt; deren gab es in Griechenland selbst wenige, jedoch in den Colonien, welche stets bestrebt waren, das Mutterland, wenigstens in Bezug auf materielle Größe, zu übertreffen, waren sie nicht selten.

Bedeutende Reste von peripteren Tempeln aus der ersten Entwickelungsstufe besitzt das eigentliche Griechenland sehr wenige; besonders alterthümlich erscheinen die Ruinen eines dorischen, entweder dem Poseidon oder der Athene geweihten Tempels zu Korinth, von welchem noch sieben Säulen aufrecht stehen. In Sicilien und Unteritalien hingegen finden sich mehrere ziemlich wohl erhaltene Denkmale dorischer Art, namentlich zu Syrakus, Metapont, Agrigent, Selinunt und Pästum. Die Detailformen der sicilischen Bauwerke sind meist derb und die Verhältnisse schwerfällig, indem die Säulen oft nur zu vier Durchmessern ansteigen und sich dabei übermäßig verjüngen. Die Bearbeitung aber läßt große Sorgfalt erkennen, und es wetteiferten in dieser Hinsicht die Colonien mit dem Stammlande, wenn auch der Geschmack oft in derselben Weise zurückblieb, wie heute die Landstädte hinter den Hauptstädten zurückbleiben.

Eine sehr bedeutende Ausbildung hatte das Wohnhaus schon in der Heroenzeit erhalten, wie wir aus den Schilderungen Homer's entnehmen können. Das Wohnhaus des Odysseus, welches von Homer genau beschrieben wird, bestand in der Hauptsache aus Holz, war jedoch mit einer Mauer umgeben, durch welche ein doppeltes Flügelthor in einen geräumigen Vorhof führte. Hier stand im Freien ein Altar des Zeus, ein großes Portal führte in die Vorhalle und den Saal, welcher den Mittelpunkt des Gebäudes bildete. Hinter dem Saale lagen die verschiedenen Arbeitsräume und Vorrathskammern, zwischen diesen war eine Treppe angebracht, über welche man in das obere von den Frauen bewohnte Stockwerk gelangte. Die Wände des Saales waren reich mit Erzarbeiten decorirt und die Geräthschaften, Stühle, Schränke, Waffen u. s. w., mit Elfenbein und edeln Metallen eingelegt.

Der Tempelbau hatte in Griechenland bereits ein festes Gepräge erhalten, als sich die Sculptur noch in den ersten Anfangsgründen bewegte, sozusagen in der Wiege lag. Die Götterbilder machten im entferntesten keinen Anspruch auf künstlerische Durchbildung und bestanden anfänglich aus rohen Steinpfeilern oder Holzpfählen, welche in Tempeln und an Kreuzwegen aufgestellt wurden, etwa wie die heutigen Martersäulen. So war das Standbild des Bacchus (Dionysos) in Theben eine mit Epheu umrankte Säule, das Bild Athene zu Lindos bestand aus einem glatten Balken, und die zahllosen Hermesbilder aus Pfählen mit aufgestülpten Flügelhüten oder sonstigen Attributen. Allmählich fing man an den Kopf eines solchen Pfeilers auszuarbeiten, während der übrige Theil in roher, viereckiger oder runder Gestalt verblieb. Als höchst merkwürdiges Beispiel dieser Art ist das aus Erz getriebene Bild des Apollo von Amyklä zu bezeichnen, eine Säule mit angearbeitetem Kopfe und leichter Andeutung der Hände und Füße. Säulenartig war auch die berühmte Statue der Artemis von Ephesus, welche besonders von den Lybiern, Phrygiern und kleinasiatischen Joniern als Göttin der befruchtenden Kraft verehrt wurde. Auf einer reliefirten Säule erhob sich das Brustbild der Göttin, ausgestattet mit drei Reihen üppig voller Busen, zwischen denen Perlschnüre eingeflochten waren. In diesem Bildwerke, wie überhaupt in der ältern ionisch-attischen Plastik treten asiatische Einflüsse unverkennbar hervor. Schwellende Formen und weiche, fließende Linien, verbunden mit einer frischen, lebensvollen Darstellungsweise, sind zunächst als diejenigen Elemente zu bezeichnen, welche aus dem Osten herübergeleitet worden sind.

Den asiatischen Einwirkungen standen ägyptische gegenüber, welche sich gleichzeitig über alle dorischen Lande verbreiteten. Mehr durch strenge Regelmäßigkeit als durch Feinheit und eingehendes Naturstudium ausgezeichnet, konnte die ägyptische Kunst nur den vortheilhaftesten Einfluß auf die hellenische Bildungsweise üben, indem sie der orientalischen Weichheit und Phantastik entgegenstrebte. Ein plastisches, Gestalten bildendes Talent leuchtet bereits aus den Homerischen Dichtungen hervor und war den Griechen seit ihrem ersten Auftreten eigen, wiewol es sich anfänglich mehr in den decorativen Fächern als in unabhängigen Gebilden aussprach.

Bis zum Jahre 550 vor Christus bewegten sich Holzschnitzerei, Thonformerei, Erzguß und Steinarbeit ziemlich handwerksmäßig nebeneinander; erst um diese Zeit entwickelte sich die griechische Sculptur zum selbständigen Fache, wobei jedoch größere Bildwerke, namentlich runde Figuren, noch immer ein hartes, bewegungsloses Ansehen beibehielten. Dieser Periode entstammen aller Wahrscheinlichkeit nach die Metopenbilder des mittlern Tempels zu Selinus, wol die ältesten griechischen Steinarbeiten, welche auf uns gekommen sind. Etwas jünger erscheinen die Reliefs des großen Denkmales von Xanthus in Lycien (jetzt in London), welche etwa um die 60. Olympiade entstanden sein mögen und die im Gegensatze zu den breiten und derben selinuntischen Werken eine attische Weichheit aussprechen. Die beiden Giebelgruppen des hellenischen Zeus zu Aegina zeigen als die letzten der dieser Frühperiode angehörenden Denkmale die hellenische Kunst in jenem gewaltigen Aufschwunge, welcher dem Auftreten der großen Meister voranging. Die runden Figuren dieser Giebelgruppen zeigen gedrungene Verhältnisse, wurden aber mit Geschick in die Felder eingepaßt: Zeichnung und Bewegung sind naturgemäß, jedoch die Gewänder, Haare und vor allen die Gesichter tragen conventionelle Behandlung, auch läßt sich trotz der meisterhaften Gruppirung eine das Ganze durchziehende Härte nicht in Abrede stellen.

VII. Die Kunst des classischen Alterthums.

Die Malerei ging wie überall vom einfachen Coloriren vorgezogener Umrisse aus oder begnügte sich, Bildhauerarbeiten und Architekturtheile farbig auszustatten. Es werden zwar einige Maler genannt, wie unter anderm Cimon von Kleonä, Arbikes und Telephanes, welche sich um Ausbildung der Zeichnung und des Faltenwurfes verdient gemacht haben sollen; doch fehlt über ihr Wirken jede nähere Kunde. Korinth und Sicyon, dann Athen werden als die Orte bezeichnet, in denen die Malerei zuerst Pflege erhielt; in diesen Städten, namentlich in Korinth, entwickelte sich die alterthümliche Gefäßmalerei, welche jedoch zu gleicher Zeit in Etrurien geübt wurde. Obwol die Gefäß- oder Vasenmalerei handwerklich betrieben wurde, spricht sich doch in diesen Gebilden zuerst eine unabhängige Richtung aus; auch kann nicht bezweifelt werden, daß tüchtige Künstler sich mit Bemalung von Vasen beschäftigten und die hierzu nothwendigen Originalzeichnungen lieferten, welche dann von Hülfsarbeitern schablonenmäßig übertragen wurden. Die bemalten Gefäße bestehen theils aus gelblichem unglasirtem Thon, auf welchen allerlei Gestalten, meist arabeskenartige Thiere, mit dunkler Farbe aufgesetzt sind, theils aus rothgelber glänzend polirter Erde mit schwarzen Arabesken und Figuren bemalt. Bei manchen Bizarrerien zeichnen sich die alten Vasenbilder gewöhnlich durch correcte Zeichnung aus.

Das Perikleische Zeitalter.

Miltiades hatte im Jahre 490 mit einem kleinen aus Athenern und Platäern bestehenden Heere der ungeheuern, mehr als zehnmal überlegenen persischen Armee eine vollständige Niederlage beigebracht, durch welchen Sieg der Ruhm Athens aufs höchste gesteigert wurde. Zehn Jahre später erfochten die Griechen unter Anführung des Themistokles den weltgeschichtlichen Sieg bei Salamis, welchem bald die ruhmwürdigen Schlachten von Platäa und Mykale folgten. Hierdurch waren die übermächtigen Perser für immer aus Europa verdrängt worden, die kleinasiatischen unter persische Oberherrschaft gekommenen Städte befreiten sich ebenfalls und Athen gelangte an die Spitze Griechenlands.

Die Stadt Athen, obwol im Laufe der Perserkriege zweimal verheert, erholte sich in unglaublich kurzer Zeit und wurde Mittelpunkt der gesammten griechischen Bildung.

Der Charakter der Attiker, welche mit der Empfänglichkeit und Lebhaftigkeit ihrer asiatischen Stammgenossen eine seltene Energie verbanden, machte sich vor allem geeignet, zwischen dorischem und ionischem Wesen zu vermitteln und der Poesie wie den bildenden Künsten neue Wege anzubahnen.

Die Stilrichtungen hörten allmählich auf, Ausdrucksweisen der verschiedenen Stämme zu sein; man errichtete in Attika und Jonien dorische, in Lakonien ionische Gebäude, ja man ging manchmal so weit, das Aeußere eines Tempels im dorischen, das Innere im ionischen Stil (oder auch in verkehrter Ordnung) auszuführen.

Das Bewußtsein der entwickelten nationalen Kraft durchdrang alle Kreise, überall suchte man durch Errichtung bedeutender Denkmale das Andenken an die großen Ereignisse festzuhalten und war bestrebt, der erkämpften staatlichen Macht einen entsprechenden künstlerischen Ausdruck zu verleihen. In vielen Städten bildeten sich Kunstschulen, so zu Athen, Aegina, Ephesus, Kreta, Milet, Rhodus, Samos und Sicyon; außerdem versammelten einzelne große Meister, z. B. die Bildner Phidias, Polyklet, Myron, der Maler Polygnot zahlreiche Schüler und Hülfsarbeiter um sich. Die künstlerische Thätigkeit, in der vorangegangenen Periode zunächst eine architektonische, erhielt nunmehr eine überwiegend plastische Richtung, welche fortan der griechischen Kunst eigen blieb.

Das erste größere Baudenkmal dieser Periode ist der von Cimon gegen 470 vor Christus erbaute Theseustempel in Athen, ein Meisterwerk ersten Ranges, welches sich beinahe vollständig erhalten hat. Der Bau ist ein Peripteros dorischer Art, der Stil zeigt so hohe Durchbildung, wie sie nur am Parthenon und den Propyläen zu Athen wieder erreicht, aber nie übertroffen worden ist. Nach Cimon's Tode wurde Perikles an die Spitze des athenischen Staates gestellt, ein Mann von außerordentlichen Geistesgaben, von dem man sagen konnte, er habe die ganze Bildung seiner Zeit in sich vereinigt. Aus der reichen und altberühmten Familie der Alkmäoniden stammend, gehörte er durch

VII. Die Kunst des classischen Alterthums.

Geburt der Aristokratie an, begünstigte jedoch von seinem ersten Auftreten an die demokratischen Ideen und wurde durch dieses Verfahren so unumschränkter Leiter des Volkes, als es nur je ein Monarch gewesen ist. Theils um den verarmten Mittelstand zu beschäftigen, theils um seine Herrschaft fester zu begründen, veranstaltete Perikles Volksfeste, welche er durch öffentliche Bewirthung seiner Mitbürger zu verherrlichen wußte; er sorgte für Schauspiele und andere Ergötzlichkeiten und ließ die großartigsten Bauwerke errichten.

Zum Leiter aller künstlerischen Unternehmungen wurde Phidias, ein persönlicher Freund des Perikles, aufgestellt, neben diesem wirkten die Baumeister Iktinus und Kallikrates, welche das bedeutendste Denkmal dieser Periode, den Tempel der Pallas Athene auf der Akropolis von Athen (das Parthenon), im dorischen Stil ausführten. Wie sehr um jene Zeit die Baustile aufgehört hatten, volksthümliche Unterscheidungszeichen zu sein, beweist das Beispiel des Iktinus, welcher gleich gewandt in der dorischen wie ionischen Bauart, kurz nach Vollendung des Parthenon den ionischen Tempel zu Phigalia aufführte. Aehnlichen Verhältnissen begegnen wir auch in den von Mnesikles ausgeführten Propyläen. Diese bildeten den Zugang zu der Burg (Akropolis) von Athen und standen mit verschiedenen Nebengebäuden in Verbindung. Das Prachtthor mit dem darüber angebrachten Giebel war im elegantesten dorischen Stile gehalten, die Vorhalle aber zeigte ionische Ausstattung, wobei die Aneinanderreihung beider Stile mit großem Geschick bewerkstelligt worden war.

Die ionischen Bauten dieser Periode zeichneten sich mehr durch feinen Geschmack und sorgfältige Durchführung als materielle Größe aus, wie der einfach zierliche Tempel am Ilissus, der mit reichen Sculpturen ausgestattete Nike-Apterostempel und das Meisterwerk ionischen Stiles, das Erechtheon oder Pandroseon, alle in Athen. Die Vollendung des letztern Denkmales fällt jedoch in die Periode Alexander's und wird späterhin ausführlich besprochen werden. Neben den Tempeln entstanden damals Prachthallen und öffentliche Gebäude, auch wurden neue Städte nach regelmäßigen Planen angelegt.

VII. Die Kunst des classischen Alterthums.

Phidias, der größte Bildhauer vielleicht aller Zeiten, wurde ums Jahr 500 in Athen geboren und hatte zu Lehrern den Athener Hegias und besonders den Argiver Agelabas. Auf seine Ausbildung scheinen auch Kalamis, wahrscheinlich ein atheniensischer Toreut und Erzbildner, dann Pythagoras aus Rhegion eingewirkt zu haben. Der erste war berühmt durch seine aus Gold, Elfenbein, Marmor und Erz zusammengesetzten Götterbilder und Frauengestalten, während der zweite sich durch Statuen von Athleten auszeichnete. Neben Phidias gingen aus der Schule des Agelabas hervor Myron aus Eleutheria und Polyklet aus Sicyon, zwei würdige Rivalen, welche ihr ganzes Leben hindurch wetteiferten, sich durch Erfindung und Ausführung neuer Werke zu übertreffen. Diese drei Meister sind es, welche in ihrem Zusammenwirken die griechische Plastik zur ersten aller Künste erhoben und deren Richtung für die Folgezeit bestimmten.

Phidias der Götterbildner verfolgte eine ideale Richtung: er hielt an strengen etwas alterthümlichen Formen fest und wußte die erhabenste Würde mit vollendeter Harmonie zu vereinigen. Von den Werken seiner Hand scheint kein einziges auf uns gekommen zu sein: wir vermögen nur nach Beschreibungen und einigen aus seiner Schule herrührenden Werken eine annähernde Vorstellung zu gewinnen. Als die gefeiertsten der von Phidias gefertigten Sculpturen werden mehrere Statuen der Pallas Athene genannt, darunter das 60 Fuß hohe in Erz gegossene Standbild der Göttin, welches auf der Akropolis aufgestellt wurde, dann eine zweite chryselephantine Statue für das Parthenon. Den höchsten Triumph feierte Phidias mit dem Standbilde des Zeus für den Festtempel zu Olympia, welches Werk den sieben Weltwundern beigezählt wurde. Der Gott war dargestellt auf einem reichgeschmückten Throne sitzend, in ruhiger, etwas vorwärts geneigter Haltung, das Scepter in der Hand und die Füße auf einem Schemel ruhend. Dieses Bild nicht gesehen zu haben, galt für ein Unglück, weshalb jeder Grieche sich verpflichtet fühlte, wenigstens einmal im Leben nach Olympia zu wallfahrten. Der Kern dieser Statue bestand aus Cedernholz, die nackten Theile aus Elfenbein und die Gewänder aus getriebenen Goldblechen. Der Eindruck soll erschütternd gewesen sein, man glaubte den Gott selbst gesehen zu haben. Mehrere erhal-

VII. Die Kunst des classischen Alterthums.

tene Büsten, welche als Nachbildungen angesehen werden dürfen, liefern den Beweis, daß die Beschreibungen dieses Kunstwerkes im entferntesten nicht übertrieben sind.

Die unter Oberaufsicht des Phidias von seinen Schülern und Gehülfen angefertigten Sculpturen des Parthenon und anderer Tempel, welche dermal unter dem Namen Elgin=Marbles größtentheils im Britischen Museum zu London aufbewahrt werden und durch Abgüsse allbekannt geworden sind, zeigen bei sehr verschiedener Behandlung noch viele archäistische Anklänge, was zunächst von den Metopen= und Friesbildern gilt. Ein Zug frischen Lebens und ein feiner Sinn für Gruppirung spricht sich in allen diesen Tempelsculpturen aus, zu welchen der vielbeschäftigte Phidias höchstens Skizzen oder Andeutungen gegeben haben mag. Ungleich höher stehen die Reste der statuarischen Gebilde, welche in den Giebelfeldern angebracht waren. In diesen Arbeiten ist die unmittelbare Einwirkung des Meisters nicht zu verkennen: trotz der fragmentarischen Beschaffenheit fühlen wir uns angeweht von jener Ehrfurcht, welche die Griechen den Werken des Phidias zollten.

Polyklet, der eine Nebenbuhler des Phidias, strebte Naturwahrheit und höchste Formenschönheit an; er suchte die Proportionen des menschlichen Körpers festzustellen und verlegte sich zugleich auf das Porträtfach. Nach damaliger Sitte mit Phidias und andern berühmten Bildhauern einen Künstlerwettkampf eingehend, wurde dem Polyklet einstimmig der Preis zuerkannt, indem er eine sich rüstende Amazone ausstellte. Neben verschiedenen Weihegeschenken für den Tempel zu Delphi führte Polyklet zahlreiche Erzstatuen von Athleten aus, auch ein Kolossalbild der Hera, in welchem er die Toreutik vervollkommnete. Mit Sicherheit kann keins der erhaltenen Bildwerke dem Polyklet zugeschrieben werden, doch ist wahrscheinlich, daß der vielbewunderte Junokopf in der Villa Ludovisi in Rom, ferner die Statue des sogenannten Adorante in Berlin und eine Jünglingsstatue im Palast Farnese Nachbildungen Polykleitischer Werke seien.

Myron, der dritte Stern des künstlerischen Dreigestirns, erfaßte das Naturleben von der kräftigsten und bewegtesten Seite, indem er kühne Stellungen, Kämpfe und Scenen aus der Thierwelt mit Vorliebe behandelte. Seine Herculesbilder waren vor allen berühmt, eine von ihm gefertigte und ausgestellte Kuh wurde durch viele Gedichte verherrlicht, und von seinem Diskus‑werfer sind mehrere Nachbildungen auf uns gekommen.

———

Die Malerei, welche sich bis etwa 460 vor Christus in den engen Schranken der Decoration bewegte, wurde um diese Zeit einer freien Blüte zugeführt durch Polygnotos den Thasier, welcher noch während der Verwaltung Cimon's in Athen ein‑wanderte und hier Gelegenheit fand, eine ausgebreitete Thätig‑keit zu entwickeln. Zuerst arbeitete er in der Halle Poikile, führte dann in der Lesche zu Delphi verschiedene große Tael‑gemälde aus, unter andern die Eroberung von Troja, die Ab‑fahrt der Griechen und den Besuch des Odysseus in der Unter‑welt. An diesen Werken wurden die richtige Zeichnung, der Faltenwurf und besonders die Anmuth der Frauengestalten ge‑rühmt; von Perspective und Haltung aber war gewiß keine Spur vorhanden. Es bedurfte noch eines halben Jahrhunderts, bis die Malerkunst sich ebenbürtig neben die Sculptur stellte.

In demselben Maße, als die Malerei sich entwickelte und auf Selbständigkeit Anspruch machte, nahm die farbige Ausstat‑tung der plastischen und architektonischen Werke ab. Aus der höhern Sculptur scheinen die farbigen Anstriche durch Skopas und Praxiteles um die Mitte des vierten Jahrhunderts verbannt worden zu sein; durch die von Apelles aufgestellte Farbentheorie wurde diese Decorationsmalerei wenn nicht unmöglich, doch auf ein bescheidenes Maß zurückgeführt.

Daß die griechischen Künstler zur Zeit des Perikles ihre Statuen und Tempel mit grellen Farben bemalten, ist gewiß; jedoch liefert dieses Verfahren keinen Beweis, daß hierdurch die Schönheit der Denkmale gehoben worden wäre. Die Farben‑kenntniß stand damals auf sehr tiefer Stufe, und die bunten orientalischen Ausstattungen waren vom Cultus festgehalten worden, etwa in derselben Weise, wie heute die Marienbilder mit grellen kattunenen und seidenen Mänteln ausstaffirt werden. Wie wenig sich der Sinn für Farbe in jener Zeit entwickelt hatte, lassen die folgenden an Tempeln öfters wiederkehrenden Farbenzusammenstellungen erkennen, welche unsere Ansicht, daß die archäistische Polychromie zum großen Theile ein fortgeerbter, durch Religionsgebräuche geheiligter Barbarismus war, gewiß rechtfertigen werden.

Es erscheinen blaue Triglyphen und Zahnschnitte zwischen dunkelrothen Metopenfeldern, grüne und blaue Ornamente stehen auf gelbem Grunde, Säulen und Pilaster sind dunkel, Hintergründe hell angestrichen, dabei halten die Farben oft gleiche Tiefe ein und sind ohne Vermittelung von Weiß oder Schwarz aneinandergereiht. Wer Gelegenheit hatte, dergleichen alterthümliche Decorationsmalereien in den Originalen zu sehen oder Restaurationen anzustellen, wird trotz des erkünstelten Enthusiasmus einiger Chromophilen die Beschränkung der Polychromie nicht bedauern.

Zahlreiche Schüler und unabhängige Maler verfolgten die von Polygnot eingehaltene Bahn, darunter Onatas der Aeginete, Mikon (oder Panänos), von denen einer die Schlacht bei Marathon in der Poikile dargestellt haben soll, Apollodoros und Agatharchos die Scenographen, welche, von der Theatermalerei ausgehend, zuerst die Wirkungen des Lichtes und der Perspective in Anwendung brachten.

Ihre vollständige Ausbildung erhielt die Malerei erst durch Zeuxis und Parrhasios, deren Thätigkeit sich im Laufe des peloponnesischen Krieges entwickelte und noch bis herein in den Anfang des vierten Jahrhunderts fortsetzte. Parrhasios strebte nach reiner Zeichnung und ausgeprägter Charakteristik; er wußte die verschiedenen Abstufungen des Ausdruckes, Lächeln, Ernst, Trauer, vortrefflich darzustellen und scheint mehr einzelne Figuren und Porträts als größere Compositionen ausgeführt zu haben. Die von ihm gefertigte Zeichnung des athenischen Demos läßt erkennen, daß er ein gewandter Caricaturenzeichner war. In einem Wettkampf mit Timanthes wurde Parrhasios überwunden und zwar gerade in seinem eigensten Gebiete, indem Timanthes den Schmerz der Iphigenia mit größerer Feinheit ausdrückte.

Zeuxis verlegte sich auf Farbe und Halbdunkel und erging sich mit Vorliebe in figurenreichen Darstellungen. Von seinen Werken sind bekannt eine Götterversammlung und eine Centaurenfamilie, beide durch Composition und wohlberechnetes Colorit ausgezeichnet. Außerdem wurden gerühmt eine Helena, ein mit Rosen bekränzter Eros und mehrere durch Anmuth und zarte Färbung höchst vollendete Frauengestalten. Die Bilder des Zeuxis waren außerordentlich geschätzt und wurden nach Eroberung Griechenlands durch die Römer größtentheils nach Rom, unter Konstantin endlich nach Byzanz gebracht, wo sie späterhin zu Grunde gingen.

Das Alexandrinische Zeitalter.

Der durch die Eifersucht Spartas angefachte Peloponnesische Krieg war für die Künste nicht so nachtheilig, als man anzunehmen geneigt ist, doch hatten sich nach Beendigung des unheilvollen siebenundzwanzigjährigen Streites, welcher mit Athens gänzlicher Niederlage endete, die künstlerischen Verhältnisse gründlich umgestaltet. Luxus und Eitelkeit waren an Stelle des frühern Gemeinsinnes getreten, Einzelne hatten unermeßliche Reichthümer gewonnen, während die Masse des Volkes darbte, anstatt der Tempel entstanden glänzende Privatgebäude, und die Tempelsculpturen traten in den Hintergrund, um Bildnissen und sinngefälligen Darstellungen Platz zu machen.

Daß diese Aenderungen sich nicht plötzlich vollziehen konnten, wird begreiflich, wenn man die damalige Bildung des griechischen Volkes ins Auge faßt. Die Kunst war ein unabweisbares Bedürfniß für alle Volksschichten geworden, und das durch die Olympischen Spiele, die öffentlichen Ausstellungen und Wettkämpfe hervorgerufene Verständniß war ein allgemeines, daher ein vorzüglich gelungenes Werk in Hunderten von Liedern gefeiert wurde. Unter solchen Umständen vollzog sich die Umgestaltung fast unmerklich, aber sicher, indem zuerst der dorische Baustil, als dem Zeitgeiste nicht mehr entsprechend, vernachlässigt wurde.

Skopas, ein Künstler ersten Ranges, dessen Blütezeit zwischen 390 — 340 vor Christus liegt, war der letzte griechische Architekt, welcher den dorischen Stil, jedoch schon in etwas befremdlicher Weise, anwandte. Der von ihm erbaute Tempel der Athene Alea zu Thegeia, von welchem sich einige Ueberreste erhalten

VII. Die Kunst des classischen Alterthums.

haben, war einer der schönsten in Griechenland, dessen Aeußeres mit einer ionischen Säulenstellung umgeben war, während das Innere einen Aufbau von unterhalb dorischen, oberhalb korinthischen Säulen enthielt. Pausanius sagt VIII, 45, von diesem Tempel, daß er an Größe und Bauart alle andern in Peloponnes übertreffe.

Wenn einige in den Colonien vorkommende dieser Zeit angehörende Baureste den dorischen Stil in ziemlich verflachter Weise zeigen, erreicht nunmehr der ionische seine höchste Vollendung. Um 408 wurde das Erechtheon vollendet, ein höchst originelles Gebäude von terrassirter Anlage und ungewöhnlicher Grundform, in welchem das älteste Cultusbild der Athene, dann verschiedene Heiligthümer des Heroen Erechtheus und der Nymphe Pandrosos aufbewahrt wurden. Der 73 Fuß lange und 37 Fuß breite Tempel hat an der Ostseite einen Prostyl von sechs Säulen, an der Westseite aber sind Halbsäulen mit zwischengestellten Fenstern angebracht, während gegen Süd und Nord offene Hallen vortreten. Die eine dieser Vorhallen wird von Karyatiden getragen, welche auf einem gemeinschaftlichen Unterbau ruhen; die entgegengesetzte ruht auf Säulen. Alle Theile dieses Denkmales zeigen die graziöseste Durchbildung, Kragsteine, Thüren, Fenster, Säulen und Karyatiden gehören zu den vollkommensten Schöpfungen ionischer Art. An dieses Werk reiht sich würdig an der Pallastempel in Priene, von Pytheus um 340 erbaut, durch schlanke Säulen und besonders schöne Gebälke ausgezeichnet. In den Hofraum dieses Tempels führten Propyläen, ebenfalls im ionischen Stile gehalten und besonders wegen der schönen Wandpfeiler und Pfeilercapitäle merkwürdig.

Ebenso geistreich entworfen und glänzend ausgeführt erscheinen die Ueberreste des Didymäon zu Milet, eines Dipteraltempels von 163 Fuß Breite und 303 Fuß Länge, mit zehn Säulen in der Fronte und einundzwanzig an der Seite. Als Baumeister werden genannt Päonios von Ephesus und Daphnis von Milet. Hierher dürfen auch gerechnet werden die Propyläen zu Eleusis und einige innere Ausstattungen des schon erwähnten von Iktinus erbauten Apollotempels zu Phigalia.

Nunmehr trat Deinokrates aus Rhodus auf. Dieser war ein Mann von riesigem Unternehmungsgeist, ganz geschaffen, um einen Herrscher wie Alexander zu befriedigen. Zuerst baute er den abgebrannten Tempel der Artemis von Ephesus wieder auf, entwarf dann mit Berücksichtigung der unzähligen obwaltenden Hindernisse den Plan für die Stadt Alexandria in Aegypten und führte dort den Pharus nebst mehrern Tempeln und öffentlichen Gebäuden aus. Deinokrates war es, welcher dem König Alexander den Vorschlag machte, den Berg Athos in eine sitzende Porträtstatue des Königs umzuwandeln. Von den durch Deinokrates angelegten Bauwerken zu Alexandria wurden in neuerer Zeit einige Reste entdeckt: sie sind ionischer Art und zeigen eine zwar einfache, aber edle Durchbildung des Stils.

Schon an den während Philipp's und Alexander's Regierung ausgeführten Werken beginnen alle Bauformen, namentlich die Säulen mit ihren Capitälen und Basen mehr und mehr in die Höhe zu streben und schlanker zu werden. Dieses Streben nimmt ununterbrochen zu und tritt manchmal auffallend hervor, obgleich im ganzen der ionische Charakter eingehalten wird. Nun folgen einige kleine Denkmale, in denen ein leiser stilistischer Uebergang angedeutet ist. Obenan stehen die beiden choragischen Monumente des Lysikrates und des Thrasyllos in Athen, ersteres von Form eines miniaturartigen Rundtempels, das andere einer Portike nachgebildet. Das Monument des Lysikrates wurde im Jahre 334 errichtet und zwar zum Andenken an einen im musikalischen Wettstreit errungenen Sieg. Das ganze Werk ist nur 34 Fuß hoch und besteht aus einem quadratischen Sockel und einem kreisförmigen Oberbau, an welchem sechs Halbsäulen angeblendet sind. Das Gebälke ist nach ionischer Art gebildet, mit einer Palmettenreihe bekrönt und der Fries mit Reliefdarstellungen geschmückt. Ein kuppelartiges Dach, auf welchem ein Aufsatz für den Dreifuß stand, bedeckte das Bauwerk, dessen Körper dicht ausgefüllt ist. So eigenthümlich das Ganze, verdienen doch die Säulen mit ihren feingezeichneten Capitälen besondere Aufmerksamkeit. Abweichend von allen frühern Bildungen, entwickeln sich hier oberhalb des Capitälringes zwei Blätterreihen, aus denen die verhältnißmäßig kleinen Voluten wie Ranken hervorkeimen. Das Gebilde trägt entschieden vegetabilischen Charakter und erinnert an einen Blumenstrauß, weshalb Vitruvius' Erzählung, daß die Erfindung des korinthischen Capitäls einem mit Acanthusblättern überwachsenen Korbe zu verdanken sei, der Wahrscheinlichkeit nicht entbehrt. Jedenfalls gehört dieses Denkmal zu den ältesten, an denen sich Anfänge des korinthischen Stils zeigen.

Das Thrasyllusdenkmal gehört keiner bestimmten Stilrichtung an und enthält sehr wenige ornamentistische Theile, zeichnet sich aber durch das geläutertste Liniengefühl aus. Ein drittes um etwa 150 Jahre jüngeres Gebäude ist der sogenannte Thurm der Winde in Athen, von Andronicus Kyrrhestes als Observatorium nach einem achteckigen Grundrisse erbaut. An der Nordost- und Nordwestseite des Achtecks treten säulengetragene Portiken vor, deren Detailformen mit der am Lysikratesmonument entwickelten Architektur auffallend übereinstimmen. Gebälke und Säulen haben beinahe gleiche Anordnung, dem Capitäl aber fehlen die Voluten ganz, statt deren eine Reihe von hohen Palmblättern angebracht ist, wodurch dieser Theil ein etwas ägyptisirendes Ansehen erhält. An den Außenseiten des achteckigen Gebäudes sind acht Genien angebracht, die Winde darstellend, sonst fehlt hier mit Ausnahme eines einfachen Dachgesimses jede Gliederung. Als der bedeutendste Rest griechischer Profanarchitektur verdient dieses Denkmal hohe Beachtung.

Im Fache der Bildhauerkunst ist es wieder ein Dreigestirn, welches als bahnbrechend voranleuchtet und den Charakter der Periode bestimmt.

Der erste dieser Künstler ist Skopas aus Paros, welcher bereits als Baumeister aufgezählt worden ist. Wie er im Fache der Architektur an den alterthümlichen dorischen Formen am längsten festgehalten hat, so schloß er sich als Bildner zunächst an Phidias an und huldigte dessen idealer Richtung, milderte jedoch die strenge Auffassungsweise durch leichtere Bewegung und den Ausdruck frischer Lebensfülle. Skopas arbeitete vorzugsweise in Marmor und führte mehrere ineinandergreifende Gruppen aus der Götter- und Heroenmythe aus: unter anderm einen Achilleus, welcher von Meeresgottheiten nach der Insel Leuke geführt wird, ferner einen Bacchuszug mit tanzenden Mänaden u. s. w. Dieser Künstler verlieh auch dem Apolloideale sein vollendetes Gepräge.

Zahlreiche Arbeiten von Skopas' Hand waren über ganz Griechenland verbreitet, auch sind viele dieser Werke bei den durch die Römer verübten Plünderungen nach Rom geschleppt worden, z. B. die Statue des Apollo Musagetes und die späterhin im Tempel des Apollo Sosianus aufgestellte Niobidengruppe. Von dieser Gruppe wußten übrigens schon die römischen Schriftsteller nicht mehr genau, ob sie dem Skopas oder Praxiteles zuzuschreiben sei. Von den Niobiden haben sich mehrere Nachbildungen und wahrscheinlich originale Bruchstücke erhalten, welche seit Jahren in eingehendster Weise untersucht worden sind. Das Ergebniß dieser von den vorzüglichsten Kunstkennern gepflogenen Untersuchungen lautet übereinstimmend dahin, daß die Gruppe der Niobe (mit Ausscheidung einiger nicht dazu gehörender Figuren) nur dem Skopas zugeschrieben werden könne. Neben der berühmten Statuengruppe in Florenz, von welcher außer der Mutter mit der jüngsten Tochter noch zehn Figuren als zur Gruppe gehörig angesehen werden, kommen einzelne Figuren in den Sammlungen zu Rom, Paris und München vor, auch findet sich der Kopf der Mutter mehrmals, namentlich in Zarskoje=Selo, von außerordentlicher Schönheit.

Praxiteles, ein Athenienser, der um die Mitte des Jahrhunderts blühte, ist vor allem als Meister der Grazie zu bezeichnen, welcher die höchste Anmuth und Liebenswürdigkeit mit sinnlicher Reizfülle zu vereinigen und geistig zu verklären wußte. Den höchsten Ruhm erwarb er sich mit einer Statue der Aphrodite für den Tempel zu Knidos, welche die Göttin unbekleidet mit schmachtendem Lächeln darstellte. Diese Statue war neben der des olympischen Zeus von Phidias das verehrteste Götterbild in Griechenland und gelangte später nach Rom, wo es öfters nachgebildet wurde. Nicht minder berühmt war eine zweite ganz bekleidete Aphrodite, welche Praxiteles für die Koer fertigte. Dann erging sich der Künstler mit Vorliebe in dem Kreise des Eros und überhaupt solchen Gebieten, wo es ihm möglich war, heranblühende Schönheit und kindliche Lebenslust auszudrücken. Der Torso des Eros im Vaticanischen Museum, die graziöse Statue des sogenannten Apollino in der Galerie zu Florenz werden dem Praxiteles zugeschrieben, auch sind viele Kenner der Ansicht, daß die Mediceische Venus einem Werke des

Künstlers nachgebildet oder durch ihn beeinflußt sei. Praxiteles arbeitete meist in Marmor, seltener in Erz.

Einige Jahre nach Praxiteles errang Lysippos aus Sicyon die Palme; er war der größte Meister der peloponnesischen Schule, welche die von Polyklet eingeschlagene realistische Richtung verfolgte. Lysippos arbeitete meist in Erz, und seine Thätigkeit war so riesenhaft, daß er nach dem Zeugnisse des Plinius 1500 Werke fertigte, von denen jedes einzelne ihm dauernden Ruhm hätte begründen können. Er fertigte Helden und Athletenbilder und war ausgezeichnet in Bildnißgestalten, sodaß Alexander nur von Lysippos in Erz dargestellt und von Apelles gemalt sein wollte. Frauenbilder wollten dem Künstler nicht gelingen und scheinen von ihm förmlich gemieden worden zu sein. Scharfe Charakteristik, Naturstudium und geistreiche Auffassung zeichneten den Lysippos vor allen griechischen Künstlern aus, wie die allbekannte Kolossalstatue des Farnesischen Hercules erkennen läßt, welche der Athener Glykon nach einem Lysippischen Original fertigte. Als eins der vorzüglichsten Werke des Meisters wird eine aus vielen Statuen bestehende Löwenjagd angeführt, welche Alexander als Weihgeschenk im Tempel zu Delphi aufstellen ließ.

Der gelehrte vielseitige Euphranor, als Bildhauer mit Lysippos und als Maler mit Parrhasios wetteifernd, hat das Verdienst, durch Wort und That die Malerkunst der höchsten Vollendung zugeführt und seinem Nachfolger Apelles den Weg geebnet zu haben. Euphranor war eins von jenen seltenen Talenten, welche nur ein Instrument in die Hand zu nehmen brauchen, um es mit Meisterschaft zu handhaben. Er arbeitete in Erz und Marmor, bildete Kolosse, ciselirte Prunkgeräthe, schrieb eine Farbenlehre und ein Buch über Symmetrie, und malte in der Halle des Kerameikos eine Reihe von ausgezeichneten Bildern, darunter ein Reitergefecht der Athener bei Mantinea.

Von den verschiedenen Malerschulen, welche sich im Laufe des vierten Jahrhunderts gebildet hatten, war die von Parrhasios gegründete ionische Schule die bedeutendste. Dieser stellte sich durch die Bemühungen des Euphranor und noch mehr des auf ihn folgenden Pamphilos die Schule von Sicyon gegenüber.

Die alten ionisch-dorischen Eigenthümlichkeiten lebten in diesen Schulen wieder auf: die ionischen und attischen Künstler zeichneten sich durch Anmuth und klares Colorit, die Sicyoniten durch strengere Zeichnung und Charakteristik aus. Apelles, ein geborener Jonier, erhielt seinen ersten Unterricht zu Ephesus, trat aber später in die Schule des Pamphilos zu Sicyon über, wodurch es ihm gelang, die Vorzüge der beiden Schulen in sich zu vereinigen.

Gleich dem Bildhauer Praxiteles und dem christlichen Maler Rafael, war das Streben des Apelles auf Erreichung der vollendetsten Grazie gerichtet. Dabei war seine Zeichnung von höchster Reinheit, Colorit und Hellbunkel unübertrefflich. Eins seiner gefeiertsten Bilder war die schaumgeborene Anadyomene, wie sie den Meeresfluten entsteigend sich die nassen Haare auswindet. Dieses von den Dichtern vielbesungene und beschriebene Bild war für das Asklepeion zu Kos bestimmt und dort aufgestellt, bis es Kaiser Augustus nach Rom bringen ließ, wo es aber schon zu Nero's Zeit verdorben war. Andere ebenso berühmte Werke waren: die drei Grazien, Kampaspe die Freundin Alexander's, eine von Nymphen umgebene Diana, dann mehrere Porträtfiguren Alexander's. Apelles soll auch Landschaften gemalt und ein Buch über die Geheimnisse seiner Kunst geschrieben haben, von welchem Buche zur Zeit des Plinius noch drei Abhandlungen existirten.

Seit Ageladas um 500 vor Christus eine Schule eröffnet hatte, erblicken wir die bildenden Künste bis zum Tode des Apelles (circa 300) im ununterbrochenen Fortschreiten begriffen, und die aufgezählten großen Meister sind es, von denen jeder einen wesentlichen Theil beigetragen hat, das gesammte Kunstgebiet zu erweitern und zu bereichern.

Zuerst begründet Phidias die religiös-historische Richtung und stellt für die Götterbilder unwandelbare Typen fest, Polykleitos fügt diesem Streben die Formeneinheit und Miron die lebendige Naturerfassung hinzu. Polygnot der Maler geht gleichzeitig vom einfachen Coloriren aus, weiß aber Einklang in große geschichtliche Darstellungen zu bringen, Parrhasios bereichert die

VII. Die Kunst des classischen Alterthums.

Malerkunst mit feiner charaktervoller Zeichnung, während Zeuris den Zauber der Farbe und des Hellbunkels einführt. Skopas überträgt die ideale Anschauung des Phidias auf nichtkirchliche Darstellungen, Praxiteles erschließt das Reich der Grazie, Euphranor und Pamphilos setzen für alle Fächer sichere Regeln fest, und Apelles beherrscht Farbe, Zeichnung und Charakteristik mit gleicher Meisterschaft. Ein solches volle 200 Jahre anhaltendes Zusammenwirken der edelsten Kräfte hatte zur Folge, daß die Schulen nach Abgang der großen Meister nicht allein bis zur Unterjochung Griechenlands durch die Römer beinahe unverändert fortblühten, sondern daß Hunderte von griechischen Künstlern nach dem Falle ihres Vaterlandes in Rom und andern italischen Städten im Geiste des Praxiteles, Lysippos und Apelles bis zur Zeit der Antonine (138—180 nach Christus) thätig sein konnten. Namentlich wurde die höhere Sculptur in Rom nur von griechischen Meistern geübt. Die sogenannte Mediceische Venus, der Apollo vom Belvedere, der Farnesische Hercules, der Borghesische Fechter und die Gruppe des Laokoon sind urkundlich griechische in Rom gefertigte Werke, welche sich noch immer auf ihre Stammschulen zurückführen lassen. Ebenso athmen die zahlreichen in Pompeji und Herculanum ausgegrabenen Wandmalereien durchaus hellenischen Geist, ohne auf originale Meisterschaft Anspruch zu machen. Gerade deshalb haben sie für uns den größten Werth; wir erkennen in diesen mehr oder weniger freien Nachbildungen so recht die soliden Grundlagen, auf denen die griechischen Schulen beruhten. Geistreiche Auffassung, sichere, streng correcte Zeichnung und gesunde Farbenpraktik sind vorherrschende Eigenschaften der pompejanischen Gemälde, dabei zeigt sich oft ein überraschend feiner Geschmack und eine an Apelles erinnernde Grazie.

Wenn es auch keinem Zweifel unterliegt, daß viele dieser Gemälde als Copien altgriechischer Meisterwerke anzusehen sind, ist immer zu beachten, daß wir nur Arbeiten von Schülern der Schüler vor uns haben, daß ferner Herculanum und Pompeji Landstädte waren, welche, wenn auch mit großartigen Villen ausgestattet, doch in keinem Falle die allervorzüglichsten Kunstwerke besaßen.

Die Darstellungen sind meist der rein griechischen Mythe

entnommen, neben diesen kommen Scenen des häuslichen Lebens, Landschaften, Thier-, Blumen- und Fruchtstücke wie auch Arabesken vor.

Die Maltechnik ist eine sehr vielseitige: neben der einfachen Leimfarbenmalerei und der Enkaustik werden in Pompeji die mannichfaltigsten Grundirungsarten und Farbenverbindungen getroffen, vor allem aber fällt eine eigenthümliche Manier auf, al fresco auf nassen Kalk zu malen.

Die vorgezogenen Grenzen erlauben nicht, die Ausbildung der einzelnen Nebenfächer auch nur annähernd zu schildern: Elfenbein- und Holzschnitzerei, Thonformerei, Goldschmiedekunst, Eiseliren, Niello-, Email- und Mosaikarbeit, farbiger Erzguß, Graviren, Edelsteinschneiden und Münzprägung, Wachsbossiren, Enkaustik, Vasenmalerei und viele andere Kunstzweige wurden mit solcher Virtuosität betrieben, wie sie nie wieder, auch nicht in unserer an Hülfsmitteln überreichen Zeit erreicht worden ist. Was aber allen griechischen Gebilden besondern Werth verleiht, ist ihre Unmittelbarkeit: sie sind Producte des schöpferischen Geistes, denen gegenüber die glänzend scheinenden Fabrikate der Neuzeit nur als erkünstelte Nachbildungen erscheinen.

Dieselben Ursachen, welche die hohe Blüte Griechenlands herbeiführten, sollten auch den Untergang bewirken. Das verhältnißmäßig kleine Hellas bestand nicht allein aus einer Unzahl von Republiken, sondern es besaß außerdem jede Stadt ihre besondern Rechte, sodaß sich nicht selten jeder mittelgroße Ort, jedes Inselchen, als selbständiges Reich geberdete. Diese mannichfaltigen aus den Bedürfnissen des Augenblicks hervorgegangenen freien Verfassungen und die für den Handel überaus günstige Lage der Landes förderten den allgemeinen Wohlstand in einer den orientalischen Völkern unbekannten Weise, sodaß sich trotz der fortwährenden Kriege in den Ortschaften rings um das Aegäische Meer ungeheuere Reichthümer ansammelten.

Solange die jugendlichen Stämme im Aufblühen begriffen waren, sich im eigenen Lande nach Belieben ausbreiten und

VII. Die Kunst des classischen Alterthums.

Colonien aussenden konnten, waren die verschiedenen republikanischen Verfassungen nicht hinderlich, sondern vielmehr anregend, indem sie einen den geistigen und materiellen Verkehr fördernden Wetteifer hervorriefen. Als aber die Einwohnerschaft sich verdichtete und die colonisirbaren Districte besetzt waren, mußte ein festeres politisches Band für die hellenischen Staatengruppen geschaffen werden, als es der machtlose Amphiktyonenbund gewährte. Schon im Verlaufe der Perserkriege waren alle Nachtheile der Kleinstaaterei deutlich hervorgetreten, und nur den überlegenen Feldherrntalenten eines Miltiades, Cimon und Themistokles war es zu danken, daß Griechenland nicht in eine persische Provinz verwandelt wurde. Das Bedürfniß einer engern staatlichen Verbindung wurde damals sehr wohl gefühlt und angestrebt, aber gerade die an Bildung zurückstehenden Nordgriechen widersetzten sich jedem nähern Aneinanderschließen und wurden in ihrem starrsinnigen Verhalten durch die Eifersucht der Spartaner nachdrücklichst unterstützt.

Um 440 stand Athen auf dem Gipfel seiner Macht, und Perikles, der erste Staatsmann des Alterthums, leitete die Verwaltung in so unbeschränkter Weise, als ob er Alleinherrscher wäre. Damals war Griechenland reif für die Monarchie, und Perikles würde am besten gethan haben, nach Art Philipp's II. von Macedonien zu verfahren, nämlich von Attika aus eine Republik nach der andern zu unterjochen. Bei seiner vornehmen Abkunft und seinen großen Reichthümern wäre es ihm nicht schwer gewesen, ein hellenisches Universalreich zu gründen. Allein der wahrhaft große Staatsmann strebte mehr dahin, seine Landsleute zu veredeln, als sie zu knechten. Er zog die Freundschaft geistreicher Männer und Frauen, wie Sokrates, Phidias, Damon und Aspasia, einer Umgebung von Höflingscreaturen und Sklaven vor und lebte trotz seines unermeßlichen Vermögens wie der einfachste Bürger. Nach Perikles' Tode trat kein fernerer Staatsmann von solcher Begabung auf, um die durch ihn angestrebte Vereinigung Griechenlands durchzuführen; bei den obwaltenden Verhältnissen mußten die innern Zerwürfnisse fortwährend überhandnehmen, und es war unausbleiblich, daß fremden Eroberern die Herrschaft zufiel.

VII. Die Kunst des classischen Alterthums.

Etrurien und Rom.

In Italien begegnen wir wieder den Pelasgern, welche sich in ähnlicher Weise wie in Griechenland rings an den Küsten ausgebreitet, aber auch hier nicht zu einer politischen Macht aufgeschwungen haben. Aus Sicilien und Apulien durch die dorischen Colonien verdrängt, ließen sich die Pelasger in Mittelitalien zwischen einer seit ältesten Zeiten allda wohnenden wahrscheinlich nicht dichten Bevölkerung nieder und verwuchsen mit derselben zu einer einheitlichen Nation. Die italischen Urbewohner breiteten sich in vorrömischer Zeit vom Sabinischen Gebirge bis an die Alpen aus und gliederten sich in zwei Hauptstämme, die eigentlichen Etrusker oder Rasener und die Umbrier. Diese Völkerschaften waren schon damals im Besitz einiger Bildung, sie besaßen eine eigene Schriftsprache, trieben Ackerbau und wußten durch Anlegung von Kanälen die sumpfigen Niederungen in fruchtbare Felder umzuwandeln. Welchen Antheil die Pelasger an der Landescultur nahmen, ist unbekannt; jedenfalls sympathisirten ihre Anschauungen und Bestrebungen mit denen der einheimischen Stämme, wie auch ein gewisses contemplatives Wesen diesen wie jenen eigenthümlich war.

Die sich in Mittelitalien entwickelnde Kunstthätigkeit ging wahrscheinlich von den Pelasgern aus; diese hatten bereits in Sicilien und den Inseln riesenhafte Werke ausgeführt, wie unter andern das sogenannte Giganteum auf der Insel Gozzo, die Nuraghen in Sardinien; auch waren sie mit den Hellenen in vielfache Berührung gekommen, ehe sie in Etrurien einwanderten. Ob nun diese Völker ihre Culturelemente aus einer und derselben Quelle wie die Griechen erhalten, oder ob sie sich im Verkehr mit den Griechen deren Bildung angeeignet haben, wird wol für immer unentschieden bleiben. Erstere Annahme hat die größere Wahrscheinlichkeit für sich.

Die Religion der Etrusker war eine seltsame Vermischung von Naturverehrung und Todtencultus; sie bot der Kunst keine so faßlichen Anhaltspunkte, als sie die personificirende griechische Mythe gewährte. Bei mancher Aehnlichkeit mit den religiös-politischen Einrichtungen der Aegypter bestand in Etrurien eine von Priestern gelenkte Oligarchie der übelsten Art, welche ver-

VII. Die Kunst des classischen Alterthums.

ursachte, daß in diesem Lande nie ein kräftiges Staatsleben erblühen konnte. Obwol viele Jahrhunderte hindurch die ausschließlichen Besitzer des größten Theiles von Italien, haben die Etrusker keine Geschichte und keine Literatur; ohne einen einzigen berühmten Staatsmann oder Feldherrn aufgestellt zu haben, gingen sie unter, sozusagen kampflos und unbebauert; nichts anderes hinterlassend als Städteruinen, Grabdenkmale, Kanäle und Werke einer höchst entwickelten Kleinkunst. Als Etrurien einen zusammenhängenden Staat bildete, reihte sich Stadt an Stadt, die heute unbewohnbaren Maremmen prangten als Gärten und Aehrenfelder, und die jetzt kahlen Bergabhänge der Abruzzen waren mit Landhäusern, Weinpflanzungen und Olivenhainen bedeckt. Bei hoher Begabung waren die Tuscier bewandert in den mechanischen Künsten, sie construirten Kriegs- und Bewässerungsmaschinen und waren die ersten, welche den Gewölbebau (nämlich das Herstellen von Decken aus keilförmigen Steinen) in Aufnahme brachten.

Den Werken der Architektur uns zuwendend, sind es beinahe nur die zahlreich vorkommenden Gräberbauten, an welche wir uns zu halten haben. Irgendein System ist bei diesen Bauanlagen ebenso wenig ersichtlich als eine consequente Gliederung der einzelnen Theile. Man sieht Felsenkammern mit abgearbeiteten Façaden, ähnlich den ägyptischen Hypogeen oder lycischen Königsgräbern; ferner trifft man unterirdische Grüfte mit hinabführenden Treppen, manchmal überwölbt und mit Pfeilern unterstützt. Auch freie sarkophagartige Denkmale, Steinpyramiden und Tumulen fehlen nicht, dabei sind häufig ganz primitive Formen mit verfeinerten bunt durcheinandergewürfelt.

Ein tuscischer Tempelbau, welcher Aufschluß über die verschiedenartigen Erscheinungen gewähren könnte, hat sich nicht erhalten; wohl aber sind Substructionen und Reste von Säulen aufgefunden worden; auch theilt Vitruvius eine allerdings etwas vieldeutige und schon der Spätzeit angehörende Beschreibung des toscanischen Tempels mit, woraus entnommen werden kann, daß das Tempelschema von dem griechischen wesentlich verschieden war. Der Tempel war nach ägyptischer Weise mit einem rechteckigen Vorhofe umgeben und dieser mit einer Mauer abgeschlossen. Das Tempelhaus scheint in der Regel quadratisch gewesen zu sein und war der Längenrichtung nach durch Scheidemauern in mehrere Localitäten abgetheilt. Vor der Hauptfaçade stand entweder eine einfache oder doppelte Säulenreihe; ganz mit Säulen umgebene Tempel, Peripterien scheinen nicht üblich gewesen zu sein. Das Dach war im Vergleich mit dem griechischen sehr hoch und sprang weit vor; alle Gebälke bestanden aus Holz, weshalb die Säulen weit auseinandergestellt werden konnten.

Die etrurische Säule verdient als der bei weitem ausgebildetste und brauchbarste Theil der ganzen Architektur eine genaue Beschreibung. Diese Säule verbindet Kraft mit Eleganz und besitzt nicht den schwerfälligen Charakter der griechisch-dorischen Ordnung, von welcher sie sich besonders durch Hinzufügung eines gefälligen Säulenfußes unterscheidet; dann zeigt sie bei größerer Schlankheit ein zwar einfaches, aber verständig gegliedertes Capitäl. Unter dem Namen der toscanisch-dorischen Ordnung wurde das tuscische Säulensystem sowol von den Römern wie von den Meistern der Renaissance beibehalten und überall mit Vorliebe angewandt, wo es galt, kräftige Formen darzulegen. Die größten Verdienste aber haben sich die Etrusker durch Einführung des Gewölbebaues erworben.

Wenn auch unentschieden bleibt, von welchem Volke die Erfindung des Wölbens gemacht worden ist, gebührt doch den Etruskern die unbestrittene Ehre, Jahrhunderte früher als jede andere Nation umfassende Gewölbebauten ausgeführt zu haben. Die einer jeglichen Kunstanlage baren, aber praktischen Römer erkannten die Vortheile dieser Constructionsweise alsbald und ließen bereits um 600 vor Christus durch tuscische Künstler verschiedene gewölbte Nützlichkeitsbauten in Rom herstellen. Der Cloaca Maxima, einem gewölbten Abzugskanal, folgten bald Brücken und Wasserleitungen, bis allmählich auch die Tempel mit Gewölben versehen wurden.

Bis zur Eroberung Griechenlands besaßen die Römer nur nach etrurischer Weise eingerichtete Tempel; auch hielt die römische Architektur in der Hauptsache stets an den tuscischen Grundlagen fest, als späterhin griechische Einflüsse vorherrschend wurden. Ob Tempel oder Palast, wurde in Rom der Massenbau nach alt-

VII. Die Kunst des classischen Alterthums.

italischer Weise angeordnet, aber mit hellenischen Gliederungen und Aeußerlichkeiten ausgestattet. Die Verschmelzung etrurischer und griechischer Elemente gelang in so harmonischer Weise, daß die römische Architektur der griechischen ebenbürtig zur Seite steht und stets eine bevorzugte Stellung in der Kunstgeschichte einnehmen wird.

Wenn man die erhaltenen Römerbauten der Reihe nach durchmustert, fällt ein immerwährendes Hin- und Herschwanken zwischen griechischen und etrurischen Formen auf; bald herrscht diese, bald jene Bauweise vor, bis sich die verschiedenen Elemente zum Ganzen fügen. Der Tempel der Fortuna Virilis in Rom, angeblich von Servius Tullius (578—535 vor Christus) erbaut, dann die Tempel der Vesta in Tivoli und des Hercules in Cora tragen noch vorwaltend tuscisches Gepräge. Die Gliederungen dieser Gebäude sind derb und stehen im offenen Widerspruch mit den zierlichen Pflanzenornamenten, welche an den Capitälen und Gesimsen vorkommen. Das Pantheon, eins der herrlichsten und besterhaltenen Denkmale Roms, zeigt durchaus altitalische Anordnung, und nur die Säulen des vorgebauten Porticus gehören der hellenischen Bauart an. Vollendete Harmonie in allen Theilen sprechen die Reste von den Tempeln des Mars Ultor und Jupiter Stator, vom Forum des Nerva und andern aus der ersten Kaiserzeit herrührenden Bauwerken aus, während unter Hadrian die italischen Formen wieder überhandnehmen.

Als hochwichtiges und ausschließlich italisches Bauelement ist die Bogenstellung zu bezeichnen. Diese wurde bald mit Säulen in Verbindung gebracht, und es entstand eine Blendarchitektur von großartigster Wirkung, wenn auch die Theile nicht organisch miteinander verbunden waren. Der Triumphbogen des Konstantin stellt sich als eins der hervorragendsten Beispiele dieser Blendarchitektur dar. Das Gebäude ist ein mit Säulen ausgestatteter Bogenbau. Nimmt man die Säulen hinweg, erleidet das Ganze keine wesentliche Veränderung; stellt man aber die Säulen mit ihren Gebälken und der Bedeckung ohne den Bogenbau hin, zeigt sich ein wohlangeordneter Säulenporticus.

Der sogenannte korinthische Baustil, dessen unentschiedene Anfänge wir in Griechenland kennen gelernt haben, erhielt sein vollkommenes Gepräge erst in Rom und darf als der ureigenste Ausdruck römischer Größe und Prachtliebe angesehen werden. Die Durchbildung der korinthischen Detailformen erscheint im höchsten Grade geistreich und von solcher Mannichfaltigkeit, daß spätere Classificatoren zwei verschiedene Baustile, einen rein korinthischen und einen römisch-compositen, erblicken wollten.

So große Beliebtheit übrigens die korinthische Bauart erlangte, verblieb dennoch der alte tuscische wie der ionische Stil fortwährend in Uebung, und es wurde allmählich Sitte, bei mehrstöckigen Bauwerken das Erdgeschoß in toscanischer, die obern Partien in ionischer oder korinthischer Weise auszustatten. Das Flavische Amphitheater zu Rom, bekannt unter dem Namen Colosseum, zeigt toscanische, ionische und korinthische Säulen- und Bogenstellungen übereinander.

Durch die gesteigerten Bedürfnisse der Weltstadt, die ungeheuere Ausdehnung des Reiches und den vorwaltend dem Nützlichkeitsprincip zugewandten Sinn der Römer wurden nicht allein viele neue Formen geschaffen, sondern eine Unzahl von Gebäudearten hervorgerufen, von denen wir bei den Völkern der Vorzeit keine Spur treffen. Vor allem sind die Thermen zu nennen, ursprünglich Badehäuser, welche nach und nach zu den kolossalsten Anlagen erwuchsen, sobaß sich hier alle nur denkbaren Einrichtungen für geistigen Verkehr und freie Unterhaltung vorfanden. Den Mittelpunkt bildete eine Gebäudegruppe mit einem ungeheuern Versammlungssaal, vor welchem ein so umfangreiches Schwimmbassin lag, daß Naumachien (Schiffsgefechte) abgehalten werden konnten. An den Hauptsaal schlossen sich an verschiedene Säle für gemeinschaftliche kalte, laue und warme Bäder, dann eine solche Menge von Badezellen, daß z. B. in den Thermen des Diocletian 3200 Personen zu gleicher Zeit baden konnten. Ein weitläufiger Garten breitete sich um diese Baulichkeiten aus, das Ganze aber war eingefaßt mit einem Säulengange, an welchen Bibliotheken, Bildergalerien, Ballspiel-, Lese- und Rednersäle, Verkaufsläden, Theater und sonstige Localitäten angefügt waren.

Ein anderes nicht minder wichtiges Gebäude war die Basilika, zunächst als Börse dienend, aber dann zu den verschiedensten Zwecken eingerichtet. Ausgezeichnet waren die Wasserleitungen

VII. Die Kunst des classischen Alterthums.

und Wasserschlösser, Theater und Amphitheater der verschiedensten Art, Rennbahnen, Getreideniederlagen, Foren, Markthallen, Triumphbogen, Brücken und Stadtthore. Dazu kamen die riesenhaftesten Paläste und Landhäuser, ausgestattet mit der erdenklichsten Pracht von Bauformen, Materialien und bildnerischen Zuthaten.

Besitzt die römische Architektur nicht die Ursprünglichkeit und keusche Anmuth der hellenischen, übertrifft sie diese in Bezug auf malerische Wirkung und Verwendbarkeit bei weitem; in einem griechischen Hause ersten Ranges würde sich heute kaum eine schlichte Bürgerfamilie heimisch fühlen, während jedes Privathaus des alten Roms den gesteigertsten Anforderungen der Gegenwart entsprechen könnte.

Bei Betrachtung der Sculpturwerke fällt zuerst die Vorliebe für Thonarbeiten auf, durch welche die Etrusker sich auszeichneten. Arbeiten von gebrannter Erde bedeckten die Façaden der Tempel wie der Privatgebäude; das Bild des capitolinischen Jupiter bestand aus Thon, und auf dem Giebel des Tempels in Veji prangte ein aus Terracotta gefertigtes Viergespann. Gesucht waren die tuscischen Fictilien, namentlich die glänzendschwarzen mit aufgepreßten Figuren, welche den griechischen zur Seite gestellt wurden. Dann wurde der Erzguß geübt, und es sollen sogar kolossale Statuen gegossen worden sein, von denen sich jedoch keine Reste erhalten haben. Dagegen kommen etrurische Gußwerke kleinern Maßstabes nicht selten vor, wie die Minerva von Arezzo im florentinischen Museum, der Knabe mit der Gans zu Leyden, eine Chimära, mehrere Apollostatuetten in verschiedenen Sammlungen, von anmuthigem Charakter und richtiger Zeichnung.

An den Erzguß schließen sich die Erzeugnisse der Toreutik an, als dem Fache, in welchem die Etrusker das Ausgezeichnetste leisteten und selbst die Griechen übertroffen haben. Tyrrhenische Bronzearbeiten, Becher, Schalen, Candelaber, Dreifüße und goldene Schmucksachen wurden in Athen zur Zeit der höchsten Kunstblüte höher als einheimische Producte geschätzt, ebenso galten etrurische Wagenverkleidungen, Stühle und Bronzespiegel als die unübertrefflichsten Kunsterzeugnisse ihrer Art. Bei allen Wechselbeziehungen zwischen Griechenland und Italien und den oft nachweisbaren Einwirkungen hellenischer Kunst auf die alt-italische, gibt sich doch in allen Gebieten der letztern ein urwüchsiges Element kund, welches in der Ornamentik am ausgeprägtesten zu Tage tritt.

Die Anwendung geometrisch-liniarer Decorationen, welche in der hellenischen Verzierungsweise allenthalben vorherrscht, wie in den Mäander-, Labyrinth- und Sterngebilden, tritt in der etrurischen Kunst auffallend zurück, wogegen vegetabilische Ornamente, Blumenkränze, Fruchtgehänge, von Genien getragene mit Trauben angefüllte Schalen, auch verschlungene abenteuerliche Figuren mit ebenso großer Geschicklichkeit wie Liebe behandelt werden. Auch in die Architektur wurden diese pflanzlichen Decorationen aufgenommen, wie unter anderm der Vestatempel in Tivoli erkennen läßt. Diese Elemente haben wesentlich beigetragen, der römischen Kunst einen unabhängigen Charakter zu verleihen.

Reste etrurischer Malereien sind uns in den Grabkammern erhalten worden. Es scheint, daß die Wandmalerei hier früher als in Griechenland geübt worden sei, indem mehrere der aufgefundenen Bilder bis in das sechste Jahrhundert vor Christus zurückdeuten. Sinnlich weiche, an asiatische Vorbilder erinnernde Formen und lebhafte Bewegungen zeichnen diese Gemälde vor den altgriechischen aus, dabei ist die Zeichnung in der Regel correct, indem die Umrisse in der bekannten Manier mit Farben ausgefüllt sind. Die tuscische Vasenmalerei scheint sich nicht zur Höhe der hellenischen erhoben zu haben, doch ist trotz der vielen und reichen Sammlungen nicht immer möglich, zwischen den beiderseitigen Fabrikaten zu unterscheiden, weil die vorkommenden Inschriften (griechisch und etrurisch) keine genügenden Aufschlüsse über die Anfertigungsorte gewähren. Ein höhere Entwickelung hat die tuscische Malerkunst nicht erfahren.

Erwähnenswerth ist, daß gerade die aus Etrurien stammenden römischen Könige, Tarquinius I., Servius Tullius und Tarquinius II., vieles beigetragen haben, die Unabhängigkeit ihres

VII. Die Kunst des classischen Alterthums.

Vaterlandes zu untergraben und die römische Oberherrschaft vorzubereiten. Nicht allein, daß durch die Tarquinier mehrere etrurische Gebiete gewaltsam ihrem Stammlande entrissen und mit Rom vereinigt wurden, haben diese Herrscher auch den Schwerpunkt Etruriens, seine Intelligenz und Kunstthätigkeit, nach Rom verlegt und die besten Kräfte dahin gezogen. Nachdem die von ihren Stammgenossen im Stiche gelassenen Vejenter einen letzten Kampf um ihre Selbständigkeit gewagt hatten, löste sich das niemals organisch verbundene etrurische Reich beinahe ohne äußern Anlaß auf, sodaß die Weltgeschichte wenig über den Untergang zu berichten weiß.

Ging auch Etrurien als Staat unter, seine Kunst lebte in Rom fort und überdauerte das Weltreich. Tuscische Bauformen gingen in die aufblühende christliche Kunst über, tuscische Geräthschaften blieben maßgebend für die frühmittelalterlichen Goldschmied-, Erz- und Eisenarbeiten, und die in den etrurischen Grabkammern ruhenden Geniengestalten lebten als christliche Engel wieder auf. Ein höchst eigenthümliches Schicksal erfuhr die etrurische Baukunst. Während der ersten Kaiserzeit durch den zur Mode gelangenden Hellenismus zurückgedrängt, aber nie ganz unterdrückt, gerieth sie im Anfange des Mittelalters in gänzliche Vergessenheit und blieb unbeachtet, bis Filippo Brunelleschi und Leon Batista Alberti (1377—1472) die classische Baukunst wieder in Aufnahme brachten, und, ohne sich ihres Strebens im ganzen Umfange bewußt zu werden, die toscanische Bauart in die Praxis aufs neue einführten. Unsere heutige Palast- und Wohnhausarchitektur ist in Wahrheit nichts anderes als eine Fortbildung der altitalischen Elemente mit Einflechtung griechischer Reminiscenzen.

Die griechische Kunst steht in so innigem Zusammenhange mit dem Leben, den religiösen und philosophischen Anschauungen wie den Dichtungen der Griechen, daß die eine Seite des Culturlebens nur durch die andere verstanden und erklärt werden kann. Die Religion selbst wurzelt mehr in den Poesien des Homer und Hesiod als in einer bestimmten Lehre; die mit Göttersagen durchwebte Kunst ist vorwaltend religiösen Ursprungs, und nicht allein die eigentliche Philosophie, sondern auch die staatlichen Grundlagen trugen dichterische Einkleidung. Dabei ziehen sich von ältester Zeit an durch die hellenische Culturgeschichte gewisse persönliche Gegensätze hin, welche sich bedingten und ohne welche jene hohe geistige Entwickelung nicht erreicht werden konnte; so Homer und Hesiod, Lykurg und Solon, Phidias und Polyklet, Plato und Aristoteles, Aeschylos und Euripides, Praxiteles und Lysippos und noch viele andere, wie sie in solcher Zahl und von solch ausgeprägtem Wesen kein zweites Volk je hervorgebracht hat.

Das Studium der griechischen Kunstgeschichte ist daher nicht allein für angehende Künstler, sondern für jeden, der sich gründliche Geschichtskenntnisse erwerben oder die griechischen Dichter und Philosophen verstehen will, unbedingt nothwendig und sollte an jeder höhern Lehranstalt betrieben werden.

Von unbestimmbaren Anfängen ausgehend, treten mit dem Zeitpunkte, als sich das geschichtliche Dunkel aufzuhellen beginnt, unbegreiflich rasche Fortschritte ein: es entstehen national getrennte Schulen, welche im rühmlichen Wetteifer um die Palme ringen, bis sich die vereinzelten Bestrebungen nach und nach zum harmonischen Ganzen vereinigen. Nachdem in der großen Zeit des republikanischen Patriotismus die Tempelarchitektur ein festes Gepräge erhalten, wandte sich die aufstrebende Kunstthätigkeit der Bildnerei zu, und es erblühte die religiöse Kunst zu einer nie wieder erreichten Höhe. Ziemlich gleichzeitig entwickelte sich aus dem Heroencultus die Vorliebe für geschichtliche Bildwerke, Darstellungen von Helden und olympischen Siegern.

Es folgte das Zeitalter der Regeln und der feinen Durchbildung. Man dachte und schrieb über Kunst, glänzende Weihegeschenke wurden in den Tempeln aufgestellt, die Malerei gestaltete sich zum selbständigen Fache, und das Bildniß gewann zunehmende Bedeutung. Mit Hinzufügung der vollendetsten Grazie durch Praxiteles und Apelles hatten Sculptur und Malerei ihren Glanzpunkt erreicht, und es konnten fernere Fortschritte nur noch in Bezug auf Ausbreitung der Fächer gemacht werden. Die gesammte Kunstübung erhielt einen vorwaltend malerischen Charakter: Darstellungen aus dem Volksleben, Theater- und Wanddecorationen, Landschaften, Thier- und Blumenstücke waren das Gebiet, in denen sich die Künstler der Spätzeit am besten gefielen.

VII. Die Kunst des classischen Alterthums.

Trotz der ungeheuern Verbreitung machte die Kunst und namentlich die Sculptur in der Epigonenzeit keine nachweisbaren Rückschritte, wie man aus den zahlreichen Statuen entnehmen kann, welche von griechischen Künstlern in Rom seit der Eroberung Griechenlands gefertigt wurden. Diese Statuen waren es, an denen die großen Meister der Renaissance sich bildeten, welche unter dem Namen Antiken von Ghiberti, Donatello, Luca della Robbia, Masaccio und andern studirt und so zu Grundpfeilern der aufblühenden italienischen Kunst erhoben wurden. Von einer Bekanntschaft mit althellenischen Originalwerken war damals keine Rede, man kannte nur Copien oder Umbildungen derselben, und schon diese riefen eine solche Bewunderung hervor, daß das Wort Antike als gleichbedeutend mit Meisterwerk galt. Der jugendliche Michel Angelo begründete seinen Ruhm, indem er einen Amor bildete, welcher von einem Kenner als „antik" erklärt wurde.

Aber nicht allein die christliche Kunst, sondern das Christenthum selbst fußt im Hellenismus. Die Lehre Christi fand im Orient keinen Anklang und wurde weder von den Juden noch den umwohnenden heidnischen Völkerschaften verstanden. Nur ein mit tiefer Empfindung begabtes künstlerisch durchgebildetes Volk wie die Griechen war im Stande, die auf ewigen Wahrheiten beruhende Religion zu fassen, weshalb sich die großen Apostel Paulus und Petrus zuerst nach Griechenland wandten. Hier, und zwar in Athen, sind auch die ersten Vorkämpfer des Christenthumes auferstanden, Sokrates und Phidias, merkwürdigerweise beide Bildhauer von Fach, welche beide nach dem ehrenhaftesten und ruhmvollsten Lebenswandel vom blödsinnigen Pöbel der Gotteslästerung angeklagt und zum Tode verurtheilt, im Kerker an Gift starben.

VIII.

Von deutscher Art und Kunst.

Einleitung in die Kunstgeschichte des Mittelalters.

Ein sonderbar Verhängniß wollte, daß ich von frühester Jugend an bald in diesem, bald jenem Grenzbezirke Deutschlands meinen Aufenthalt nehmen und so, ohne es zu beabsichtigen, gleich sehr mit den innern deutschen Verhältnissen wie mit den Anschauungen und Bestrebungen der Nachbarvölker bekannt werden sollte.

Meines Stammes Tiroler, geboren in einer ehemaligen Reichsstadt Schwabens, aufgewachsen in dem kunstbeflissenen Mittelpunkte des Baierlandes, verlebte ich meine Entwickelungs=jahre am Rhein im goldenen Mainz, wo damals die altnapo=leonische Herrlichkeit noch im frischen Andenken stand und im Gewoge des Augenblicks oft wunderliche Begriffsverwirrungen zu Tage förderte. Hier schob ein stelzbeiniger, in Bingen gebür=tiger Invalide den Karren und las nebenbei im Ségur; er hatte bei Borodino und Leipzig gefochten, ein Bein verloren und dafür ein Kreuzchen erhalten. Krakeel hing die Commißmütze am lin=ken Ohre, und er qualmte entsetzlich aus dem rußigen Stummel, als ein paar neuequipirte preußische Lieutenants an ihm vor=überstolzirten. Den deutschberockten Turnern aber, welche zum Thore hinaus gen Mombach stürmten, sandte der ergrimmte Veteran tausend gascognische Flüche nach. Drüben im Casino balgten sich recidive Frömmler mit alten Jakobinern, ehemalige Maires und schmucke Legionsritter parlirten in der einzigen Sprache der Gebildeten und entsetzten sich über der eigenen Söhne gothisch barbarische Sprechweise, während die schönen

VIII. Von deutscher Art und Kunst.

Töchter Moguntias nach der Jesuitenkirche wallten, um einen österreichischen Feldprediger zu hören.

Die Straßen widerhallten von dem vielbeliebten "Adieu Français, adieu France chérie!"; von den Schiffen aber tönte es herüber in der gedehnten rheinländischen Sangesweise:

> Guntersblum liegt bei Frankenthal,
> Grüß mir den Schatz zehntausendmal!

Wir Gymnasiasten zogen unter Anführung des jüngern Follen auf den Melibocus, sprangen durchs Feuer und schrien: "Vive l'empereur!"

Derlei Widersprüche waren in den zwanziger Jahren an der Tagesordnung und durften den Rheinhessen oder Pfalzbaiern ebenso wenig verargt werden als heute den Elsässern ihre Anhänglichkeit an Frankreich. Hatten die Bewohner dieser Landstriche doch unter Frankreichs Adlern alle Vortheile eines großen Staatsverbandes kennen gelernt und hierin Entschädigung gefunden für die verlorene Selbständigkeit, während mit der Rückkehr zu Deutschland die unleidlichste Vielherrschaft eingezogen war.

Bei jedem Spaziergange in der Stadt Mainz sowol wie in der reizenden Umgebung war man fortwährend in Gefahr, auf fünferlei Weise arretirt zu werden: einige Schritte gegen rechts, und man wurde von den Oesterreichern, links von den Preußen gepackt. Inmitten der Großen Bleiche (der Hauptstraße) thronte in schauerlicher Erhabenheit die königlich bairische Demagogen-Untersuchungscommission; diesseit der Rheinbrücke wurde man von großherzoglich hessischen, jenseit von herzoglich nassauischen Douaniers bis aufs Hemde ausgesucht, und wehe dem Schulkinde, in dessen Tasche sich ein Apfel oder ein paar Nüsse befanden!

Um die Unliebsamkeiten vollzumachen, verging selten eine Woche, ohne daß von den preußisch-österreichischen Besatzungstruppen die eingehendsten Untersuchungen über gegenseitige Bravour angestellt worden wären, bei welchen Gelegenheiten auch die Bewohner der Umgegend in den Bereich der kriegerischen Exercitien einbezogen wurden und Stockhaus wie Morgue reichliche Lieferungen erhielten.

Trotz dieser und vieler andern Uebelstände brachen deutsches Leben und deutsche Sinnesweise entlang des Rheines sich unaufhaltsam Bahn, im Eifelgebirge und Hundsrück, oben auf der stillen Hardt wie im grünen Was- und Sundgau, überall wo die Volksstimme sich aussprechen durfte, siegte das deutsche Element über die aufgedrängte und nicht selten von oben herab begünstigte Fremdländerei. Bei unsern Studentenversammlungen stellten sich regelmäßig Abgeordnete aus Straßburg, Kolmar, Mömpelgard, Saarburg und andern noch tiefer in Frankreich liegenden Orten ein, wie wir unsererseits häufige Ausflüge in die Thäler der Vogesen, nach Wassenheim, Maurmünster und Bitsch veranstalteten. Das französirte Straßburg gern vermeidend, fiel uns jungen Leuten schon in den Jahren 1824—25 auf, daß das Landvolk im Elsaß durchaus deutsch gesinnt sei, auch den Anschluß an Deutschland wünsche, aber gegen die sämmtlichen diesseitigen Regierungen eine unüberwindliche Abneigung hege. Im ganzen verstanden es die Leute sowol der französischen wie der deutschen Rheingegenden bald, den edeln Kern herauszufinden aus dem Plunder, welchen eine verflachte Zeit und verdorbene Wirthschafterei aufgehäuft hatten: die politischen Ansichten klärten sich, und Elsaß wie Deutsch-Lothringen würden sich nie in so hohem Grade von uns entfremdet haben, wenn nicht in jüngstverflossener Zeit die Verhetzerei der Massen mit höchster Virtuosität betrieben worden wäre.

Heute, nach fünfundvierzig Jahren, denke ich noch mit Vergnügen daran, wie Hunderte von Kinderköpfen aus den breiten Fenstern zu Brumat lustig herausgrüßten, als wir das „Turner ziehn" anstimmten und durch den Flecken in gemessenem Schritt marschirten. Wie von den Kindern sahen wir uns auch von den Erwachsenen herzlich und gastlich aufgenommen; ein Glas Milch oder Wein, ein Butterbrot wurde überall geboten, ohne daß im entferntesten ein Wunsch geäußert worden wäre.

Ganz anders, aber viel unerfreulicher sah es aus, als ich etwas später im lieblichen Etschthale weilte, um Studien zu machen. Es war um das Jahr 1830, und meine Blicke hatten sich einigermaßen geschärft, als ich das unheimliche Treiben gewahr wurde, durch welches welsche Sprache und deutschfeindliche Gesinnungen herübergeleitet wurden in urdeutsche Gefilde. Schon damals sprachen die edelsten Männer Tirols unverhohlen aus, daß die Uebergriffe des Italianism für die Provinz wie für die Monarchie gleich gefährlich seien. Die redlichen Warner wurden nicht gehört; Ort für Ort, eine Gemeinde um die andere wurden verwelscht, und mit jedem Dorfe, aus dem die deutsche Sprache verdrängt wurde, verlor Oesterreich ein Bollwerk gegen den sich listig ausbreitenden Feind. Die in Venetien liegenden deutschen Ortschaften wie auch die Fleimser und Trentiner sind ganz italianisirt worden, größtentheils durch Verordnungen der damaligen Regierung: die spätern Unglückstage waren 30 Jahre früher vorbereitet und mit Consequenz herbeigeführt worden. Gegenwärtig ist die italienische Grenze factisch bis herein über den Brenner verlegt, und bei der Rührigkeit der welschen Agenten scheint der Tag nicht mehr fern, an welchem der städtische Mauthschranken von Innsbruck zugleich die Landesgrenze zwischen Oesterreich und Italien bezeichnen wird.

Mein Wunsch, von Meran aus eine Reise durch Italien machen zu können, sollte nicht in Erfüllung gehen: um die nöthigen Mittel zu erwerben, mußte ich mich nach den entgegengesetzten Enden Deutschlands, nach Friesland und Holstein, begeben, wo ich in Kiel Gelegenheit fand, ähnliche Vorgänge zu studiren, wie ich sie im Etsch- und Eisackthale verlassen. Was im Süden mit Schleichen, Zischen und Züngeln, theilweise auch mit fremdem Golde durchgeführt wurde, versuchte das unbedeutende Dänemark an der Nordgrenze durch Gewaltthat und grobe Ränke zu erreichen. In den Landen der Friesen und Niedersachsen sollten unter dem Schutze des Deutschen Bundes und zunächst durch diesen selbst deutsche Sprache, Sitte und angeerbtes Recht ausgerottet werden, auf daß sich ein einheitlicher Daniskerstaat entwickele. Die Nordländer waren jedoch insofern günstig gestellt im Vergleich mit den Tirolern, daß sie den Angriff kommen sahen und mit dem Gewichte einer überlegenen Intelligenz, geleitet von patriotischen und opferwilligen Beamten und Priestern, den Kampf aufnahmen. Dieser langwierige mit dem Wort und dem Schwerte geführte Kampf der Schleswig-Holsteiner ist es, welcher Deutschland zuerst aufgerüttelt hat aus seinem Pflanzenschlummer, welcher zum Eckstein des deutschen Reichsgebäudes geworden ist. Im Norden wie im Süden war es ein edler, naturwüchsiger

Stamm, welcher dem Gesammtwesen entrückt werden sollte; hier wie dort wirkten dieselben giftigen Elemente gegen das erstarkende Deutschthum.

Daß die Manchestermänner in den deutsch=dänischen Angelegenheiten eine mehr als zweideutige Rolle spielten, daß ihnen ein zersplittertes Deutschland lieber war als ein geordneter Staat, können wir ihnen ebenso wenig verdenken, als wir es den Russen oder Franzosen übel nehmen dürfen, wenn sie der Kräftigung und vor allem der Einigung unsers Vaterlandes entgegen traten. Uebrigens hatte schon der mittlerweile zum Frankenkönig erwählte Ludwig Philipp ein Verständniß für das moralische Uebergewicht Deutschlands; er beschwichtigte mit dem Aufgebot all seiner Kräfte die Chauvinisten, welche die Eroberung des linken Rheinufers predigten und einen Krieg anstrebten. Der ruhig erwägende Orléans erkannte mit dem ihm eigenen Scharfblick, daß dieser Krieg unfehlbar die Vereinigung Deutschlands herbeiführen werde, und zu solch einer Eventualität wollte er nicht die Hand bieten.

Während der Hinreise nach Friesland hatte ich abermals die Rheinlande berührt, war mit Ernst Moritz Arndt, Boisserée, Claudius Lasaulx, Clemens Brentano und durch letztern mit dem jugendlichen, aber höchst strebsamen Hendrick Conscience bekannt geworden, welcher mich einführte in das damals gänzlich unbekannte Gebiet der vlämisch=niederdeutschen Mundart, des würdigen Gegensatzes zum Hochalemannischen, mit dessen Schönheiten uns Hebel bekannt gemacht hat. Auf solche Weise angeregt, besuchte ich Belgien und Holland und hatte, nachdem ich die Elbherzogthümer kennen gelernt, die Marken des Vaterlandes zur Hälfte begangen.

Nun war es ein natürliches Gelüste, die Nordost= und Ostseite, wenn auch nur im flüchtigen Zuge, durchzupilgern. Größtentheils zu Fuße von Lübeck durch Mecklenburg und Pommern bis nach Riga hinwandernd, hatte ich zwar manchen öden Landstrich und manches Sandfeld zurückzulegen, lernte aber auch landschaftliche Reize kennen, von denen meine süddeutschen durch die Alpen verwöhnten Landsleute keine Ahnung haben. Das kreidefelsige Rügen, die lieblichen Wald= und Seepartien um Wollin, das Panorama vom Gollenberge bei Köslin und die Uebersicht des

VIII. Von deutscher Art und Kunst.

Busens von Danzig bleiben für alle Zeiten unvergeßliche Bilder. Durch Westpreußen zurückkehrend, betrat ich nach Untersuchung der Denkmale von Marienburg das eigentliche Polen, um ein für allemal von dem Polenenthusiasmus der Jahre 1830—31 geheilt zu werden. Mein Weg führte im Zickzack über Bromberg, Gnesen und Posen nach Krotoschin, wo ich zu thun hatte und von wo aus mehrere Excursionen nach Kalisch und ins russische Polen gemacht wurden.

Welch eine Enttäuschung für einen Mann, der kurz vorher Polenlieder gedichtet, welch ein Einführen in die prosaische Wirklichkeit, nachdem man mit Lelewel und Czartoryski für die Wiederherstellung der polnischen Republik geschwärmt!

Weite fruchtbare Auen, unbeschreiblich schöne Wälder und in Entfernungen von je zwei bis drei Meilen ein stolzes Schloß; dazwischen in morastigen Gründen eingegraben und kaum aufzufinden hier und da einige mit Reisig und Letten überdeckte Hütten, an denen weder Thür noch Fenster wahrzunehmen. Kein Garten, kein Baum oder Ackerfeld daneben, überall Schmuz und Ekel erregende Gegenstände. Und vor der Hütte kauert ein halbnacktes Weib, wälzt sich ein Haufen nackter Kinder. Diese strecken bittend die Hände aus, um, wir wissen nicht was für ein Labsal zu erhalten, welches ihre Erzeugerin inbrünstig an die Lippen drückt. Es ist eine blecherne Schnapsflasche, welche die Runde macht und von der auch das einjährige, noch an den Brüsten saugende Kindlein sein redlich Theil erhält.

Was arbeiten diese Leute, wovon leben sie und welch ein Unglück hat die Gegend betroffen, daß es so entsetzlich aussieht? also fragt der erschrockene Wandersmann, welcher zum ersten mal solche Hütten und solches Treiben erblickt. Von Mitleid ergriffen opfert er gern, was entbehrt werden kann, worauf die lieben Kleinen im lustigen Getümmel unter Vortragung des ominösen Blechgeschirres zu einer etwas größern Holzbude hinlaufen, die geschenkten Kupfermünzen abliefern und dafür frischen Branntwein erhalten. Derselbe Auftritt wiederholt sich bei einer zweiten und dritten Hütte, endlich gelangt der Reisende zu der erwähnten Holzbutike, dem einem Juden gehörenden Wirthshause, wo er erfährt, daß er sich in einem großen polnischen Dorfe und mitten im normalmäßigen Leben befinde. Die Leute aber, welche das Mitleid so sehr in Anspruch genommen, arbeiten wöchentlich fünf Tage für den Gutsherrn und erhalten dafür gerade solchen Verdienst, um mit Branntwein und Kartoffeln das Leben fristen zu können. Die übrige Zeit, welche dem Landmann freibleibt, die Stunden, in welchen er nicht zur Arbeit gezwungen wird, benutzt er zum Schlafen und Betteln.

Obgleich bald nachher durch die Verhältnisse zum Eintritt in den Staatsdienst gezwungen, hatte die Wanderlust das Ende nicht erreicht; die Ferienmonate wurden regelmäßig mit Reisen ausgefüllt, und nun waren es die Lande der österreichischen Monarchie, denen ich meine Aufmerksamkeit widmete, die in planmäßiger Reihenfolge heimgesucht wurden. Ueberall in den Grenzländern dieselben Wahrnehmungen, welche sich in Westpreußen und Polen aufgedrängt; von Cultur und geordneten Zuständen ist nur dort die Rede, wo entweder seit uralter Zeit Deutsche wohnen, oder wo deutsche Ansiedler und deutsche Gesetze sich späterhin ausgebreitet haben.

Von der Donau aus, als der mir bequemsten Hauptstraße, wurden einzelne Streifzüge unternommen durch die gesegneten Tiefebenen wie die Puszten Ungarns, dann ging's über die Karpaten, um die südöstlichen deutschen Culturpunkte kennen zu lernen: Lemberg einerseits und die Sachsenstädte Siebenbürgens andererseits. Eine Reise durch Italien vervollständigte die gemachten Erfahrungen, und ich hatte im Laufe von etwa zwölf Jahren (1824—36) das deutsche Sprachgebiet, insofern es ein geschlossenes Ganzes bildet, umkreist.

Diese Reisen wurden nicht etwa im dahinbrausenden Bahnzuge oder auf bequemen Polstern eines Eilwagens gemacht, sondern Schritt für Schritt mit ureigenster Gelegenheit, das Studentenränzel auf dem Rücken und den gefleckten Ziegenhainer in der Hand. Auch habe ich die Mittel für meine Reisen mir jederzeit selbst erworben durch Stundengeben und derlei unerfreuliche Arbeiten; unter Entbehrungen und Plackereien aller Art wurden im Verlaufe des Jahres 10—12 Thaler zusammengespart, eine solche Summe war für mich hinreichend, um einige hundert Meilen zurückzulegen. Allerdings habe ich manche Nacht keine andere Decke über mir gesehen als den blauen Himmel, mußte noch öfter mit Wanderburschen, Flößern und Fuhrleuten das

Stroh theilen, oder mit Lazzaroni und Zigeunern ums Feuer sitzen und Erdäpfel oder Kastanien rösten. Wenn ich zwischen solcher Gesellschaft keine Gelegenheit fand, kunstschmausende Briefe in der Manier des Verstorbenen abzufassen, habe ich doch reinere Herzen und edlere Gesinnungen getroffen, als ich sie späterhin in hohen Kreisen und in bester Gesellschaft kennen lernen sollte.

In ihrer Gesammtheit boten die gemachten Anschauungen kein erfreuliches Bild: Vielköpfigkeit, Zwietracht und die bornirteste Philisterhaftigkeit standen damals in vollster Blüte, die wenigen freien Stimmen, welche sich infolge der Julirevolution hervorgewagt hatten, waren bei vorwaltender Apathie der Massen durch die vereinten Kräfte des Bundestags und der Regierungen schnell unterdrückt worden: Oesterreich aber war von der damaligen Aufregung ganz unberührt geblieben.

Das schöne Band, welches einst die deutschen Gauen zusammengehalten, war eine Schlinge geworden, deren eines Ende der Franke, das andere der Moskowiter hielt: in der Mitte des Landes aber wohnten tiefdenkende Leute, welche geistreiche Bücher schrieben und in ihre Studien versenkt nicht gewahrten, was rings an den Grenzen vorging. Der gelehrte Professor in Erlangen, Leipzig und Greifswald sprach von Brudervölkern und gemeinschaftlichen Fortschritten des Menschengeschlechtes: dem Glücklichen war unbekannt, daß in geringer Entfernung von seinem Musensitz der wüthendste Haß gegen Deutschland gepredigt wurde, daß die sogenannten Bruderhände hier deutsche Schulen in slawische umwandelten, dort italische Seelsorger in deutsche Dörfer einsetzten oder die einheimischen Priester mit Gewalt vertrieben, um dänischen Söldlingen Platz zu machen. Diese Naivetät der deutschen Gelehrtenwelt hat sich bis zur Stunde erhalten, wie wir erst kürzlich erfahren mußten. Es waren Namen von gutem Klange, welche sich in sentimentalen Redensarten gegen die Wiedererwerbung von Elsaß-Lothringen aussprachen, welche mit einem Victor Hugo um die Wette greinten, auf daß der heilige Boden Frankreichs nicht geschmälert werde. Ein halbes Jahrhundert hindurch hatten diese gelehrten Leute vom alten Barbarossa gesagt, gesungen und ihn heraufbeschworen: als er aber auferstand in feuerstrahlender Herrlichkeit und mit stählernem Besen den Unrath fortzufegen begann, da erzitterten die Herren und fürchteten, es möchte mit dem tausendjährigen Schmuz auch einiges lieb gewordene Rumpelzeug hinausgeworfen werden.

Wie ich so nach und nach bald hier, bald dort auf den großen Marksteinen des Vaterlandes, dem schneebedeckten Ortler, den gedehnten Höhen der Vogesen, den Klippen Rugiens und gewaltigen Felsen der Tatra ausruhte und meine Blicke in der Runde schweifen ließ, drängte sich tausendfältig die Frage auf, woher denn die Wuth der Nachbarvölker, namentlich jener kleinen Sippen rühre, welche wie eine Meute heißhungeriger Köter von allen Seiten her gegen Deutschland geiferten und klafften und nicht sowol gegen die Macht und Größe, als vielmehr gegen das sittliche Leben, gegen die geistigen Errungenschaften ihr Gift ausspritzten.

Gerade dieses Leben und Ringen des deutschen Volkes ist es, welches wir einer nähern Betrachtung zu unterziehen gedenken, und zwar abgesehen von allen politischen Verhältnissen, abgesehen von den Begebenheiten des letzten Jahrzehnts. Wir wollen die Stämme, ihre Verwandtschaften, wissenschaftlichen und künstlerischen Bestrebungen der Reihe nach aufzählen, wie sie eine schnelle Rundreise erkennen läßt.

Die Alemannen und Schwaben.

Die südwestliche Ecke Deutschlands haben die Alemannen inne, welche eng mit den Schwaben verwandt und districtweise ganz mit ihnen verschmolzen, doch manche Stammeseigenthümlichkeiten gewahrt haben. Der alemannische Dialekt wird im größten Theile der deutschen Schweiz und am Oberrhein gesprochen, das Gebiet wird im Westen durch die Wasserscheide der Vogesen, im Osten durch den Rücken des Schwarzwaldes begrenzt, die Längenausdehnung darf von den Berner Alpen bis gegen

VIII. Von deutscher Art und Kunst.

Hagenau angenommen werden. Die Alemannen wohnten ursprünglich in den Maingegenden, wo sich um den Anfang des dritten Jahrhunderts vor Christus der aus verschiedenen Völkerschaften, Sueven, Hermunduren, Chatten und andern, bestehende Alemannische Bund bildete. Als die furchtbarsten Feinde der Römer eroberten und besetzten sie trotz wiederholter Niederlagen die römischen Agri decumates zwischen dem Bodensee und der obern Donau und waren im Besitze eines sehr ausgedehnten Ländergebietes, bis sie durch die unglückliche Schlacht bei Zülpich, 496, auf die obigen Grenzen beschränkt wurden.

Mehr ein Jäger- und Hirtenvolk als die nördlichen Germanen, haben die Alemannen den ursprünglichen Charakter vielfach gewahrt, obgleich Landwirthschaft und Industrie in ihren Gauen außerordentliche Fortschritte gemacht haben. Der Stamm ist rührig, geistig und körperlich gesund, wenn auch einzelne Districte, wie das Breisgau und die Waldstädte, etwas starr am Alten hängen geblieben sind. Seit mehrern Jahrhunderten unter verschiedenen Regierungen stehend, hat sich der alemannische Bezirk in drei Theile gespalten: die Schweiz bildete sich zu einer Republik aus, während Elsaß an Frankreich, die auf dem rechten Rheinufer gelegenen Partien aber erst an Oesterreich, dann an Baden gekommen sind. Sprache und Sitten haben indeß vieles Gemeinsame behalten, und namentlich die Sprache ist es, wodurch sich die Alemannen von den Schwaben unterscheiden. Der Dialekt ist ziemlich hart und mit vielen Zischlauten untermengt, welche besonders im Oberelsaß scharf hervortreten.

In den Gebirgsgegenden sind Viehzucht, Holzarbeit und Flößerei die vorwiegenden Erwerbszweige, im Rheinthal wird der Wein- und Ackerbau cultivirt, auch hat sich die Gärtnerei sehr ausgebildet. Die Häuser auf dem Lande bestehen größtentheils aus Holz und zeichnen sich durch breite die ganze Frontseite einnehmende Fenster aus, denn der Alemanne liebt helle geräumige Wohnungen. Großes Interesse gewährt der Besuch im Hause eines Uhrmachers, deren es im Schwarzwalde unzählige gibt. Wir treten ein und sehen uns in der Wohnstube von zwei alten Leuten freundlich begrüßt, während die jüngern kaum von ihren Arbeiten aufblicken. Ein seltsam Picken, Schnurren und Klingeln ertönt von allen Seiten, es ruft der Kukuk und flötet im Hintergrunde, dazwischen tönen Feilenstriche und gedämpfte Hammerschläge. Der würdige Hausvater hat die Brille beiseitegelegt und erklärt seine Arbeiten: wir sehen vor unsern Augen eine Schwarzwälder Uhr entstehen und vollenden, vom Ausfeilen des Triebrades bis zum Einsetzen des Werkes. Ueberall Reinlichkeit und trotz der vielen Handwerksrequisiten die größte Ordnung. An den Fenstern blühen Rosen und Pelargonien, von den Wänden schauen Kupferstiche und Photographien hernieder, und alles athmet Zufriedenheit. Die Mutter bringt Kaffee, der Fremde wird eingeladen mitzutrinken, und fühlt sich bald so heimisch, als gehörte er dem Kreise von Jugend auf an. So im Schwarzwalde und Elsaß; der Schweizer jedoch ist zurückhaltender und vielleicht nicht ganz mit Unrecht, denn sein gastliches Dach ist seit einer Reihe von Jahren theils von sogenannten Demagogen, theils herumziehenden Müßiggängern arg in Anspruch genommen worden.

Von den Volksgesängen beschäftigen sich viele mit dem Schicksal der Stadt Straßburg, auch haben sich mehrere alte Lieder aus der Zeit der schweizerischen Freiheitskämpfe erhalten. Allbekannt und in Volkskreisen sehr beliebt ist das zarte Klagelied:

In Straßburg über die Steinen.

Am künstlerischen Schaffen hat sich Alemannien in ehrenvollster Weise betheiligt und vermag eine lange Reihe von welthistorischen Namen aufzuweisen. Gottfried von Straßburg sang in bezaubernd süßen Tönen, während einige Jahre später Meister Erwin nach ewigen Maßen den Münsterbau fügte. Martin Schongauer aus Kolmar, ein Künstler von seltenster Tiefe, soll ebenso wenig vergessen sein als der Satiriker Sebastian Brant mit seinem „Narrenschiff" und der wackere Chronist Jakob Twinger von Königshofen.

Alemannien schenkte auch dem deutschen Lande einen der edelsten Kaiser: an den Ufern der Aar liegt die uralte Habsburg, das Stammschloß, aus welchem Rudolf I., der Wiederhersteller des Reiches, hervorging.

VIII. Von deutscher Art und Kunst.

Die Schwaben scheinen unvermischte Abkömmlinge des großen schon von Cäsar bekriegten Suevenstammes zu sein, wanderten jedoch erst im Laufe des fünften Jahrhunderts in die östlichen Theile von Alemannien ein, worauf das ganze Land den Namen Schwabenland erhielt. Da die Alemannen selbst zum großen Theile suevischer Abkunft waren, wird es begreiflich, daß diese beiden Völkerschaften hier und da ineinander übergingen und daß eine genaue Grenzlinie nicht gezogen werden kann. Doch haben sich in Volkes Munde manche Gewohnheiten erhalten, welche eine verschiedene Abstammung andeuten. So sagt z. B. der Aargauer, wenn er nach Sanct=Gallen geht, er gehe nach Schwaben, der Elsässer und Freiburger bezeichnet Gegenstände, welche aus Würtemberg kommen, ausdrücklich als schwäbische, und der Stuttgarter oder Sigmaringer erkennt den Breisgauer nicht als Stammgenossen. Von den Geländen des Bodensees mit Inbegriff von Sanct=Gallen und Schaffhausen als südlichsten Punkten erstrecken sich die Wohnsitze der Schwaben entlang des Schwarzwaldes bis an die Jaxt und Tauber, während im Osten die Grenze durch den Lech beschrieben wird.

Der schwäbische Dialekt ist viel weicher und singsamer als der alemannische und klingt wirklich angenehm in der Gegend von Gmünd bis Heilbronn, wo das sagenreiche Weinsberg, die gewerbfleißigen Städtchen Laufen, Besigheim und Marbach als besonders sanglustig bezeichnet werden dürfen. Hier in der Heimat Schiller's ist das graziös schalkhafte Liedchen zu Hause:

Wenn b' zu meim Liebli kommsch, sag i' laß grüßa,
Wenn's di fragt wie's mer gat, sagsch auf zwei Fuße.

Der Dialekt, in welchem Hebel seine Gedichte verfaßte, ist ein gemischter alemannisch=schwäbischer, wie er an den Abhängen des Feldberges gesprochen wird; in seiner vollen Schärfe lernt man das Alemannische nur aus ältern Dichtungen, zunächst aus Brant's „Narrenschiff" kennen. Den schwäbischen Dialekt haben in neuerer Zeit Weitzmann und Sailer mit Glück behandelt: das eigenthümlich schwäbische Wesen spiegelt sich am vollständigsten in den Liedern Uhland's.

Der Schwabe ist gutmüthig, heiter und mittheilend, ein vorzüglicher Gesellschafter, welcher jedoch seine breite Mundart selten abzulegen im Stande ist. Dieser Umstand, verbunden mit der

Einwanderung vieler Schwaben nach Ungarn und der Türkei, mag Ursache sein, daß heute in den Ostländern von Wien bis Konstantinopel alle Deutschen kurzweg als Schwaben bezeichnet werden, wie man im Mittelalter die Europäer im ganzen Orient Franken nannte.

Von dem träumerischen Wesen, welches man den Deutschen vorzuwerfen pflegt, hat der Schwabe viel mehr an sich als sein westlicher und östlicher Nachbar; dafür nennt sein Land auch die Namen Kepler und Schiller als Angehörige. Derselbe weichere Charakter, welcher die schwäbischen Dichtungen durchzieht, spricht sich auch in den Gebilden der Kunst aus: die Baudenkmale Schwabens stehen einigermaßen den alemannischen gegenüber. Während die Münster zu Straßburg und Freiburg, die Hauptkirchen zu Kolmar, Schlettstadt und Bern alterthümlich strenge Formen einhalten, bewegen sich sowol die ältern schwäbischen Denkmale, die Stiftskirchen zu Maulbronn und Bebenhausen, wie die gothischen Kirchen zu Ulm, Reutlingen und Eßlingen mehr in leichten, anmuthigen Linien. Durch Zartheit, Gefühlstiefe und klare Färbung zeichnet sich die schwäbische Maler- und Bildschnitzerschule aus: Schaffner, Zeitblom, Schühlein wetteifern mit den alten florentiner Meistern; Hans Holbein der Jüngere glänzt neben Albrecht Dürer als Stern erster Größe, und der bescheidene Ulmer Bürger Sürlin darf seine Chorstühle ungescheut neben die Bronzethüren des Ghiberti hinstellen.

Diesen Sinn für gefällige Linien haben die schwäbischen Künstler bis in die neueste Zeit gewahrt, wie Dannecker durch seine Ariadne in glänzendster Weise dargethan hat.

An der Reformation hat sich das Schwabenland mit vollster Energie betheiligt, etwa drei Viertheile der Bevölkerung gehören der evangelischen Kirche an. Dabei herrscht eine streng religiöse Anschauung und sogar leise Hinneigung zum Mysticismus vor, weshalb sich nicht selten neue Sekten bilden.

Ackerbau, Obst- und Weincultur waren seit ältester Zeit die hauptsächlichsten Nahrungszweige; die Viehzucht steht besonders im Westen zwischen Ravensburg, Kempten und Memmingen in hohem Flor, die dortigen Rinder sind unter dem Namen „Allgäuer Rasse" in der ganzen Welt bekannt. In seiner Häuslichkeit nähert sich der Schwabe dem Alemannen, doch wohnt er beschränkter, hält aber sehr viel auf ausgedehnte Meiereien, wenn auch das von der Schwäbischen und Rauhen Alp durchzogene Land dem Oekonomiebetriebe im Großen nicht überall günstig ist.

Aber nicht allein durch Landwirthschaft, Gewerbefleiß und künstlerische Thätigkeit, sondern durch ruhmreiches Eingreifen in die Weltgeschichte hat sich Schwaben ausgezeichnet. Die Heldengeschlechter der Hohenstaufen und Hohenzollern, gleich hervorragend durch Feldherrntalent wie staatsmännische Begabung, sind aus den gesegneten Gauen des Landes hervorgegangen, als dessen heutiger Hauptbestandtheil Württemberg erscheint.

Baiern und Oesterreich.

Am Lech, nicht fern von dem Städtchen Rain, an derselben Stelle, wo Tilly die Todeswunde erhielt, stand noch vor wenigen Jahren eine altgothische Grenzsäule mit der Inschrift: „Alhie das Pajrlant."

Wie die Grenzen zwischen Schwaben und Baiern durch den Fluß Lech genau bestimmt sind, so ist auch der Charakter der beiden Volksstämme ein streng verschiedener, und es hat Jahrhunderte hindurch zwischen den Baiern und Schwaben wenig Verkehr, auch keine nachbarliche Verschmelzung stattgefunden.

Von den süddeutschen Mundarten hat die bairische bei weitem das größte Terrain inne. Die Grenze des Dialekts zieht sich von den Centralalpen des Ortlerstockes über Glurns und Finstermünz an die Quellen des Lechs, folgt dem Laufe dieses Flusses bis zu seiner Einmündung in die Donau, überschreitet dort diesen Strom, umfängt das eichstädter und pappenheimer Land, die Oberpfalz bis in die Nähe von Nürnberg, springt im spitzen Winkel entlang des Naabflusses bis ins Fichtelgebirge vor, greift mit verschiedenen Ausläufern in das westliche und südliche Böhmen ein, herrscht in ganz Ober- und Unterösterreich bis hin an die Raab, zieht sich an diesem Flusse südwärts und greift in verschiedenen Wendungen bis Laibach vor, biegt dann zurück über Klagenfurt und folgt den kärntisch-tirolischen Hochalpen bis wieder an den Ortler. Der also umschriebene Flächenraum gehört beinahe ganz dem Stromgebiete der Donau an und hält nahezu 2500 Quadratmeilen, von denen etwas über zwei Drittheile der österreichischen Monarchie angehören. Bei dieser bedeutenden Ausdehnung zeigt die Aussprache manche Schattirungen, doch ist der in Altbaiern, Tirol, Salzburg, Oberösterreich und Steiermark herrschende Dialekt nicht wesentlich verschieden.

Die Industrie hat sich in diesen Gebieten zu keiner solchen Höhe erschwungen wie in Schwaben und Alemannien: die Hochländer sind größtentheils auf Viehzucht, die Ebenen auf Ackerbau angewiesen, Obst- und Weincultur treten nur stellenweise auf, und ein gewisses „Sichgehenlassen" kann nicht in Abrede gestellt werden. Daher gehört auch die Mehrzahl der Fabriken der neuesten Zeit an, und es bedurfte schwerer Kämpfe, bis sie Eingang fanden.

Bei weitem den ausgeprägtesten Charakter tragen die Altbaiern, welche umschlossen von den Alpen, der Lech-Donau- und der Inn-Salzachlinie die ausgedehnte und wohlbewässerte bairische Hochebene bewohnen. Der größte Theil dieses Landes ist sehr fruchtbar und verdient den Namen einer Kornkammer, daher der Landmann in der Regel wohlhabend, oft sogar reich genannt werden darf. Diese allgemeine Wohlhabenheit, verbunden mit dem Umstande, daß Baiern in früherer Zeit von den Hauptverkehrsstraßen ziemlich abgeschnitten war, hat den Einwohnern eine gewisse Abgeschlossenheit und auch ein etwas schroffes Gepräge verliehen, welche Eigenschaften jedoch bei näherer Bekanntschaft einer aufrichtigen Herzlichkeit Platz machen.

Wer Baiern, Land und Leute, gründlich kennen lernen will, wird diesen Zweck am besten durch eine kleine Rundreise erreichen, welche von München aus mittels Eisenbahn über Landshut und Regensburg bis Straubing stationsweise zurückgelegt werden könnte. Von letzterer Stadt aus wäre der Weg zu Fuße über Landau an der Isar nach Pfarrkirchen und Eggenfelden in das schöne Thal des Rottflusses zu lenken, dann über Alt- und Neuötting, Wasserburg entlang des Inns bis Rosenheim fortzusetzen. Von Rosenheim aus kann man die Eisenbahn nach München benutzen oder den kleinen Abstecher an den nahen Chiemsee machen. Dieser Weg führt durch die gesegnetsten Gauen des Landes, wird aber von Städtern und Vergnügungsreisenden nie gewählt, weil diese den Seen des Oberlandes und dem Hochgebirge zuzueilen pflegen. Sitten und Gebräuche haben in den aufgezählten Gegenden seit ältester Zeit geringe Aenderungen erfahren, auch sind die häuslichen Einrichtungen ziemlich unberührt geblieben. Auf dem Lande haben die Worte Huber und Halbhuber noch immer die ursprüngliche Bedeutung: Huber ist, wer einen ganzen Bauerhof, eine Hufe oder Hube besitzt, der Halbhuber ist Besitzer eines halben Hofes. Söldner (von Sold) ist ein ansässiger Tagelöhner, der sich einige Grundstücke erworben hat und auch eine Kuh oder ein paar Ziegen hält. Dann gibt es noch Häusler, Tagelöhner, die zwar ein Häuschen, aber keinen Grundbesitz haben. Der Tagelöhner ist sowol auf dem Lande wie in den kleinen Städten ein sehr gesuchter und geachteter Mann, dessen Stellung von Jahr zu Jahr an Wichtigkeit gewinnt: er ist in der Regel verheirathet und oft mit vielen Kindern versehen, um deren Fortkommen er nicht besorgt zu sein braucht.

Soweit die bairische Mundart reicht, sind Wortspiele und Sang zu Hause, auch haben sich in einigen Alpenthälern die Passionsspiele erhalten, so zu Ammergau und Tölz. Ueberall aber in Feld und Wald hört man den ausschließlich dem Baiernvolke eigenen Volksgesang, das vierzeilig gereimte Schnaiderhupfel oder Schnatterhüpfel, eine Sangesform, welche schon gemäß ihrer ungeheuern Verbreitung und einfach kräftigen Behandlungsweise erkennen läßt, daß wir einem germanischen Urvolke gegenüberstehen. Viele Ortschaften genießen den Ruf ausgezeichneter Sangeskunde, und es geschieht wol, daß die jungen Bursche zusammenkommen, um Wettgesänge aufzuführen. Die Gewandtheit, mit welcher die Chorführer allerlei Tagesereignisse im Liede zusammenfassen, ist bewunderungswürdig; auch lebt jederzeit ein gut Theil Witz und echter Poesie in diesen improvisirten Gedichten, welche man auch Gstanzln oder Gsangln nennt. In Baiern selbst wie in den österreichischen Landen hat man diesen Volksgesängen geringe Aufmerksamkeit gewidmet; einem Engländer, dem Dichter Charles Boner, war es vorbehalten, zuerst die Form zu besprechen und eine reichhaltige Sammlung von Schnaiderhupfeln zu veröffentlichen. Daß er bei seiner Zusammenstellung mehr das lyrische als ethnographische Element hervorgehoben hat, ist selbstverständlich.

Es kommen hier und da zusammenhängende Gstanzln vor, die epischen Inhalt andeuten; auch ist die Treue oder Untreue des Geliebten ein vielbesungener Stoff, wie unter anderm:

> Die Schwalben am Fenster,
> Die Täubeln habn's zischt,
> Ist hab i mein Schatzerl
> Gar untreu erwischt.

> Was hilft alles Woanen,
> Was hilft das Gebitt,
> Is b' Lieb ausainander
> Das Flicken hilft nit u. s. w.

Im ehemals liederreichen Tirol und der Steiermark sind die Gesänge in den letzten Jahrzehnten auffallend verstummt, doch trifft man nicht selten einen lustigen Gesellen, der ein ganzes Schatzkästlein voll von Liedern im Kopfe stecken hat. In Unter=österreich ist der Volksgesang durch das Hereinziehen affectirter Spielereien, wie die Mailüfterln und Hansjörgeliaden sehr ge=schädigt worden, während in Oberösterreich und sogar in Deutsch=Böhmen die ursprüngliche Frische erhalten blieb.

Der Volksschlag ist kein einheitlicher: im Isarthal sieht man gedrungene untersetzte Gestalten mit dunkelblonden oder bräun=lichen Haaren und stark geröteten Gesichtern, ganz geschaffen, um große Strapazen auszuhalten. Daß den Frauen auch etwas von diesem kräftigen Aeußern zutheil geworden ist und sie mehr breite, als gerundete Formen zeigen, verleiht ihnen zwar kein ideales, wohl aber ein recht hausmütterliches Ansehen.

Im Innthale und donauabwärts bis an die Ens wird man häufig an Italien und die einst in diesen Gefilden hausen=den Römer erinnert: es treten uns schlanke hochaufgebaute Figuren entgegen, mit dunkeln glänzenden Haaren und Augen. Die Städte Passau und Linz berühmen sich auffallend schöner Frauen, welche sich besonders geschickt zu kleiden wissen.

Es ist dem bairischen Stamme oft der Vorwurf gemacht worden, verhältnißmäßig wenige große Dichter hervorgebracht zu haben. Bei oberflächlicher Betrachtung erscheint der Vorwurf nicht unbegründet, und man geräth leicht auf den Gedanken, daß durch die allgemeine Verbreitung des Volksgesanges die Dichtkunst selbst zurückgesetzt worden sei. Dennoch besitzt Baiern im sogenannten Wessobrunner Gebet nicht allein eins der ältesten deutschen Sprachdenkmäler, sondern ein Gedicht von höchstem Werth. Die Wiege des liebenswürdigsten aller Sänger des Mittelalters, des ritterlichen Walther von der Vogelweide, stand am Abhange des Brenner, von wo aus er ums Jahr 1180 an den Hof des Herzogs Leopold nach Wien zog, wie er selbst sagt:

Ze Osteriche lernte ich singen und sagen.

Werner von Tegernsee, Spervogel, Habamar von Laber und noch gar viele rühmlichst bekannte Namen bezeugen, daß die Dichtung auch in den folgenden Jahrhunderten mit Glück gepflegt wurde; in neuester Zeit haben Platen, Grillparzer, Kobell, Auersperg und andere das gegen den bairischen Stamm obwaltende Vorurtheil in glänzender Weise widerlegt.

Bei Betrachtung der Kunstdenkmale werden wir durch die seltsame Thatsache überrascht, daß Baiern wie Oesterreich mehrere hochalterthümliche und sehr viele aus der Hohenstaufenzeit herrührende Bauwerke besitzen, daß ferner die Spätgothik in diesen Landen durch eine Unzahl der großartigsten Gebäude vertreten ist, während dem rein gothische Stile des dreizehnten und vierzehnten Jahrhunderts nur zwei freilich höchst bedeutungsvolle Kirchen, die Dome zu Regensburg und Wien, angehören. Als besonders wichtige romanische Bauwerke seien genannt: der Dom zu Gurk, die doppelte Schloßkapelle zu Eger, die Domkrypte in Freising und das wunderwürdige Portal der Schottenkirche in Regensburg. Spätgothische Bauanlagen von höchster Bedeutung befinden sich in München, Landshut, Neuötting, Braunau, Eferding, Steier und andern Orten.

In welcher Weise sich Baiern an dem Aufschwung der Künste in neuester Zeit betheiligt, ist allbekannt: die Namen Schwanthaler, Piloty, Schleich, Ziebland, Ferdinand Miller und andere beurkunden eine ausgezeichnete, über alle Kunstgebiete sich erstreckende Thätigkeit.

Die schon von Tacitus den Germanen zugeschriebene Neigung zum Trinken, namentlich die Vorliebe für gutes Bier, welche man zunächst dem Altbaier aufbürden wollte, theilen (wie wir auf Grund sorgfältiger Studien versichern können) nicht allein alle deutschen Stämme, sondern es eifern auch die sämmtlichen Nachbarn, Franzosen, Engländer, Amerikaner und Slawen, dem gegebenen Beispiel aus Leibeskräften nach.

Franken und Hessen.

Die Frankenlande, Hessen und Thüringen bilden seit ältester Zeit einen neutralen Gürtel, welcher Süd= und Norddeutschland scheidet. Einige Ausläufer dieses Gebietes tragen vorwaltend süddeutsches Gepräge, wie die Bezirke von Würzburg, Bamberg und Nürnberg, während andere mit Entschiedenheit dem Norden angehören. Auf beiden Seiten des Mains vom Fichtelgebirge abwärts bis an den Rhein und diesen überschreitend zu den Geländen der Mosel und Maas haben sich die deutschen Franken ausgebreitet. Die Südgrenze ihres Gebietes zog sich von Nürnberg gegen die Neckarmündung und von da bis Metz hin, griff bis Verdun (Werden) vor, umfaßte die Grafschaften Luxemburg und Limburg, das Bisthum Lüttich und das kölner Land. Im Nordosten war die Grenze nie genau bestimmt, weil der Frankenbund von norddeutschen Völkerschaften zu dem ausschließlichen Zwecke gegründet worden war, die Römer zu bekriegen und in Gallien Eroberungen zu machen, nicht aber ihre eigenen Lande umzugestalten. Unter den Kaisern fränkischen Stammes fanden von Jahr zu Jahr Besitzveränderungen statt, die sich nicht mehr bestimmen lassen: das Rothhaargebirge, der Habichtswald und eine von da bis an die westlichen Gehänge des Thüringerwaldes gezogene Linie dürfen annähernd als die nordöstlichen Grenzen des alten Frankengebietes angesehen werden.

Der fränkische Bund bildete sich um den Beginn des dritten Jahrhunderts nach Christus auf dem rechten Ufer des Rheinstromes in den Ländereien der Sigambern, Brukterer, Chatten und Tenchterer; die Gegenden zwischen der Lahn und Sieg, dann das linke Rheinufer von Koblenz bis Duisburg wurden zuerst als Frankenland bezeichnet. Bald traten auch die kriegslustigen Mannschaften anderer Stämme, der Marsen, Cherusker, Angrivarier und Sueven dem Bündnisse bei, dessen hauptsächlichste Förderer die tapfern Sigambern waren. Schon in den ersten Kriegen mit den Römern war ein Theil des sigambrischen Volkes gezwungen worden, sich jenseit des Rheins an der Maas und Waal anzusiedeln, wohin später viele freiwillige Züge nachfolgten. Diese nach Westen versetzten Sigambrer traten ebenfalls dem Frankenbunde bei und erhielten den Namen „salische Franken", zum Unterschiede von den diesseitigen Rheinfranken, welche sich nach und nach bis an den Neckar ausbreiteten und Ripuarier nannten.

Von Hause aus sehr wild und kriegerisch, haben die Franken das Christenthum von den deutschen Völkern am frühesten vollständig angenommen und sich zu einer hohen Cultur erschwungen. Schon die vielen großen Städte, von denen mehrere ganz neu angelegt wurden, lassen ein thätiges und intelligentes Volk erkennen. Nürnberg, Bamberg, Würzburg, Fulda, Frankfurt u. s. w. sind fränkische Anlagen; die alten römischen Städte Köln, Mainz, Trier, Speier erblühten herrlicher als je, sodaß im frühen Mittelalter nur das alemannische Straßburg, das bairische Regensburg und die sächsischen Städte Magdeburg und Lübeck mit denen Frankens verglichen werden konnten.

Die Sprache ist weich und etwas singend, sie geht oft wie in der Rheinpfalz ins Verschwommene über, z. B.:
>Aenele wo geh mer eh?
>In be Huck annewe.

(Aennchen wo gehen wir hin? — In den Kramladen nebenan.)

Franz von Kobell hat in seinen pfälzischen Liedern es verstanden, dieser Mundart einen bezaubernden Ton abzugewinnen: naiver Humor und ein frischer Lebensmuth spiegeln sich in diesen Gedichten, wobei jedoch ein gewisser Ernst nicht ausgeschlossen ist. Von den ältern Volksgesängen zeigen die meisten ein schwungvolles, manchmal zur Elegie hinneigendes Gepräge, wie das bekannte mittelrheinische Lied:
>Ich stand auf hohem Felsen
>Und sah hinab zum Meer.

Auch trillernde Sangesweisen sind beliebt und werden namentlich während der Weinlese gehört, wenn auch das ehemals so fröhliche Lesefest von Jahr zu Jahr geschmälert wird und gegenwärtig nur auf einige abgelegene Districte beschränkt ist.

Bei weitem die meisten jener Lieder, welche Arnim und Clemens Brentano unter dem Titel „Des Knaben Wunderhorn" veröffentlicht haben, entstammen der Gegend von Mainz, Koblenz und Frankfurt.

Der im Gesange sich aussprechende Lebensmuth ist allen Franken eigen, mögen sie nun in den rauhesten Bergländern oder in lachenden Gauen wohnen. Im obern gebirgigen Mainthal lebt man von Holzarbeit, Viehzucht und Steinbrecherei, weiter abwärts werden Hopfen und Flachs, im Bambergischen der Gemüsebau cultivirt, bis in der Gegend von Würzburg und Wertheim der Weinbau vorwaltet.

Die edelsten Weine, welche das Erdenrund hervorbringt, wachsen im Gebiete der Franken, die herrlichsten Baudenkmale der Christenheit spiegeln sich in dem von Franken umwohnten Mittelrhein. Wenn auch viel besungen und noch mehr beleiert, reichen doch alle Zungen nicht hin, um die Herrlichkeit des in tausend Farben dahinwogenden Stromes zu schildern, welcher in neuester Zeit wieder ganz ein deutscher geworden ist. Ueberall reiche Städte, blühende Dörfer und stolze Burgen, die sich in den Wellen zu verjüngen scheinen: überall ein heiteres Volk, welches unter Singen und Lachen die schwersten Arbeiten verrichtet und von den Erträgnissen kleiner Grundstücke glücklich zu leben versteht.

Dieselbe Fröhlichkeit, derselbe Trieb zum Schaffen waltet auch an den Nebenthälern des Rheins, an der Lahn und Sieg, der Mosel, Aar und Nahe. Allenthalben leben die Sagen von den Rittern, welche einst in den Burgen gehaust, von den frommen Klosterstiftern und den Kämpfen des Städtebundes in frischer Erinnerung: auch die Nibelungen, der Rosengarten bei Worms und der Drache am Rolandseck sind unvergessen.

Unter den günstigsten Verhältnissen entfalteten sich die Künste zu seltener Blüte: Dichtung und Baukunst, Malerei, Erzguß und Schnitzarbeit erreichten im Laufe des dreizehnten und vierzehnten Jahrhunderts eine selbst in Italien unbekannte Höhe.

VIII. Von deutscher Art und Kunst.

Eine unübersehbare Reihe der edelsten Namen taucht herauf, ohne Unterlassungssünden zu begehen ist es unmöglich, einzelne hervorzuheben. Vor allen ist zu nennen der Meister des Kölner Domes, an welchen die Maler Wilhelm und Stephan nebst vielen Bildnern, Gold- und Nielloarbeitern, Glasmalern und Erzgießern sich anreihen. Johannes Gutenberg, Albrecht Dürer, Peter Vischer und Hans Sachs folgen: es erscheint der gewaltige Ulrich von Hutten mit dem Wahlspruch: „Ich hab's gewagt", begleitet von Sickingen, dem wackern Beschützer der Unterdrückten. Wenn wir noch die Namen Wolfgang Goethe und Peter Cornelius beifügen, dürfte der Beweis geliefert sein, daß die geistige Regsamkeit der Franken sich in vollster Frische erhalten hat.

Wie die Franken selbst aus einer Verbrüderung verschiedenartiger Stämme hervorgegangen sind, so trifft man heute noch die verschiedensten Gestalten und Physiognomien: blonde, braune, ganz dunkle und auch röthliche Haare wechseln manchmal ortweise, ebenso blaue, schwarze und graue Augen. In den größern Städten herrscht die dunkle Haarfarbe vor, auf dem Lande hingegen, besonders in Oberhessen, sieht man beinahe ausschließlich semmelfarbene Haare, schlanke Figuren und echt deutsche Gesichter. Große Gehöfte und Meiereien sind in den Rheinlanden und Nebenthälern selten geworden, dafür hatte die eingeführte Gütertheilung eine Bodencultur zur Folge, welche unmöglich höher gesteigert werden kann. Die mäßig großen Wohnhäuser auf dem Lande sind mit spitzen Giebeln, Erkern und allerlei Vorsprüngen ausgestattet, Weinlauben fehlen nie, wodurch die alterthümlichen Dörfer ein höchst malerisches Ansehen erhalten. Dieser malerische Charakter ist besonders im vielgekrümmten Moselthal hervortretend, wo Dörfer und Burgen oft wie Schwalbennester an schroffen Felsgehängen angeklebt erscheinen.

Die Kunstschulen zu Köln und Nürnberg befreiten sich früher von der Starrheit des Byzantinismus als die italienischen: die Blütezeit der kölnischen Wandmalerei gehört dem dreizehnten und dem Beginn des vierzehnten Jahrhunderts an.

Thüringen.

Die östlichen Grenznachbarn der Franken sind die Thüringer, welche ihrem Ursprung nach nicht mit den Sachsen verwechselt werden dürfen. Die Thüringer gehören zu den wenigen deutschen Stämmen, welche ihren alten Namen und einen Theil ihrer ursprünglichen Besitzungen gewahrt haben: die römische Bezeichnung Hermunduren ist unschwer im germanischen Thüringen zu erkennen. Ihre Wohnsitze breiteten sich vom Harz zur Saale und Elbe aus, griffen im Süden durch das koburger Land bis gegen die Donau vor und umfaßten neben dem Thüringerwalde die Goldene Aue, das Eichsfeld, den heutigen Regierungsbezirk Merseburg mit verschiedenen Theilen des Königreichs Sachsen und des bairischen Oberfrankens.

Das gegenwärtige Thüringerland ist ebenso wenig als Franken ein unabhängiges Reich verblieben, sondern besteht aus vielen kleinen Gebieten, welche theils unter sächsischer und preußischer Oberhoheit stehen, theils einzelnen Fürsten angehören. Das ganze Land gleicht einem Garten, welcher in reizender Gegend angelegt, ununterbrochen neue Scenerien bietet, obwol ein Haupterforderniß des Landschaftsbildes, ein größeres Gewässer, fehlt. Eine Eisenbahnfahrt von Leipzig nach Kassel durchschneidet Thüringen in ostwestlicher Richtung und zeigt ein ebenso reiches landschaftliches Panorama als eine Reihe der interessantesten Städte. Merseburg, Weißenfels, Naumburg, Weimar, Erfurt, Gotha und Eisenach liegen in geringen Entfernungen auseinander und gewähren die einladendsten Stationen; dabei bieten die Ausflüge durch den Saalegrund nach Jena und Rudolstadt, oder nordwärts nach Heldrungen und dem Kyffhäuser, vor allen aber eine Wanderung durch den Thüringerwald auf dem sogenannten Rennsteig die reizendsten Bilder.

Bei solchen Ausflügen bemerkt der Reisende, daß das gartenmäßige Ansehen des Landes zum großen Theile Verdienst der Einwohner sei, indem viele Gegenden, z. B. das Eichsfeld und die Berglehnen der Finne, von der Natur stiefmütterlich bedacht sind und kaum das Allernothwendigste hervorbringen. Deshalb sind auch die Dörfer eng zusammengebaut und die Häuser klein, aber reinlich gehalten und selbst in den rauhesten Bezirken mit Blumengärten umgeben.

VIII. Von deutscher Art und Kunst.

Von den Franken mehr durch List als Waffenglück überwältigt und Jahrhunderte mit denselben vereint, haben die Thüringer vieles vom fränkischen Wesen angenommen, doch sind sie im allgemeinen ernsthafter und weniger zur lauten Fröhlichkeit geneigt. Im Waldbezirke kann ein aufmerksamer Beobachter die mannichfaltigsten Abstufungen von süd- und norddeutschen Mundarten kennen lernen, auch slawische Anklänge werden nicht selten getroffen, weil wendische Slawen bis an die Saale vorgedrungen sind und hier ausgedehnte Landstriche besetzt haben, bis sie durch den Frankenkönig Dagobert zurückgeworfen wurden. An den südlichen Abhängen des Thüringerwaldes, in Hildburghausen und Koburg ist der Dialekt vorwaltend oberdeutsch, in der Goldenen Aue dagegen wird nahezu reines Hochdeutsch gesprochen. In Eisenach und Erfurt hat Luther seine wundervolle Sprache geholt.

Das geistige Leben gelangte in diesen Gauen frühzeitig zu hoher Entwickelung; schon im zwölften Jahrhundert glänzte der Hof des Markgrafen Hermann als Sitz des feinsten Tones und der liebenswürdigsten Gastfreundschaft, welchen Ruhm Hof und Land bis zur Stunde aufrecht erhalten haben. In keinem andern Lande wird der Fremde so herzlich bewillkommnet und fühlt sich bei längerm Verweilen durch so freundliche Bande festgehalten als hier. Deshalb haben auch die edelsten Geister Deutschlands, Herder, Goethe, Schiller, Wieland und viele andere, das liebliche Thüringerland zur bleibenden Wohnstätte erwählt.

In ihren Kunstgebilden lehnen sich die Thüringer an die Franken an, ohne jedoch ein von ältester Zeit an scharf betontes nationales Gepräge aufzugeben. Die Dome von Merseburg, Naumburg und Erfurt, die Elisabethkirche in Marburg mit ihren zahlreichen Sculpturen, das Hohe Haus auf der Wartburg, vor allen aber zahlreiche für den Landgrafen Hermann gefertigte Miniaturen zeigen ein bemerkenswerthes idealistisches Streben und eine durchaus eigenthümliche Richtung. Thüringen hat manchen Dichter- und Künstlernamen ersten Ranges aufzuweisen, doch verschwinden alle Namen vor dem einen, welchen Deutschland zugleich mit Ehrfurcht und Stolz ausspricht:

Luther, der gottbegeisterte Redner, der Bibelübersetzer, Dichter und Lehrer ist aus den Mauern der kleinen Stadt Eisleben hervorgegangen. Oben auf der Wartburg in denselben Räumen, wo einst Hartmann von der Aue, Walther von der Vogelweide und Wolfram von Eschenbach ihre Gesänge anstimmten, bearbeitete Martin Luther die Bibel und verfaßte seine Dichtungen. Hier entstand jener heilige Schlachtengesang, welcher auf dem Felde bei Lützen die Entscheidung herbeiführte:

>Ein' feste Burg ist unser Gott,
>Ein' gute Wehr und Waffen,
>Er hilft uns treu aus aller Noth,
>Die uns jetzt hat betroffen.

Das Land besitzt einen überaus reichen Sagenschatz, der aufs mannichfaltigste bearbeitet worden ist: die Lieder der heiligen Elisabeth, der Sängerkrieg, die Geschichte von Ludwig dem Springer, von dem Grafen Gleichen und die Mär von dem im Kyffhäuser Berge verzauberten Barbarossa leben im ganzen Volke und haben zu unzähligen Dichtungen Anlaß gegeben.

Obersachsen, Lausitz, Nordböhmen und Schlesien.

In weiterer Verfolgung der Stämme begegnen wir den Sachsen, der einst mächtigsten und verbreitetsten Völkerschaft Norddeutschlands, deren ursprüngliche Sitze von der Yssel und dem Unterrhein bis an die Ostsee reichten. Seit Jahrhunderten in Ober- und Niedersachsen abgetheilt, führt heute nur noch ein Theil der obersächsischen Lande den alten Stammnamen, während Niedersachsen, ähnlich wie Thüringen und Franken, in allerlei Gebiete zerlegt wurde und unter den verschiedensten Bezeichnungen in den Geographien angeführt wird.

Der obersächsische Theil besteht hauptsächlich aus dem Königreich Sachsen, welchem sich in Bezug auf Sprache und Sitten die entlang des Erz- und Riesengebirges hinziehenden Landstriche anreihen. Diese ursprünglich germanischen, durch den Zug Attila's jedoch ziemlich entvölkerten Gegenden wurden um den Beginn des sechsten Jahrhunderts größtentheils von slawischen Völkerschaften besetzt, bis die Kaiser Heinrich I. und Otto der Große die Slawen vertrieben oder dem Reiche unterwarfen und zum Schutze Deutschlands die sächsische Ostmark gründeten. Kaiser Heinrich sah sich gezwungen, hierbei mit großer Strenge zu verfahren; er versetzte die Slawen größtentheils in andere Bezirke und berief Niedersachsen, Thüringer und Franken hierher.

Mit Ausnahme der Gebirgsstriche besteht Obersachsen meist aus fruchtbaren Ebenen, unter denen sich die Gefilde von Leipzig, Bautzen, Zittau und die Obergelände bei Breslau besonders auszeichnen: die breiten Bergrücken der Sudeten und des Erzgebirges aber gehören zu den unwirthlichsten Gegenden Deutschlands. Uebrigens weiß sich der Sachse, wenn ihm anders freie Bewegung vergönnt ist, immer zu helfen: er ist nicht allein ein guter Landwirth, sondern auch erfinderisch und unternehmend. Die sächsische Industrie concurrirt mit England und Amerika, chemnitzer, crimmitschauer, rumburger, reichenberger und zittauer Fabrikate erfreuen sich überall eines reichen Absatzes, der leipziger Buchhandel beherrscht die Welt.

Die Liebe zur Gärtnerei mit den Thüringern theilend, verstehen es die Bewohner des Flachlandes besonders, ihre Städte und sogar die Dörfer mit geschmackvollen Anlagen zu umgeben und denselben ein freundliches Ansehen zu verleihen. In den Ebenen trifft man große Gehöfte, welche mit ihren Nebengebäuden um einen rechteckigen Hof angeordnet und gewöhnlich mit lebendigen Hecken umschlossen sind. Die Bauart der Häuser, welche sich durch Ober- und Niedersachsen wie auch durch Deutsch-Böhmen hinzieht, ist der Riegelwandbau; durch diese Bauart unterscheiden sich auch die deutschen Bauerhöfe weithin von den slawischen, welche letztere jederzeit im Blockverband ausgeführt sind.

Gegenüber den meist wohlhabenden Bewohnern der Ebenen verdienen die seit Menschengedenken verarmten, oft von Hungersnoth heimgesuchten Ansiedler des Erz- und Riesengebirges einer besondern Erwähnung. Am schwersten betroffen waren von je die österreichisch-böhmischen Partien dieser Berglande, weil die streng gehandhabte Grenzsperre und die wechselnden Valutaverhältnisse nicht anders als höchst schädigend auf solche von Acker-

bau und Viehzucht entblößte, daher ganz auf Fabrikarbeit an=
gewiesene Districte einwirken konnten. Daß der obwaltende
Nothstand mehr durch politische als örtliche Verhältnisse verur=
sacht worden sei, liegt zu Tage, da viel rauhere Bergländer sich
nicht selten eines ziemlichen Wohlstandes erfreuen.

Die Nahrungszweige, auf welche die Bewohner dieser Ge=
birge beschränkt sind, bestehen in Spinnerei, Weberei und Berg=
bau. Der Bergbau hat sich erst in neuerer Zeit etwas erholt,
dagegen ist die Flachsspinnerei sehr gefährdet und die einst
so schwunghaft betriebene Spitzenfabrikation liegt ganz danieder.
Die Weber wie die Spitzenklöpplerinnen arbeiten für Fabriken,
aber meist in eigenen kleinen Häusern, welche gruppenweise in
den Thalungen zerstreut liegen. So kümmerlich die Existenz,
ein paar Ziegen oder eine magere Kuh werden als Reichthümer
angesehen, äußert sich doch das Bestreben nach einer angenehmen
Wohnlichkeit in oft rührender Weise. Ein wenn auch nur zwei
Quadratklafter haltendes Blumengärtchen liegt vor jedem Häus=
chen, dessen Thüren und Fenster immer blank gewaschen sind.
Es lohnt sich, einen Blick in das Innere zu werfen.

Schweigend sitzt in der Hausflur ein Kreis von Mädchen
und Frauen, mit bewunderungswürdiger Fertigkeit die Klöppeln
handhabend, während die Mutter sich kaum Zeit gönnt, nach
dem dürftigen, aus Kartoffeln bestehenden Mahle zu schauen.
Drinnen knappt der Webstuhl, welcher nun eingestellt wird, weil
ein Fremder sich nach dem Wege erkundigt. So wenig die Leute
immer haben, suchen sie doch Gastfreundschaft zu üben: es wird
ein Glas Wasser gebracht, die Gegend erklärt und der einzuhal=
tende Fußpfad genau beschrieben. Die Klöpplerinnen lassen sich
zwar in der Arbeit nicht stören, werfen jedoch manchmal einen
flüchtigen Blick auf den Reisenden und zeigen dann Gesichter
von blendendweißer Farbe und oft überraschender Schönheit.
Sobald aber ein Mädchen sich beobachtet glaubt, wird das jeder=
zeit von reichen Haaren umwallte Gesichtchen schnell zur Brust
niedersinken und erst nach längerer Zeit wieder auftauchen.

Versteht der Fremde auf die Art und Weise der Landleute
einzugehen, wird er finden, daß dem Deutsch=Böhmen ein großer
Lebensmuth und eine genügende Dosis von Mutterwitz zuge=
messen sind und er stets schlagende Antworten auf der Zunge

hat. Auch der Gesang wird nicht vernachlässigt, und man kann beim Abschiede hören:

> Waas hilft aal mai grasen,
> Wenn b' Sichel nit schnait,
> Waas hilft a schööns Schaatzel,
> Wenns nit be mier blait.

Weniger mit Baudenkmalen ersten Ranges ausgestattet als Franken und Thüringen, zeichnet sich Obersachsen durch eine höchst bedeutungsvolle Bildhauerschule aus. Vor allen sind zu nennen die Sculpturen der Goldenen Pforte zu Freiberg, Werke von idealer Schönheit, welche, um den Schluß des zwölften Jahrhunderts gefertigt, ein klares Verständniß der künstlerischen Anforderungen und eine technische Meisterschaft erkennen lassen, wie sie erst bei dem später auftretenden Nicola Pisano wieder getroffen wird. Noch feinere Durchbildung offenbaren die derselben Schule und vielleicht demselben Meister angehörenden Bildnereien zu Wechselburg, bei deren Betrachtung man unwillkürlich fragen muß: wo hat der Künstler diese vergeistigten Formen und diese vollendete, ihres Zieles bewußte Compositionsweise hergeholt. Eine zweite Frage ist, warum diese herrlichen Gebilde so isolirt geblieben sind und weder auf die nächste Umgebung noch auf die nachfolgende Periode eingewirkt haben.

Sehr beachtenswerthe Sculpturen, vorzugsweise Grabdenkmale, besitzt Schlesien: so die um 1270 gefertigte Porträtstatue der heiligen Hedwig zu Trebnitz, die geistreich entworfenen Statuen des Herzogs Bolko II. von Münsterberg und seiner Gemahlin Jutta in Heinrichau, und die prachtvolle Tumba des Herzogs Heinrich IV. zu Breslau. In Breslau entstand schon am Schlusse des vierzehnten Jahrhunderts eine auf feste Satzungen gegründete Kunstschule, welche nach dem Muster der von Karl IV. zu Prag eingerichteten deutschen Lucasbruderschaft bald eine ausgebreitete Thätigkeit entfaltete. In Anbetracht, daß in dem ursprünglich polnischen Schlesien erst ums Jahr 1000 die christliche Religion Eingang fand und das Bisthum Breslau gegründet wurde, erscheinen die hier innerhalb kurzer Frist gemachten künstlerischen Fortschritte nahezu unbegreiflich.

Schlesien besitzt mit Thüringen nicht allein in Bezug auf Gebirgsformation und landschaftliche Gestaltung, sondern auch hinsichtlich seiner Culturgeschichte vielfache Aehnlichkeit. Hier wie dort waren es edle Fürstinnen, welche durch Beispiel, Duldung und Selbstaufopferung das meiste zur Befestigung des Christenthums beigetragen haben, welche beide von den härtesten Schicksalsschlägen betroffen, schon bei Lebzeiten als Heilige anerkannt und nach ihrem Ableben heilig gesprochen wurden. In Thüringen die Landgräfin Elisabeth, in Schlesien die Herzogin Hedwig, Zeitgenossinnen, von denen die erste 1231, die zweite 1243 verstarb. Die heilige Hedwig, eine deutsche Prinzessin, hat sich auch um Germanisirung Schlesiens sehr verdient gemacht; neben ihr waren es zunächst die Klöster, welche deutsche Sprache und Gesittung verbreiteten. Daß hochalterthümliche Denkmale unter solchen Verhältnissen nicht vorhanden sein können, ist begreiflich; doch finden sich sowol in Breslau wie in Trebnitz und Görlitz einige spätromanische Bauwerke.

———

Im Leben ist der Sachse bedächtig und sittenstreng, er benutzt seine Zeit gewissenhaft, ohne gleich dem Rheinländer eine immerwährende Hast an den Tag zu legen. Wenn auch einige Theile des sächsischen Königreiches ziemlich weit gegen Süden vorgreifen, ist doch der allgemeine Charakter ungleich mehr ein norddeutscher, als dies im Thüringerwalde der Fall ist. Der Dialekt ist stellenweise arg von slawischen Lauten durchmengt, was zunächst vom altenburger Lande und der Lausitz gilt; die letztere Provinz wird noch immer von zahlreichen Wenden bewohnt. In den schlesischen Städten, zumal in Breslau, wird reines fließendes Deutsch gesprochen, ein Verdienst der durch Opitz gegründeten Dichterschule.

Als Dichter haben sich die Sachsen und Schlesier besonders in geistlichen Liedern ausgezeichnet, wie Paul Gerhardt, dessen „Nun ruhen alle Wälder" oder „Befiehl du deine Wege" zu den schönsten Perlen deutscher Dichtkunst gezählt werden dürfen; dann Johann Scheffler, der Verfasser tiefsinniger Lieder, die sich im evangelischen Kirchengebrauche bis auf unsere Zeit erhalten haben. Der freundliche Gellert, der wanderlustige Seume, Ra-

fael Mengs, der Wiedererwecker der classischen Malerei, und
Theodor Körner dürfen als sächsische Charakterbilder nicht über=
gangen werden, indem sie trotz der verschiedenen Richtungen und
Lebensfächer eine geistige Uebereinstimmung offenbaren.

Die etwas stille Lausitz endlich hat den gewaltigsten Refor=
mator des deutschen Kunstlebens hervorgebracht: Gotthold
Ephraim Lessing, ausgestattet mit gleich hoher schöpferischer Kraft
wie klarer Beurtheilungsgabe, glänzt im Verein mit Goethe und
Schiller als Hauptgestirn an unserm Literaturhimmel.

Westfalen, Niedersachsen und Mecklenburg.

Das beschriebene obersächsische Gebiet, Thüringen und die
fränkischen Lande bis zur Mündung des Siegflusses in den Rhein
werden von den Geographen häufig als Mitteldeutschland be=
zeichnet; die jenseit dieses Gürtels liegenden Territorien aber
gehören mit Entschiedenheit zu Nieder= oder Norddeutschland.
Den Hauptbestandtheil Niederdeutschlands bildete Sachsen, wel=
ches zur Zeit Karl's des Großen folgende Länder umfaßte, indem
der Unterrhein und die Yssel bis hin an die Zuidersee als west=
liche Grenze galten: Westfalen, Engern, Ostfalen mit Braun=
schweig und Hannover, Holstein, Dithmarschen und Stormarn.
Die Grenzen dieser Länder können heute nicht mehr genau an=
gegeben werden, weil ein ununterbrochenes Drängen der Stämme
von Nordosten her stattfand und größere Ortschaften bis herein
in das zehnte Jahrhundert fehlten. Da Kaiser Karl in den
Sachsenkriegen weit über die Elbe gegen Osten durch das heu=
tige Lauenburg vordringen mußte, ergibt sich, daß wenigstens
ein Theil von Mecklenburg zu Sachsen gehörte. Gegen Süden
dehnte sich das sächsische Gebiet über Magdeburg, Halberstadt,
den Harz und das Rothhaargebirge aus.

Diese große Ländermasse war nie ein einheitliches Reich,
sondern wurde von vielen Theilfürsten oder von gewählten Füh=
rern beherrscht, welche, je nachdem es der augenblickliche Vor=
theil mit sich brachte, bald zusammenstanden, bald vereinzelt
handelten. Ungeachtet dieser vielgliederigen Eintheilung und des
Umstandes, daß Niedersachsen seit langer Zeit gleich Thüringen

kein politischer Complex, sondern nur ein geographischer Begriff ist, hat sich dennoch ein über das ganze Land hinziehendes übereinstimmendes Gepräge erhalten, welches in Sprache, Volksgesang und Häuslichkeit gleich sehr hervortritt. Die Sprache des Reineke Vos, wie sie in der westfälischen Bearbeitung Baumann's niedergelegt ist, hat sich mit geringen Abänderungen erhalten bis zur Gegenwart und wird verstanden von Aachen bis Hamburg. Man spricht schnell, wobei die Endsilben scharf accentuirt werden: das „s" geht gewöhnlich in „t" über, z. B.: wat it dat = was ist das, auch werden Doppelconsonanten gern umgesetzt, wie man anstatt Dorf „Drop", statt Balg „Blag" zu sprechen pflegt. Trotz dieser Umstellungen und Accentuirung ist der Dialekt in Westfalen und am Unterrhein weich, welche Eigenschaft auch das verwandte Blämische theilt und es von dem Holländischen unterscheidet. Politische Verhältnisse haben bewirkt, daß das Holländische wie das Blämische Schriftsprachen geworden sind, während das ehemals schriftmäßige Niederdeutsch zum Dialekt herabgesunken ist.

Bei aller Ergiebigkeit des Feld- und Gartenbaues bildet die Viehzucht den hervorragendsten Erwerbszweig; schon die Erwähnung der märkischen Rinder, der holsteinischen und mecklenburgischen Pferde und Schafe bezeichnet den hohen Stand dieser Cultur. Nächst der Schweiz werden vielleicht in keinem Gau so saftig grünende Wiesen getroffen als in den sächsisch-friesischen Marschländern.

In den landwirthschaftlichen Einrichtungen sind noch allerlei mittelalterliche Formen üblich; der Besitzer eines Bauerhofes in Münsterland fühlt sich stolzer als irgendein Graf oder Fürst: er hält Hintersassen, Colonen, auf seiner Meierei, welche nicht getheilt werden darf und sich gewissermaßen als Majorat fortvererbt. Durch ein hohes, gewöhnlich an der Giebelseite angebrachtes Thor in ein westfälisches Bauerhaus eintretend, gelangt man in einen weiten Vorraum, welcher sich bei näherer Betrachtung zugleich als Stall, Tenne und Scheuer erweist. Der Raum wird nämlich der Länge nach durch einen mit Bretern verschalten Gang (die Diele) in drei Abtheilungen zerlegt, von denen die zur Rechten wie Linken als Ställe dienen. In der Höhe von etwa britthalb Fuß sind an den Gangwänden durchlaufende, mit Hängeläden verschließbare Oeffnungen angebracht, aus welchen großäugig und gutmüthig die Rinder, der Stolz des Hauses, hervorschauen. Die Räume über den Ställen dienen als Scheunen, die Diele aber ist gewöhnlich bis unter das Dach offen, mit Estrich belegt und wird zu häuslichen Verrichtungen, vorzüglich aber als Dreschtenne benutzt. Ist die Diele durchschritten, gelangt man an die aus festem Mauerwerk aufgebaute Küche, welche zugleich als Wohn- und Gesindestube dient. Neben der Küche befinden sich ein paar Kammern, oberhalb Wohngelasse für den Besitzer, dann Aufbewahrungsräume. Von der Küche aus kann man durch ein Fenster über die Diele hin sowol den Eingang ins Haus wie die Ställe beobachten, sodaß die Frau am Herde jedes Stück Vieh im Auge hat. Der Herd ist die einzige Feuerstelle in den Häusern älterer Art, Schornsteine sind nicht üblich, sondern der Rauch steigt durch das Dachwerk hin, was sehr zur Conservirung des Holzes beiträgt.

Eine ähnliche Eintheilung halten auch die Wohnhäuser in den Städten Westfalens und der braunschweigisch-hannoverischen Lande bis gegen Lübeck hin ein; doch dient hier die Diele und überhaupt das Erdgeschoß nicht zur Wohnung, sondern zu Werkstätten und Waarenlagern. Der übliche Fachwerkbau wurde dabei in eigenthümlich kunstmäßiger Weise ausgebildet, wie man in Halberstadt, Wernigerode, Soest, Münster und noch einigen niedersächsischen Städten, welche ihren alterthümlichen Charakter beibehalten haben, ersehen kann.

Gleich ihren Nachbarn, den Friesen, sind die Niedersachsen kühne Seeleute und Schwimmer, besonders unübertreffliche Deichbaumeister. Einen großen Theil ihrer gesegneten Triften haben sie dem Meere abgerungen, weshalb die Grafen von Oldenburg einst den Titel führten: „Des Heiligen Römischen Reiches Deichmeister." Der Deichbau wird fortwährend, zumal an den Mündungen der Weser und Elbe, betrieben, wo man das Binnenmann im Gegensatze zu Buttenmann (Ansiedler, welche innerhalb oder außerhalb der Deiche wohnen) hundertfältig zu hören bekommt.

Es weht eine milde träumerische Luft in den nicht unmittelbar am Meere gelegenen niedersächsischen Landschaften, mag man nun die Lüneburger Heide, die Soester Börde oder das gebirgige Sauerland betreten. Menschen und Thiere leben in einer gewissen Beschaulichkeit, von welcher der Fremde bald umfangen wird, wenn er anders einige Tage verweilt. Alle Arbeiten werden mit Seelenruhe verrichtet, Hast und Ungeduld sind fremde Erscheinungen in diesen Gauen, und bewegliche, rasch entschlossene Personen gehören nicht zu den willkommenen Gästen. Es gilt unter Bekannten als schwere Anklage, wenn von jemand gesagt wird „er könne nicht ruhig auf einem Fleck sitzen bleiben". Daß dergleichen Eigenschaften neben ihrer liebenswürdigen Seite auch manches Bedenkliche einschließen, bedarf keiner Beweisführung: Scheinheiligkeit, Muckerei und was damit zusammenhängt, nistet sich allzu gern zwischen solcher Passivität ein.

Ehe man zu arbeiten beginnt, wird unendlich lange überlegt und berathschlagt; ist der Entschluß reif geworden, wird das Werk mit ruhigem Schaffen ohne fernere Abänderung durchgeführt. Auffallend ist, daß diese Art und Weise sowol in den streng katholischen Rheinprovinzen und in Westfalen wie in den östlichern protestantischen Ländern vorherrscht. Im westfälischen Hochlande, dem Ebbe= und Rothhaargebirge, sieht man wildromantische Partien: die Gehänge des mit herrlichen Eichen= und Buchenwaldungen bedeckten, 2600 Fuß hohen Astenberges, die gewaltigen Felsen bei Bruchhausen und die wechselvollen Ufer der Ruhr dürfen unbedenklich den Rheinlandschaften zur Seite gestellt werden. Der sächsische Menschenschlag ist ein überaus kräftiger: entlang der Seegestade sieht man vorwiegend langgestreckte Männer, in den Berglanden dagegen gedrängte, robuste Gestalten, bei denen Schultern und Arme im Verhältniß zu den untern Extremitäten übermäßig ausgebildet erscheinen. Die Frauen sind durchgängig hübsch, und man begegnet oft, zumal im Lüneburgischen, wirklichen Schönheiten. Zarte Färbung und gerundete Formen werden auch auf dem Lande häufig getroffen, wie denn in allen Bezirken, wo große Städte fehlen, zwischen Land= und Stadtbewohnern kein Unterschied zu bemerken ist. Die altbraunschweigische Stadt Zell (Celle) ist wegen ihrer schönen Frauen vor allen Orten Norddeutschlands berühmt.

VIII. Von deutscher Art und Kunst.

Dem sächsischen Unterrhein gehört die Sage vom Gehörnten Siegfried an, und es ist wahrscheinlich, daß dort das Nibelungenlied seine erste Fassung erhalten habe. Neben der Stadt Xanten werden auch Kalkar, Nimwegen und Soest mit den Nibelungen in sagenhafte Verbindung gebracht. In Westfalen, wahrscheinlich in einem der durch Karl den Großen errichteten Klöster, wurde auf Veranlassung Ludwig's des Frommen die altsächsische Evangelienharmonie verfaßt, welche mit dem Namen „Heliand" bezeichnet worden ist. Dieses erhabenste aller christlichen Epen hatte den Zweck, die Evangelien in einer den Sachsen leicht verständlichen Weise darzustellen und annehmbar zu machen. Daß die Thierfabel in Sachsen mit Vorliebe behandelt wurde, ist bereits angedeutet worden. Der Glaube an Elfen, Gnomen, Zwergmännlein (und wie diese gespenstigen Wesen immer genannt werden), welcher in ganz Deutschland eine große Rolle spielt, scheint in den sächsischen und friesischen Gauen vorzugsweise entwickelt zu sein. Vom Hörselberge in Thüringen an hin über den Harz und Teutoburgerwald bis an den Dollart findet sich kaum ein Hügel oder Heidegrund, welcher nicht als Sitz von Spukgestalten bezeichnet würde. Wir erinnern nur an den Bielstein bei Eisenach, den Ilsenstein im Harz, den Kyffhäuser, die Exterſteine und an Hildesheim mit seinem berühmten Hübecken. Ein altes Kinderliedchen, welches man im Taunus und im sauerländischen Gebirge überall hört, schildert das Treiben der kleinen Wichtelmänner in halb warnender, halb ergötzlicher Weise:

>Geh ick in dat Küchli nut
>Wil mi Süppli hole,
>Komt schwarz Budelmänke rut,
>Werft mer drein bi Kohle.

Niedersachsen, als das Stammland des ersten rein deutschen Kaiserhauses, ist überaus reich an Kunstdenkmalen des elften und zwölften Jahrhunderts, und viele Städte, wie Quedlinburg, Hildesheim, Paderborn, Braunschweig und andere, tragen noch immer hochalterthümliches Ansehen. Einige der dortigen Stifte, z. B. Essen, Korvei bergen sogar Kunstschätze aus der Karolingerzeit, und selbst in den Kirchen abgelegener Dörfer werden nicht selten alte Wandmalereien, Guß- und Schnitzarbeiten von hohem Kunstwerthe getroffen. Die Gothik dagegen ist schwach vertreten, und spätgothische Bauwerke fehlen beinahe gänzlich. In Soest und Münster blühte um 1450 eine durch Geistestiefe und Formensinn ausgezeichnete Malerschule, deren unbekannter Hauptmeister nach einem ehemals im Kloster Liesborn vorhandenen Altarwerke der Liesborner Meister genannt wird. Von Künstlernamen der frühesten Periode hat die Geschichte einige aufbewahrt: obenan stehen Meinwerk, Bischof zu Paderborn, und Bernward, Bischof zu Hildesheim, der erste als Baumeister, der andere als Erzgießer berühmt.

In neuester Zeit haben sich die Niedersachsen um deutsche Sprache unsterbliche Verdienste erworben, und es sind aus ihrer Mitte eine vielleicht größere Zahl von ausgezeichneten Dichtern hervorgegangen, als irgendeine zweite Nation aufzuweisen hat. Wir nennen Klopstock, einen Dichtergeist von reicher gestaltender Kraft und dem edelsten Streben; es folgen die Brüder Schlegel, Heinrich Voß, der freundliche Claudius und Hoffmann von Fallersleben, der eifrige Förderer des Volksgesanges. Auch Gottfried August Bürger und Heinrich Heine, welche beide trotz ihrer Verirrungen nicht übergangen werden dürfen, schließen sich der Reihe an, und namentlich hat sich ersterer ins Herz des Volkes eingesungen mit unerreichtem Wohllaut.

Friesland und Batavien.

Die Seelenruhe der Sachsen geht bei den Friesen und Batavern in wirkliches Phlegma über, welches jedoch im entferntesten nicht mit Trägheit verwechselt werden darf. Im Gegentheile ist der Friese ein ausdauernder Arbeiter, begabt mit dem zähesten Muthe, der alles durchzuführen versteht, was als gut und nützlich anerkannt worden ist. Die Bataver oder Westfriesen haben in den Kämpfen mit dem weltbeherrschenden Spanien wie bei der Trockenlegung des Harlemer Meeres eine Thatkraft bewährt, welche die höchste Bewunderung verdient. Der Unterschied zwischen den in den heutigen Niederlanden wohnenden Stämmen, Friesen, Batavern und Vlamändern, ist zwar in

Bezug auf die beiden letztern unschwer nachzuweisen, die Friesen und Bataver jedoch haben sich stellenweise so innig verschmolzen wie die Alemannen und Schwaben.

Die nicht angenehm klingende holländische Sprache ging gleich der vlämischen aus einer Vermischung der altfränkischen und altsächsischen Mundarten hervor: dem Holländischen sind mehr nordische, dem Vlämischen französische Elemente beigemengt.

Die Nord- und Ostfriesen wohnen gegenwärtig mit ihren sächsischen Nachbarn meist in bunter Gruppirung durcheinander, und es sind nur wenige Landstriche ausschließlich im Besitz der Friesen geblieben. Unvermischt haben sie sich erhalten in einem großen Theile von Schleswig und den längs der Westküste gelegenen Inseln, welche die Halligen genannt werden. Die Bewohner dieser Landstriche sind in gleichem Grade Seeleute wie Hirten, und müssen beides schon aus dem Grunde sein, weil ihr nur zur Viehzucht geeignetes Land häufigen Sturmfluten und Ueberschwemmungen ausgesetzt ist. Die genaueste Kenntniß des Meeres, Schwimmen und Rudern scheint den Kindern angeboren; schon der sechsjährige Knabe weiß die gewöhnliche Flut von einer beginnenden Brandung zu unterscheiden, und versteht, ob eine aufsteigende Wolke ruhig vorüberzieht oder Sturm bringt.

Neben den Erwerbszweigen, welche die See bietet, sind die in Schleswig und auf den Inseln wohnenden Friesen zumeist auf Schafzucht angewiesen. Die Häuser auf den Halligen ruhen auf Pfahlwerken und aufgeworfenen Erdhügeln, da das Land nur um wenige Fuß über die Meeresfläche emporragt. So beschränkt die Erwerbsquellen sind, so unerhört sich die Inselbewohner im ewigen Kampfe mit den Wellen abmühen, um das zwischen den Tümpeln wachsende Gras für ihre Schafe in Sicherheit zu bringen, gewahrt man doch nirgends ein Bild der Armuth; in den Häusern zeigt sich gewöhnlich eine gewisse Behaglichkeit und in der Frauenkleidung sogar ein nicht unbedeutender Luxus.

Entlang der schleswig-holsteinischen Küste und auf den Halligen erzählt man wunderbare Geschichten von versunkenen friesischen Städten und Dörfern, welche bei ruhiger See tief unten auf dem Meeresgrunde in vollständig erhaltener Pracht zu schauen sind, von Glockengeläute, das am Heiligen Abend aus der Tiefe heraustönt, und von allda umherirrenden Lichtern.

Ostfriesland hingegen mit den Hauptstädten Emden und Aurich ist ein größtentheils sehr fruchtbares Marschland, wo die Viehzucht in großartigem Maßstabe betrieben wird. Die ungewöhnlich langen Häuser erregen schon aus der Ferne die Aufmerksamkeit, und kein Reisender, welchen der Weg von Bremen oder Münster aus nach Emden führt, sollte versäumen, ein friesisches Gehöfte einzusehen. Das Haus gleicht in seiner allgemeinen Anordnung dem westfälischen, doch sind die Räume viel größer, die Außenseiten stattlicher, auch pflegen verschiedene Nebengebäude, namentlich ein abgesonderter Parch oder Speicher und einige Schuppen nicht zu fehlen.

Bauwerke von hervorragender Bedeutung fehlen in den deutsch-friesischen Landen, die städtischen Kirchen sind meist in einer derben Gothik gehalten, von welcher unentschieden bleibt, ob sie einer frühern oder spätern Entwickelungsperiode angehöre. Eine reichere Kunstthätigkeit entfaltete sich in dem Gebiete der Sculptur. Hans Brüggemann aus Schleswig stattete um 1520 den dortigen Dom mit einem großen Altarwerk aus und hat sich hierbei als ein Bildhauer bewährt, welcher mit lebensvoller Auffassung auch Anmuth und ideale Würde zu verbinden versteht. Schleswig ist zugleich das Vaterland eines höchst ausgezeichneten und liebenswürdigen Künstlers, wie deren Deutschland wenige hervorgebracht hat. Asmus Jakob Carstens, der trotz seines zurückgezogenen Wesens so tief in die Kunstrichtung der neuern Zeit eingriff, daß ein Thorwaldsen, Cornelius und Overbeck nach eigenem Geständniß all ihr Wissen diesem Meister verdankten, wurde in Sanct-Jürgen bei Schleswig geboren.

In den friesischen Gauen und zwar an der Nordseeküste entstand das Lied von Gudrun, der lieblichen und vielgeprüften Tochter des Königs Hettel, ein Epos, welches dem Nibelungenliede zur Seite gestellt werden darf.

Die westfriesisch-batavische oder holländische Poesie hat sich nie zu weltgeschichtlicher Bedeutung erhoben und kann hier billig übergangen werden; dafür hat die Malerei eine desto höhere und eigenartigere Ausbildung erhalten.

Urplötzlich und ohne jeden vermittelnden Uebergang, wie einst Minerva aus Jupiter's Haupte hervortrat, entwickelte sich in den flandrischen Städten Gent und Brügge eine Kunstrichtung, welche sowol in Bezug auf Technik wie Auffassungsweise und geistigen Gehalt von aller bisherigen Uebung ganz und gar abweicht. Der Meister, welcher diese neue Bahn eröffnet, ist Hubert van Eyck, dem sich sein Bruder Johann und eine Schwester Margaretha anschlossen. Das großartigste Malerwerk, in welchem Hubert seine ganze Eigenthümlichkeit ausspricht, ist das im Jahre 1420 begonnene Altarbild in der Kirche Sanct-Babo zu Gent. Dieser ursprünglich aus 24 einzelnen Gemälden bestehende Altarschrein wurde laut Inschrift am 6. Mai 1432 von dem jüngern Bruder Johann van Eyck vollendet und zählt zu den bewunderungswürdigsten Gebilden, welche die Kunst je hervorgebracht hat.

Was uns in diesen Gemälden zuerst auffällt, ist eine neue symbolisirende Auffassung der Evangelien, welche erkennen läßt, daß sich der Künstler viel mit dem Studium der Bibel abgegeben hat. Schon die ursprüngliche Bezeichnung: Anbetung des Lammes, deutet ein Mysterium an, welches der ältern kirchlichen Kunst fremd ist: wir erblicken im Mittelfelde das apokalyptische Lamm, aus dessen Brustwunde das Blut in einen Kelch fließt, darüber die schwebende Taube und ringsum anbetende Engel mit Leidenswerkzeugen. Zur Rechten und Linken treten herbei die heiligen Märtyrer und Jungfrauen, dann die Repräsentanten der geistlichen wie weltlichen Macht, welche wieder zu den Darstellungen der Flügelbilder in naher Beziehung stehen. Hier sieht man unter Vortritt des heiligen Christophorus die frommen Pilger und Einsiedler, dann die Streiter Christi und die gerechten Richter; durchaus mehr reformatorische als katholische Tendenzen.

Alle Hintergründe sind mit naturtreuen Landschaftsbildern ausgestattet, ein zweiter Punkt, durch welchen sich die künstlerische Richtung der Gebrüder Eyck von der frühern unterscheidet. Diese Meister sind aber nicht allein die ersten, welche seit Einführung des Christenthums die Landschaftsmalerei mit Geschick behandelt haben, sondern sie sind zugleich die Begründer einer auf Naturstudium beruhenden Darstellungsweise. Sowol die Baumgruppen, Felsen, die sonnigen Wiesen und prachtvollen Baulichkeiten, wie auch die Figuren selbst sind treu nach der Natur gezeichnet, die Farbentinten nach Maßgabe von Licht und Schatten abgestuft und die Motive dem wirklichen Leben entnommen. Während die ältern Maler sich in streng typischen Formen und einem durchgehenden Idealismus bewegen, wobei von Perspective und Luftton noch keine Ahnung wahrzunehmen ist, versetzen uns die Brüder van Eyck mitten in das wirkliche Leben; wir fühlen uns der Darstellung gegenüber heimisch, indem die Blumen des Vordergrundes wie die fernen Gebirge mit gleicher Naturwahrheit vorgeführt werden.

Der Eyck'sche Einfluß auf die gesammte europäische Kunstübung war ein unermeßlicher, nicht allein die deutschen, sondern selbst die ältern italienischen Meister, wie Benozzo Gozzoli (1424—85) studirten die flandrischen Gemälde und ordneten die Hintergründe nach den daselbst niedergelegten Regeln an. Dabei ist zu bemerken, daß Hubert van Eyck (1366—1424) nicht allein Zeitgenosse, sondern vielmehr Vorgänger der großen Florentiner Brunelleschi, Ghiberti, Donatello und Masaccio war, von denen der letztere bereits den von den Niederlanden ausgehenden Einfluß in seinen Arbeiten erkennen läßt.

Ein nicht minder großes und dauerndes Verdienst haben sich die Gebrüder van Eyck durch Erfindung der Oelmalerei erworben. Wenn auch bereits in viel früherer Zeit, angeblich schon im zwölften Jahrhundert, das Oel als Bindemittel der Farbenstoffe bekannt war, ist es doch eine unbestrittene Thatsache, daß die ganze Maltechnik, wie sie gegenwärtig von allen Künstlern geübt wird, von Hubert van Eyck festgestellt worden ist und daß kein einziges vor seiner Zeit gefertigtes Oelgemälde nachgewiesen werden kann. Ohne diese Erfindung wären Rafael, Tizian, Correggio, Holbein, Rubens und Rembrandt nicht im Stande gewesen, ihren Werken jene hohe Vollendung zu verleihen, welche sie zum Gegenstande der Bewunderung aller nachfolgenden Geschlechter gemacht hat.

In welcher Schule die Brüder van Eyck ihre Kenntnisse und ihre künstlerische Vielseitigkeit erworben haben, ist unbekannt;

es wurden hierüber die umfassendsten Untersuchungen gepflogen, ohne daß das Räthsel gelöst worden wäre. Das rasche Aufblühen der Eyck'schen Malerschule und die Eigenthümlichkeiten derselben aber lassen sich um so leichter erklären.

Mit unendlichen Mühen und dem Aufgebote aller geistigen und leiblichen Kräfte hatte der Holländer sein Land dem Meere abgerungen, und nur unter tagtäglichen Kämpfen war er im Stande, seinen Besitz zu sichern. Bei solchen Umständen mußte ihm jede Hand voll Erde besondern Werth erhalten, und er wurde von der Natur auf die möglichste Benutzung seines Bodens angewiesen. Der Holländer bildete sich hierdurch zum unübertrefflichsten Gärtner aus, der in jeder Jahreszeit mitten im Winter wie im Hochsommer alle nur denkbaren Blumen und Früchte hervorzurufen wußte. Als Folge dessen entwickelte sich eine ungewöhnliche Naturliebe. Die Tulpe wie die Baumgruppe, welche der Landmann gepflanzt, das Thier, welches er großgezogen, und der angelegte Kanal wurden ihm doppelt werth, weil er den Grund und Boden für seine Anlagen hatte erst erobern müssen, ehe an ein Säen und Ernten zu denken war. Immer bedacht, sein Besitzthum durch gefällige Gruppirung der Gebäude, Bäume und Gartenanlagen zu verschönern, wurden auch alle dahin zielenden Abbildungen mit Wohlgefallen aufgenommen, und es fanden die Verfertiger stets Aufmunterung und reichlichen Lohn. Diese Einwirkungen verliehen der niederländischen Malerei das vorwaltend schildernde, oder wie man sich gegenwärtig auszudrücken beliebt, realistische Gepräge: Heiligenbilder und Dorfkirchweihen, Schafe, Rinder und Hühnerhöfe, Landschaften, Blumen, Schmetterlinge, Fischmärkte und Prügeleien wurden mit gleicher Darstellungslust wiedergegeben. Weil die niederländischen Maler nichts anderes beabsichtigten als eine möglichst getreue Naturnachahmung, haben sie auch in ihrem Gebiete das Höchste geleistet, was geleistet werden kann.

Im Fache der Baukunst tritt der realistische und praktische Sinn der Niederländer mit voller Entschiedenheit hervor: den Rathhäusern, Waarenhallen und Stadtthürmen wird eine größere Aufmerksamkeit zugewandt als den Kirchen. Die Rathhäuser zu

Brügge, Löwen, Brüssel und Oudenaarde, die Hallen zu Ypern, Mecheln, Gent, der Beffroi in Brügge und viele andere in glücklicher Gothik durchgeführte Gebäude beurkunden den Reichthum und republikanischen Sinn der flandrischen und brabantischen Städte. Die bedeutendsten niederländischen Kirchen, die Dome zu Brüssel, Antwerpen, Ypern, Doornick, gehören meist dem heutigen Belgien an. Die Kirchenbauten von Nordholland und Gröningen tragen den schlichten Charakter, welchen wir in Schleswig kennen gelernt haben; die romanischen Bauten namentlich sind wenig gegliedert.

Die Sculptur wurde seit ältester Zeit in den Niederlanden nur ausnahmsweise und nur in den südlichen Städten gepflegt; die bedeutendsten Werke sind einige Grabdenkmale in Doornick, Ypern und Brüssel.

Pommern, Ost- und Westpreußen.

Die Bevölkerung von Pommern wurde erst im Laufe der Neuzeit vollständig germanisirt und zeigt sich demgemäß nicht als einheitlicher Stamm. Die germanischen und celtischen Ureinwohner scheinen während der Völkerwanderung größtentheils fortgezogen zu sein, worauf das Land von wendischen Völkerschaften besetzt wurde. Um die Mitte des elften Jahrhunderts bildete Pommern ein eigenes wendisches Herzogthum, welches 1637 an Brandenburg fiel, aber im Dreißigjährigen Kriege von Schweden in Besitz genommen wurde. Erst durch die Wiener Verträge gelangte ganz Pommern an Preußen. Die Mehrzahl der Einwohner besteht aus Niedersachsen und germanisirten Slawen, zwischen denen sich auch Abkömmlinge der Ureinwohner und Skandinavier bemerkbar machen. Trotz dieser gemischten Abkunft tragen die Pommern ein deutsches Gepräge und zeigen solche Uebereinstimmung, daß man in der Fremde den Pommer leicht erkennt. Man sieht vielleicht in keinem andern Lande so viele schöne Männer als hier: von hoher Statur, breitschulterig und beweglich, sind die Leute arbeitsam und ausdauernd, auch zu allen Zeiten bewährte Krieger.

Der größere Theil von Hinterpommern besteht aus sandigen

VIII. Von deutscher Art und Kunst.

Ebenen, auch ist die Küste von der Insel Wollin bis zum Danziger Busen sehr wenig entwickelt, weshalb das 35 Meilen lange Seegestade nicht so große Vortheile bietet, als gewöhnlich der Fall ist. Mit Ausnahme der Obergelände und der Hauptstädte Stettin, Köslin und Stralsund, wird daher nur ein mäßiger Wohlstand getroffen. Neben der Fischerei und Schiffahrt bildet die Viehzucht den Haupterwerb: sie steht zwar auf keiner so hohen Stufe wie in Mecklenburg und Friesland, doch ist die Schafzucht sehr blühend. Auch die Gänsezüchterei darf nicht vergessen werden, da deren Producte, die geräucherten pommerschen Gänsebrüste, neben den westfälischen Schinken in der ganzen Welt als Leckerbissen gesucht sind.

Die kleinen Städte Wollin, Wolgast, Usedom, vor allem aber Swinemünde gelten als angenehme Sommeraufenthaltsorte, die felsige Insel Rügen zeichnet sich durch eine höchst eigenthümliche Naturschönheit aus. Wer die Universitätsstadt Greifswald, den Sitz der pommerschen Intelligenz, besucht hat, wird zugeben, daß ein gehöriger Theil von deutscher Gemüthlichkeit in diesen nordischen Gauen fortlebt, obwol die Pommern im übrigen Preußen nicht als gemüthlich angesehen werden. Ist das Wetter schön, führt der greifswalder Professor seine Hörer in einen Garten, wo beim vollen Glase Pandekten und Criminalrecht in patriarchalischer Weise besprochen werden.

In Pommern blühte vom vierzehnten bis zum sechzehnten Jahrhundert eine selbständige sehr thätige Kunstschule, die sich besonders im Ziegelbau und der Holzschnitzerei hervorgethan hat. Die Kirchenbauten zu Anklam, Stettin, Greifswald, Stralsund zeigen großartige Hallenanlagen bei einfach kräftiger Formengebung; im Osten des Landes sehen wir zu Treptow, Kolberg, Köslin, Schlawe, Stolpe und vielen andern Orten Baudenkmale von ähnlicher Richtung und oft sehr scharfer Ausprägung der Details. Im Gegensatze zu den flandrischen Rathhäusern haben in Pommern die Stadtthore und Befestigungen eine besondere Ausbildung erhalten: Stargard, Kammin, Pyritz und andere besitzen prächtige Thoranlagen.

Die meisten Kirchen sind mit Sculpturen, namentlich prachtvollen Altarschreinen, ausgestattet, deren man in Pommern ebenso viele und vielleicht noch mehrere trifft als in Schwaben. Wie diese beiden Länder sich geographisch gegenüberstehen, so zeigen auch die hier und dort vorkommenden Kunstwerke manches Entgegengesetzte. Einen der merkwürdigsten Altarschreine besitzt die Kirche zu Tribsees südlich von Stralsund. In diesem aus neun Feldern bestehenden Schnitzwerke ist die Feier des Abendmahles in seltsam naiver und dennoch sinnreicher Weise zur Anschauung gebracht, indem die vier Evangelisten ihre Evangelien mit Säcken in einen Mühltrichter schütten. Unterhalb stehen die Apostel und Kirchenlehrer, welche den aus der Mühle herauslaufenden Inhalt der Evangelien in Kelchen auffangen und den Gläubigen als Abendmahl spenden. Durch angebrachte Spruchbänder werden die einzelnen Beziehungen näher erklärt. Die Figuren sind in hocherhabener Arbeit aus Lindenholz geschnitzt und in wirksamer Weise bemalt. Aehnliche Altäre trifft man zu Stralsund, Greifswald, Ukermünde, Anklam, Kolberg und noch weiterhin in den östlichen Theilen des Landes. Den Vergleich mit den schwäbischen Gebilden festhaltend, spricht sich in den schwäbischen mehr Innigkeit und Gefühlstiefe aus, wobei die Gemälde das entschiedenste Uebergewicht über die Schnitzarbeiten besitzen; in Pommern dagegen treten die Sculpturen in den Vordergrund, sie sind kräftiger und naturgemäßer als die schwäbischen, auch zeigen die Gewandungen ein sorgfältigeres Naturstudium.

Ewald von Kleist, der Sänger des Frühlings, der scharfsinnige Kunstforscher Franz Kugler und Ernst Moritz Arndt, der muthvollste Vorkämpfer für Deutschlands Befreiung, sind aus Pommern hervorgegangen.

In der Provinz Preußen, dem Lande der alten Borussen, findet bezüglich der Einwohner ein ähnliches Verhältniß statt wie in Pommern. Nach dem Abzuge der Gothen und Longobarden, welche einst hier hausten, rückten slawische Völkerschaften, welche schon zur Zeit des heiligen Abalbert (983—997) den Namen Borussen führten, in das verlassene Land. Den Deutschen

VIII. Von deutscher Art und Kunst.

Ordensbrüdern gebührt das Verdienst, die ost= und westpreußi=
schen Gebiete für Deutschland wiedergewonnen und cultivirt zu
haben. Nach allerlei vergeblichen Bemühungen, die wilden Bo=
russen zum Christenthum zu bekehren, gelang dieses erst zwischen
1230 — 80 dem Deutschen Orden, welcher das ganze Land er=
oberte, die Städte Memel, Königsberg, Marienwerder und andere
anlegte und deutsches Recht einführte. Indem der Orden zahl=
reiche Colonien aus Niedersachsen und Franken herüberleitete,
verbreiteten sich niederdeutsche Gewohnheiten so sehr im Preußen=
lande, daß man sich häufig nach Hannover oder Oldenburg
zurückversetzt glaubt; besonders macht das früh und beinahe voll=
ständig germanisirte Ostpreußen, wo sehr reines, scharf accen=
tuirtes Deutsch gesprochen wird, einen ungemein wohlthuenden
Eindruck.

Von Reisenden wenig besucht und von Touristen förmlich
gemieden, hat sich in Ostpreußen die ausgedehnteste Gastfreund=
schaft erhalten. Es geschieht hier nicht selten, daß der Gastfreund
einer Familie an eine zweite und dritte übergeht und sich am
Ende zwischen völlig unbekannten, mit seinen Freunden in keinerlei
Berührung stehenden Leuten befindet. Diese liebenswürdige
Sitte ist auch durch Kurland und Livland verbreitet, wo sich
ein an eine einzige Familie empfohlener Reisender, zumal ein
Jagdliebhaber, sogleich in einen weiten Kreis von Bekannten
eingeführt sieht.

Durch ganz Ostpreußen und selbst in den kurischen und liv=
ländischen Provinzen, welche gegenwärtig zu Rußland gehören,
hat sich das deutsche Kunstleben eingebürgert. Die Schlösser der
Schwertbrüder zu Mitau und Dondangen in Kurland, zu Wenden
und Arenburg in Livland, dann das Brigittenkloster bei Reval
in Estland verdienen als deutsche Grenzpfeiler und Zeugen des
Kunstfleißes vorzügliche Beachtung. Riga hat durchaus sächsischen
Charakter und gemahnt vielfach an Lübeck; man findet dieselbe
Einrichtung der Häuser, dieselbe Reinlichkeit und das gleiche
urbane Benehmen der Einwohner.

Die gesammte Kunstthätigkeit der Ost= und Westpreußen ist
vom Deutschen Ritterorden ausgegangen, durch welches Verhält=
niß das Alter der Denkmale von selbst bestimmt wird. Die
Gothik des vierzehnten Jahrhunderts herrscht vor, und es schreiben

sich nur wenige Gebäude aus der Letztzeit des dreizehnten Jahrhunderts, wobei selbstverständlich Werke streng romanischen Stiles nicht vorkommen. Die Anzahl der in verhältnißmäßig kurzer Zeit vom Orden gegründeten Städte und Schlösser grenzt ans Wunderbare, dabei sind die Bauten äußerst solid ausgeführt und tragen ein stolzes, ritterliches Gepräge. Die Kirchen zeichnen sich durch schlanke, kühne Hallen aus, von denen nur die Dome zu Königsberg und Frauenburg, dann die Hauptkirchen in Kulm, Thorn, Marienwerder und die vorzüglich schöne Dominicanerkirche in Danzig angeführt sein sollen.

In noch höherm Grade tritt das ritterlich glänzende Wesen in den Ordensschlössern und Burgen, wie Heilsberg, Rheden, Ragnit u. s. w. hervor: an diese schließen sich zahlreiche Stadtthore, Rathhäuser und Kaufhallen an, von welchen letztern der Artushof in Danzig wegen seiner zierlichen Netzgewölbe berühmt ist. Als Krone aller Bauwerke in der Provinz Preußen verdient Marienburg, die Residenz der Hochmeister, eine etwas ausführlichere Beschreibung.

Der Bau des Schlosses Marienburg an der Nogat wurde bereits um 1275 begonnen und zeigt in seinem ältesten Theile, der Hochburg, noch romanische Anklänge. Die Hochburg gruppirt sich um einen viereckigen mit Kreuzgängen umzogenen Hofraum und enthält die einschiffige frühgothische Marienkirche mit dem Kapitelsaale. An diese Partie wurde im Laufe des vierzehnten Jahrhunderts ein weitläufiges Mittel= und Niederschloß angefügt, in welchem sich die Wohnungen des Großmeisters und der Ritter, dann die beiden Remter nebst vielen Wirthschaftsräumen befinden. Die Wohngelasse des Großmeisters und die Remter sind von unvergleichlicher Schönheit und zeigen eine so edle Durchbildung des gothischen Stiles, wie sie an Profanbauten nicht wieder getroffen wird. Die Außenseiten aller Gebäude sind schlicht, festungsartig gehalten und mit Zinnen bekrönt, welche selbst an der Kirche und ihrem schlanken Glockenthurme nicht fehlen.

Neben der Alhambra, diesem Juwel maurischer Architektur, besteht in Europa kein mittelalterlicher Residenzbau, welcher in Bezug auf Formenreinheit und consequente Durchbildung auch nur entfernt dem Schlosse Marienburg zur Seite gestellt werden könnte.

VIII. Von deutscher Art und Kunst.

Malerei und Bildhauerkunst wurden zwar in den Ordenslanden geübt, doch scheint eine förmliche Schule gefehlt zu haben. Dafür entschädigen musivische Arbeiten, welche um so mehr überraschen, weil mit Ausnahme eines großen Mosaikbildes am Dome zu Prag solche Kunstgebilde in Deutschland nicht vorkommen.

Eine traurige Erscheinung, welche in der zur größern Hälfte von Polen bewohnten Provinz Westpreußen zu Tage tritt, darf nicht verschwiegen werden: der Nationalitätshader steht hier wie in dem angrenzenden Posen in giftigster Blüte. In diesen Gebieten, welche erst durch die Theilung Polens mit Deutschland in nähere Berührung gebracht wurden, kann man am augenscheinlichsten die Wirkungen des deutschen Culturlebens nachweisen. Während die rein polnischen Orte von Schmutz starren und Herde von Seuchen sind, erkennt man die deutschen Dörfer von weitem an schönen Baumpflanzungen und Gärten. Hier Wohnlichkeit und gefüllte Scheuern, dort Armuth und oft Hungersnoth. Daher finden die von der polnischen Adelspartei veranstalteten Hetzereien bei dem Bürger- und Bauernstande in letzter Zeit keinen Anklang mehr. „Gott behüte uns vor der Junkerwirthschaft!" sagten die Bürger in Gnesen und Posen, als der polnische Aufstand des Jahres 1830 einen glücklichen Erfolg zu versprechen schien. Nirgends wurde der in Frankreich und Deutschland so aufrichtig betrauerte Fall von Warschau kühler aufgenommen als in obigen Städten.

Alle großen Männer, welche aus der Provinz Preußen hervorgegangen sind, waren Deutsche und von deutschem Geiste beseelt: Kopernicus und Kant, die Begründer der freien Wissenschaft, Gottfried Herder, der unermüdliche Arbeiter im Weinberge des Herrn, Chodowiecki mit feingespitztem Griffel und Max von Schenkendorf, der liederkundige Held.

Brandenburg.

Der Mittelpunkt des preußischen Staates wird durch das Stammland Brandenburg gebildet; um dieses schöne und abgerundete Gebiet legte sich nach und nach ein weiter Gürtel von blühenden Provinzen herum. Wie es gekommen, daß der Staat in seiner Gesammtheit nicht den Namen Brandenburg, sondern Preußen erhalten hat, ist räthselhaft. Ursprünglich ein suevisches Land, wurde Brandenburg nach der Völkerwanderung durch slawische Stämme, Wilzen, Heveller, Uker und Obotriten in Besitz genommen. Karl der Große unterwarf diese Völker, gegen welche Heinrich der Vogelsteller noch einmal mit großer Strenge vorgehen mußte, indem er, wie es in Obersachsen geschah, die stets meutrischen Slawen in andere Gegenden versetzte und deutsche Colonisten herüberverpflanzte. Um das Land vor fernern Angriffen zu schützen, gründete dieser Kaiser die Markgrafschaft Nordsachsen, zu welcher nebst einigen andern Gebieten ganz Brandenburg gehörte. Albrecht der Bär, welchen Kaiser Lothar II. im Jahre 1133 mit dieser Markgrafschaft belehnte, war der erste, welcher sich Markgraf von Brandenburg nannte. Im spätern Mittelalter war das Land der Schauplatz langwieriger Fehden und Verwirrungen, bis es zwischen 1415 — 17 an das Haus Hohenzollern gelangte und unter diesen durch verbesserte Landwirthschaft und Industrie sich bald zu einem der wohlhabendsten Reichsländer erhob.

Die Bevölkerung ist vorwiegend sächsischen und fränkischen Stammes, doch sind thüringische, süddeutsche und slawische Abkömmlinge allem Anschein nach schon seit Gründung der nordsächsischen Mark untermengt, sobaß der Brandenburger zwischen den deutschen Nationalcharakteren die Mitte einhält und vom Rheinländer die Beweglichkeit, vom Sachsen das gleichmäßige Schaffen angenommen hat. Der Dialekt ist nichts weniger als angenehm, und es stört besonders das fortwährende Zwischentönen des R=Lautes, welches in der Gegend von Berlin am auffallendsten hervortritt. Der Volksgesang ist, wie überhaupt im nordöstlichen Deutschland, ziemlich farblos, desto lebendiger haben sich die Erinnerungen an Friedrich den Großen, an seine

Heldenthaten und segenvolle Regierungszeit erhalten. Man hört noch überall:

> Vom sternenvollen Himmel sahn
> Schwerin und Winterfeldt u. s. w.

Mit Recht der Einzige genannt, fühlte und wirkte der große König trotz seiner französischen Aeußerlichkeit ganz und gar im deutschen Geiste; er war es, welcher die hetrogenen Bestandtheile Preußens zu einem einheitlichen Staate zu verschmelzen wußte, der die Deutschen wie die Slawen an sein Banner fesselte und zwar nicht durch unmittelbares Eingreifen, sondern durch den Zauber seiner Persönlichkeit. Nachdem bereits sein Vater, König Friedrich Wilhelm I., die Lage Preußens richtig aufgefaßt und den Schwerpunkt seiner Macht nach Deutschland zu verlegen sich bestrebt hatte, führte Friedrich II. diesen Plan mit Consequenz durch und hinterließ nach sechsundvierzigjähriger Regierung ein wohlgeordnetes um 1330 Quadratmeilen vergrößertes Reich, welches durch ihn zum Großstaat und Herzen Deutschlands erhoben worden ist. Friedrich's Geist war es, welcher dem Volke jene wunderbare Elasticität verliehen hat, daß es in kurzer Zeit nach den Unglücksfällen von 1806 größer und gewaltiger bastand als je vorher.

Selbst die kürzlich bewerkstelligte Einigung Deutschlands und die über alle Beschreibung riesenhaften Erfolge dieser Vereinigung lassen sich ohne Deutelei auf das von Friedrich II. angebahnte System zurückführen: die gegenwärtig handelnden Hauptpersonen scheinen die geheimsten Pläne des großen Königs erlauscht und mit Glück durchgeführt zu haben. Ausgerüstet mit unermüblicher Thätigkeit, beseelt von glühendem Rechtsgefühl, war der edle Fürst ein Tobfeind jeder wie immer gearteten Corruption und hat in dieser Hinsicht den Anschauungen des deutschen Volkes den bündigsten Ausdruck verliehen. Sein denkwürdiges Wort, daß er als Regent nur der erste Diener des Staates sein wolle, konnte ihn nur zum Gegenstand der begeistertsten Liebe und Verehrung machen.

Das Land Brandenburg besitzt, weil es viel früher mit dem Deutschen Reiche vereinigt und christianisirt worden ist als Pommern und die preußischen Provinzen, auch bedeutend ältere Baudenkmale. Die Dome der Städte Brandenburg, Havelberg und Stendal, die Stiftskirche zu Jerichau und andere zeigen den romanischen Stil in einfach edler Behandlung; gothische Bauwerke von künstlerischer Bedeutung sieht man in Prenzlau, Tangermünde, Frankfurt an der Oder, Berlin, Brandenburg und andern Orten. Der Ziegelbau ist hier wie im ganzen nordöstlichen Deutschland vorherrschend und entfaltet häufig eine Zierlichkeit und Pracht, wie sie nur vorzüglicher Sandstein zuläßt. Malerei und Bildhauerei wurden zwar geübt, haben jedoch im Vergleich mit der Architektur nur untergeordnete Ausbildung erhalten.

Die neuere deutsche Kunst hat nächst München ihren Sitz in Berlin aufgeschlagen, wo seit den Tagen Friedrich's II. eine ununterbrochene Reihe ausgezeichneter meist einheimischer Künstler thätig war. Zuerst traten auf Schlüter und Knobelsdorff, diesen folgten die beiden Schadow, Schinkel und Rauch, Männer, welche sowol durch ihre eigenen Schöpfungen wie durch die von ihnen geleiteten Schulen eine tiefeingreifende Wirkung ausübten.

Der um die gesammte Kunstforschung hochverdiente Johann Winckelmann, der Romantiker und Novellist Ludwig Tieck, ferner Alexander Humboldt sind Namen, welche der Provinz Brandenburg angehören und die von einem Pol zum andern mit gleicher Achtung ausgesprochen werden.

Schlußbetrachtungen.

Wir haben im flüchtigen Umrisse die deutschen Stämme so geschildert, wie sie sich bei einer Rundreise dem Beobachter darstellen; ein ausführliches Bild lag nicht in unserer Absicht. Nach Art einer Aquarelle sind die Schattenseiten nicht vergessen und die Lichter gehoben worden, auf daß sich die Darstellung abrunde.

Geistiger und materieller Fleiß ist die hervorragende Eigenschaft, welche dem Wanderer zuerst in die Augen fällt, sobald er den Boden Deutschlands betritt: Ackerfelder und Steinbrüche, Moorgründe wie Weinberge beurkunden in gleicher Weise die Emsigkeit der Einwohner. Dieselbe Lust am Schaffen offenbart sich im Kleinen wie im Großen, in Dörfern, Residenzen, Handelsplätzen und Akademien. Wie die deutsche Erfindung des Buchdruckes in der ganzen Welt ihren siegreichen Einzug gehalten hat, so finden auch deutsche Kunst und Wissenschaft überall Eingang und verbreiten sich mit unwiderstehlicher Gewalt trotz aller Anfeindungen, mögen sie nun aus Süden, Westen oder Osten kommen.

Die Kunst verbreitete sich im Gefolge des Christenthums, und die ersten Glaubenslehrer der Deutschen; Severin, Columban, Gallus, Bonifacius, Kilian, Wilibald, sowie viele Bischöfe der Frühperiode, werden als ausübende Künstler bezeichnet. Das erste Bisthum Deutschlands wurde in Trier, der römischen Augusta Trevirorum, gegründet, wo sich allem Anschein nach bereits im dritten Jahrhundert eine christliche Gemeinde gebildet hatte. Hier in der Hauptstadt der Rheinlande waren von den Römern prachtvolle Gebäude errichtet worden und es fand ein ähnliches Verhältniß wie in Italien statt: die erwachende christliche Kunst konnte unmittelbar an die römische anknüpfen. Irgend nachweisbare Fortschritte wurden indeß seit Gründung des einheitlichen Frankenreiches durch Chlodwig (496) bis zum Untergang der Merovinger nicht gemacht; man begnügte sich, vorhandene römische Bauwerke nach Thunlichkeit einzurichten oder aus alten Werkstücken neue Gebäude zusammenzufügen. Karl der Große war deshalb gezwungen, für seine in Aachen und Ingelheim ausgeführten Bauten die Säulen, Capitäle und sonstigen kunstreichen Theile aus Italien herüberbringen zu lassen. Die Werkleute hatte der Kaiser theils aus Rom, theils aus Griechenland (ex omnibus regionibus cismarinis) herbeigezogen: sein Hauptbaumeister aber war Ansegis, Abt des wegen seiner kunstverständigen Mönche berühmten Klosters Vandrille.

Durch die Bauunternehmungen des Kaisers Karl wurde jener Stil, welcher sich in Ravenna während der Regierung des Ostgothenkönigs Theodorich entwickelt hatte, nach den Frankenlanden verpflanzt. Wenn einige Forscher bereits in den ravennatischen Bauten das erwachende deutsche Kunstleben erblicken und den Ostgothen einen unmittelbaren Einfluß auf Entwickelung der mittelalterlichen Kunst zuerkennen wollten, sind diese und viele ähnliche Hypothesen durch die bisherigen Untersuchungen in keiner Weise bestätigt worden. Ein nationales Gepräge spricht sich selbst in den karolingischen Denkmalen noch nicht aus; die Kunstübung ist noch immer eine spätrömische, die wirkenden Künstler und Werkleute sind meist aus Rom oder Byzanz herübergewandert und mit dem Ausdruck Opus romanum wird bis herein in das zehnte Jahrhundert jedes Quadermauerwerk bezeichnet. Erst als die Söhne Ludwig's des Frommen das fränkische Weltreich durch den Vertrag von Verdun (843) getheilt hatten und Deutschland für immer von Frankreich geschieden worden war, begannen nationale Eigenthümlichkeiten in den Kunstgebilden hervorzutreten.

Die drei ältesten, nicht weit voneinander entfernten Metropolitansitze Deutschlands: Trier, Köln und Mainz, übten fortan auf die Entwickelung der Künste sehr bedeutenden Einfluß; von diesen an der Westgrenze des Reiches gelegenen Städten ergoß sich die Culturströmung gegen Osten in derselben Richtung, in welcher sich die fränkischen Eroberungskriege seit Dagobert bewegt hatten. Vor allen hatte das Erzbisthum Mainz einen ungeheuren Wirkungskreis, da sein Sprengel ursprünglich ganz Mitteldeutschland, Böhmen und einen großen Theil der obersächsischen Lande umfaßte, ja sogar bis nach Polen hineingriff. Die eigentlichen Vorkämpfer des deutschen Culturlebens waren und blieben während des frühern Mittelalters die Klöster: in diesen erblühten nicht allein die Schulen für Wissenschaft und Kunst, sondern die Klöster waren auch die eigentlichen Träger deutschen Lebens, welche das meiste beitrugen, daß die im Laufe der Völkerwanderung verödeten und von Slawen besetzten Provinzen wieder dem Mutterlande zugeführt wurden. Neben den Klöstern und im Verein mit diesen wirkten die ritterlichen Orden, vor allen die deutschen Ritter und die mit ihnen verbündeten Schwertbrüder, für Verbreitung der christlichen Religion und der Künste. Das mehr und mehr sinkende karolingische Haus war gegen den Schluß des neunten Jahrhunderts nicht mehr im Stande, große künstlerische Unternehmungen durchzuführen. Die Franken hatten sich überhaupt durch ihre ewigen Kriege und Thronstreitigkeiten allzu früh erschöpft; in Frankreich gingen sie allmählich in der die Mehrzahl bildenden gallischen Bevölkerung auf, während sie in Deutschland die Macht an die durch Karl den Großen unterworfenen Sachsen abtreten mußten.

Bis etwa zum Jahre 900 waren römische Technik und die von Kaiser Karl eingeführte altchristliche Bauweise sowol in den Rheinlanden wie im jenseitigen Francien ziemlich unverändert beibehalten worden; als aber Kaiser Heinrich I., der Sachse, 919—936, in allen Gegenden Deutschlands befestigte Städte anzulegen begann, erhielt die Baukunst in kurzer Zeit ein verändertes, von den römischen Traditionen abweichendes Gepräge. Man hielt zwar im ganzen Abendlande an denselben Elementen fest, welche in Italien zuerst ihren Ausdruck gefunden hatten, aber die Durchbildung dieser Grundlagen wurde auf so verschiedenartige Weise bewerkstelligt, daß der gemeinsame Ursprung oft nicht mehr zu erkennen ist.

In Frankreich, wo der Sinn von je auf Pracht und glänzende Aeußerlichkeit gerichtet war und zahlreiche von den Römern gegründete Städte bestanden, hatten sich die alterthümlich schlichten Formen der von Karl dem Großen ausgeführten Denkmale nie eines allgemeinen Anklanges erfreut; die ornamentistische Ausstattung gewann in diesem Lande bald das Uebergewicht über die architektonischen Grundformen, weshalb jener Stil, welcher heute mit dem Namen der „romanische" bezeichnet wird, zu keiner vollständigen Durchbildung gelangte. Man griff hier mit Vorliebe zu auffallenden, kühn anstrebenden Formen, näherte sich frühzeitig der gothischen Constructionsweise, ohne jedoch ein festes System einzuhalten. Ein ähnliches Verhältniß fand auch in England statt, der einfache altsächsische Stil wurde durch die normännischen Eroberer verdrängt und französischer Einfluß zur Geltung gebracht.

Ganz anders gestaltete sich die Entwickelung der Baukunst in Deutschland: hier waren weder alte Städte noch kunstreiche Römerbauten vorhanden wie in Frankreich und England, sondern man mußte ganz von vorn anfangen und war bei der ungeheuern Anzahl gleichzeitig auszuführender Werke genöthigt, sich auf das Allernothwendigste zu beschränken. Hierdurch erwuchs für die deutschen Baumeister zwar größere Mühe, aber auch der unschätzbare Vortheil, daß sie in ihren Maßnahmen durch keine Rücksichten beirrt wurden. So entstanden in Deutschland Bauwerke von vollendetster Harmonie, bei denen zwar die möglichste Einfachheit der Theile vorwaltend blieb, die aber desto größern Reichthum der Architektonik entfalten. Die Dome zu Speier, Worms, Mainz, Limburg, Braunschweig, Bamberg, die Stiftskirchen zu Laach, Hersfeld, Ribbagshausen, Paulinzelle, Ebrach, Jerichau, Sanct-Maria auf dem Capitol in Köln, Maulbronn in Schwaben, Biburg und Altstadt in Baiern und noch fast unzählige in den Rheinlanden, in Westfalen, Sachsen und Franken befindliche Denkmale sprechen eine so hohe Würde und Formenreinheit aus, wie sie der romanische Stil in keinem andern Lande erreicht hat.

(Dieses Urtheil darf um so mehr als ein unparteiisches angeführt werden, da es von einem der gründlichsten Forscher Englands, dem Archäologen und Architekten Edmund Sharpe, ausgesprochen wurde, welcher Deutschland jahrelang in allen Richtungen durchreist, sich mit deutscher Literatur und Kunst eingehend beschäftigt und den romanischen Baudenkmalen vorzugsweise seine Aufmerksamkeit gewidmet hat.)

Schlußbetrachtungen.

Trotz der entschiedensten Vorzüge genügte die romanische Bauweise mit ihren einfach großartigen Außenseiten und den zwar ergiebigen, aber etwas monotonen innern Räumen dem ritterlichen Sinne unserer Vorältern nicht mehr, als das Reich unter den Kaisern des Hohenstaufenstammes zu nie dagewesenem Glanze erblühte und die religiöse Begeisterung durch die Kreuzzüge aufs höchste gesteigert wurde. Bis in die Wolken sollte das Gotteshaus hineinragen mit prachtvollen Thürmen und Tausenden von Pyramiden. Nun wurde der Tempel in ein luftiges Gerüste umgewandelt, durch dessen hohe Fenster der Himmel mit allen seinen Gestirnen und Heiligen auf die versammelte Gemeinde herableuchten sollte.

Es ist ganz gleichgültig, ob das gothische System zuerst in England, Frankreich, Deutschland oder Italien zur Anwendung gelangte: der Stil gehört der gesammten Christenheit an und alle Völker, selbst die Spanier und Skandinavier, haben ihr Scherflein zur Ausbildung beigesteuert. Die Franzosen und Engländer jedoch, als die neben den Deutschen vorzugsweise Betheiligten, haben die Horizontalität in ihren gothischen Bildungen jederzeit stark betont, während dieselbe in den bedeutungsvollsten deutschen Werken, den Domen zu Köln, Straßburg, Freiburg, Regensburg und Wien, vor allen aber in der höchst geistreich durchgebildeten Katharinakirche zu Oppenheim nur leise angedeutet wurde. Die gänzliche Ausbildung des Systems gehört den deutschen Landen an.

Die gothische Kunst ist als eine kirchliche entstanden und hat diesen Charakter für immer beibehalten. Geheimnißvoll aus dem Tiefinnersten der Erde aufsteigend, strebt der stolze Kirchenbau bis in den Aether, ohne die Anforderungen des Tages, die Bedürfnisse und das Getriebe der Weltkinder im entferntesten zu berücksichtigen. Ob den gothischen Formen solche Bildungsfähigkeit innewohnt, daß sie gleich den griechischen den allgemeinen Bedürfnissen angepaßt werden können, ist eine noch offene Frage. Wenn man nach den in neuerer Zeit ausgeführten gothischen (oft nur gothisch sein sollenden) Bauwerken ein Urtheil über die Verwendbarkeit des Stils für bürgerliche Zwecke abgeben soll, wird dieses in keinem Falle günstig lauten. Nur im Befestigungsbau und den dahin einschlägigen Werken, als Stadtthoren, Wartthürmen und burgenartigen Anlagen sind günstige Resultate erzielt worden, weil dergleichen Gebäude mit den Kirchen insofern übereinstimmen, als hier wie dort ein Abschluß von der Außenwelt erzielt werden soll.

Das gothische Wohnhaus mit seiner schmalen gegen die Straße gekehrten Giebelfronte und den höchst feuergefährlichen Seitendächern ist nicht allein aus dem letztern Grunde, sondern hauptsächlich wegen seiner großen Unbequemlichkeit aufgegeben worden, und alle Bemühungen der Alterthümler werden nicht im Stande sein, die gänzliche Beseitigung zu verhindern. Wenn das Familienleben früherer Zeit in manchen Beziehungen herzlicher und vielleicht auch reiner war, wenn größere Gastfreundschaft geübt wurde als in der Gegenwart, darf dieses nicht den altväterischen Häusern und ihrer Bauart zugute geschrieben werden; das Leben hat wol auf die Entwickelung der Architektur bestimmend eingewirkt, aber Rückwirkungen im verkehrten Sinne haben nur ausnahmsweise und in sehr beschränktem Grade stattgefunden. Was endlich die sogenannte Gemüthlichkeit der gothischen Wohnungen betrifft, überlassen wir dieselbe mit Vergnügen denen, welche sich gern in düstern Kammern treppauf treppeln ergehen und von dem allenfallsigen Schmuz nicht zurückgeschreckt werden. Die Stadt Regensburg, welche ich seit frühester Jugend kenne, zählte im Jahre 1820 noch etwa zweihundert wohlerhaltene frühgothische Häuser, meist dem dreizehnten Jahrhundert entstammend. Eine einigermaßen annehmliche Wohnung war aber in allen diesen Häusern, obwol die meisten von Bischöfen, Patriciern oder Rittern erbaut worden waren, nicht anzutreffen.

Da es im Wesen der gothischen Bauweise liegt, das Licht zu dämpfen und zu zerstreuen, ist es ganz unpassend, Lehranstalten, Museen, Krankenhäuser und andere dem öffentlichen Leben oder der Gesundheitspflege gewidmete Bauwerke in diesem Stile herzustellen; als wirkliches Unding aber ist ein gothisches Theater zu bezeichnen. Wollte man ja ein solches erbauen, wie es einst der talentvolle Karl Heideloff versucht hat, würde nur eine künstlerische Lüge erzielt werden: die Grundform verbliebe stets die

Schlußbetrachtungen.

griechische, welche zuletzt mit gothischem Flitterwerk überkleidet werden müßte. Ueberhaupt stehen Gothik und Oeffentlichkeit im grellsten Widerspruch. Wie einerseits das Hervortreten des einzelnen Individuums, das Sichgeltendmachen der Persönlichkeit nicht im Geiste des Mittelalters begründet ist, so verhindern andererseits die scharfgeschnittenen gothischen Gliederungen jede freie künstlerische Bewegung und insbesondere das Aufblühen einer unabhängigen Malerei und Sculptur. Die gothische Architektur duldet neben sich keine andern als harte, starrgezeichnete Bildnereien und Malerwerke, daher die spindelbeinigen Gestalten der Heiligen mit ihren wie Ackerfurchen gezogenen Gewändern, welche von unsern Domen niederschauen. Wenn man die Werke eines Canova, Thorwaldsen, Rauch oder Dannecker absichtlich ungenießbar machen will, braucht man sie nur auf gothische Piedestale zu setzen. Die Härten, welche den deutschen Malerschulen so schwer anhaften, welche selbst der außerordentliche Genius des Albrecht Dürer nicht abzuschütteln vermochte, sind größtentheils durch die das Licht zerstreuenden gothischen Fenster und die darin angebrachten Glasmalereien hervorgerufen worden.

Dagegen ist und bleibt die mittelalterliche Architektur die einzig entsprechende Ausdrucksweise für den christlichen Kirchenbau; auch eignen sich die verschiedenen Richtungen, welche man heute mit den Namen romanischer, normännischer, früh-, mittel- und spätgothischer Stil zu bezeichnen pflegt, bei consequenter Durchbildung gleich sehr, um in diesem Gebiete ausgezeichnete Leistungen zu bewerkstelligen.

Ist oben ein gothisches Theater als Unding bezeichnet worden, darf auch eine christliche im griechischen Stil ausgeführte Kirche mit demselben Namen belegt werden. Wenn einzelne im Geschmacke des Renaissancezeitalters errichtete Kirchen den ästhetischen und religiösen Anforderungen nachkommen, sind gewiß mittelalterliche Grundformen eingehalten worden, indem nur die Ausstattungen (also Nebensachen) renaissanceartigen Charakter zeigen.

Wer immer die Bedürfnisse, die unendlich wechselnden Anforderungen der Gegenwart kennt, wird gewiß keine Inconsequenz darin finden, daß hier zwei entgegengesetzten Kunstrichtungen das Wort gesprochen, daß die antike Architektur für den Weltgebrauch, die mittelalterliche für die Kirche empfohlen wird. Daß ein für alle Zwecke passender Baustil in Bälde ermittelt werde, erscheint im höchsten Grade zweifelhaft: auch ist es weder Sache des einzelnen Künstlers, allgemein gültige Formen festzustellen, noch kann diese Aufgabe im Laufe eines Menschenalters gelöst werden. Wir erblicken in dieser Thatsache kein Unglück; im Gegentheil scheint es unter den obwaltenden Verhältnissen wünschenswerth, wenn das Göttliche auch in der Körperwelt sich von den werkeltäglichen Erzeugnissen unterscheidet, auf daß in einer vorzugsweise dem Utilitarismus und der Anbetung des Goldenen Kalbes zugewandten Periode die höhern Interessen der Menschheit desto leichter gewahrt werden.

Namens- und Ortsregister.

Aachen. 88.
Abraham. 133.
Achaier. 191—193.
Achämeniden. 181.
Adalbert der Heilige. 268.
Aegeus. 192.
Aegina. 198. 200.
Aegypten. 164.
Aelst, van. 123.
Aeoler. 191. 194.
Aeschylos. 224.
Agelabas. 202. 212.
Agrigent. Akragas. 193. 196.
Ahaliab. 137.
Albano. 14.
Alberti. 6. 223.
Alemannien. 234.
Alexander der Große. 161. 166. 181. 208. 212.
Alexandria. 208.
Alexandrinisches Zeitalter. 206.
Allegri, Ant. da Correggio. 8. 35.
Altkönig (Schloßruine). 142.
Altstadt. 278.
Ammergau. 241.
Ampklea. 197.
Anklam. 268.
Ansegis. 276.
Antonine, die Kaiser. 209. 213.
Antwerpen. 121. 266.
Apelles. 204. 211. 213.

Apollinopolis magna (Edfu). 170.
Apollo vom Belvedere. 77. 213.
Apollodorus. 205.
Apulien. 216.
Arabus. 186.
Araloth. 137.
Araxes. 183.
Arja. Arjavarta. Arier. 164.
Arndt, Ernst Moritz. 268.
Aspasia. 215.
Assyrien. 174.
Astenberg. 258.
Asthages. 181.
Athen. 90. 93. 195. 199. 200. 201. 209. 215.
Atreus. 192.
Attila. 194.
Auersperg, Graf von. 243.
Aurich. 262.
Azteken. 149.

Baals- oder Belostempel. 177.
Babel. Babylon. 92. 174. 175. 183.
Backhuysen. 114.
Baiern. 239.
Baktrien. 180.
Bamberg. 245. 278.
Batavien. 260.
Bautzen. 251.
Bebenhausen. 238.

Bendemann. 9.
Beritus. 186.
Bern. 238.
Bernward, Bischof. 260.
Besigheim. 237.
Bezaleel. 137.
Biburg. 278.
Birs-Nimrod. 177.
Böotien. 192.
Boner, Charles. 241.
Borghesischer Fechter. 213.
Borussen. 268.
Brant, Sebastian. 236. 237.
Braunau. 243.
Braunschweig. 259. 278.
Brentano, Clemens. 246.
Breslau. 251. 253.
Brouwer. 122.
Bruchhausen. 258.
Brügge. 263. 266.
Brüggemann. 262.
Brunelleschi. 223. 264.
Brüssel. 266.
Buddha. 158. 163.
Buonarotti, Michel Angelo. 17. 108. 109. 117. 118. 151. 225.
Bürger. 260.
Byblus. 186.

Cäsar. 132. 143. 147. 237.
Caliari, Paul Veronese. 9. 107. 109.
Capitolinischer Tempel. 221.
Caracci. 9.
Carnac. 139.
Carstens. 9. 262.
Cecrops. Cecropia. 138. 191. 182.
Celle, s. Zell.
Chefren-Pyramide. 171.
Cheops-Pyramide. 171.
Chersiphron. 176. 195.
Chillambrum. 160.
China. 153. 154.
Chios. 194.
Chodowiecki. 271.

Cimon, Feldherr. 200. 215.
Cimon von Kleone, Maler. 199.
Cora, der Herculestempel. 219.
Cornelius. 9. 247.
Correggio, s. Allegri.
Cortez. 149.
Cyklopen. 191.

Dädalus. 193.
Danaus. 138. 192.
Dänemark. 129.
Dannecker. 238.
Danzig. 267. 270.
Daphnis von Milet. 207.
Darius Hystaspes. 181.
Deinokrates. 207. 208.
Dejokes. 180.
Dekan. 156.
Delos. 194.
Delphi. 195. 203. 211.
Derrhi. 166. 170.
Deukalion. 193.
Deutscher Ritterorden. 269.
Didymäon. 207.
Diodor von Sicilien. 184.
Donatello. 225. 264.
Dorau. 239.
Doornick. 266.
Dorer. 191.
Dorischer Stil. 194.
Dow, Gerard. 122.
Dughet. 115.
Dürer. 8. 77. 94. 247.
Dyck, Anton van. 116. 117.

Ebrach. 278.
Eferding. 243.
Eger. 243.
Eichsfeld. 248.
Eichstädt. 140.
Eisenach. 248. 249.
Ekbatana. 180.
Elephanta. 156. 158.
Elgin Marbles. 203.

Elisabeth, die Heilige. 250. 254.
El-Kaſr. 177.
Ellora. 156. 162.
Elſaß. 236.
Emden. 262.
Epheſus. 176. 194. 197. 200.
Erechtheus. 192. 193.
Erechtheon. Pandroſeon. 90. 201. 207.
Erfurt. 248. 249.
Erwin von Steinbach. 236.
Erzgebirge. 251. 252.
Eßlingen. 238.
Eſſen. 259.
Etrurien. 216.
Etruriſcher Bauſtil. 218. 223.
Euphranor. 211. 213.
Euphrat. 174. 176.
Euripides. 224.
Eyck, Hubert, Jan, Margaretha. 263. 264. 265.

Farneſiſcher Hercules. 213.
Fichtelgebirge. 239.
Fieſole. 118.
Flandin. 175.
Flaviſches Amphitheater (Coloſſeum). 220.
Florenz. 87.
Franken. 238. 244.
Frankfurt am Main. 245.
Frankfurt an der Oder. 274.
Frauenberg. 270.
Freiberg. 253.
Freiburg. 89. 238. 278.
Freiſing. 244.
Friedrich der Große. 272.
Friesland. 229. 260. 261.
Fulda. 245.

Galilei. 29. 53.
Gelée, Claude Lorrain. 9. 54. 115.
Gellert. 254.
Gent. 263. 266.
Gerhardt. 254.

Germanicus. 143.
Ghatgebirge. 156.
Ghiberti. 225. 264.
Giganteum. 216.
Giorgione. 116.
Giotto. 94.
Girſcheh. 166.
Gizeh. 171.
Glaukos. 133.
Glykon. 211.
Goldene Aue. 248. 249.
Goſen. 136.
Gotha. 248.
Goethe. 13. 40. 51. 55. 56. 59. 61. 106. 247. 249.
Gothiſcher Stil. 280.
Gottfried von Straßburg. 236.
Greifswald. 267.
Griechenland. 190.
Grillparzer. 243.
Grimm, Hermann. 118.
Guttenberg. 217.
Gutrun (Dichtung). 262.

Habsburg, das Schloß. 236.
Hadrianus. 143.
Halberſtadt. 257.
Halligen. 261.
Havelburg. 274.
Hebel. 237.
Hedwig, die Heilige. 253. 254.
Heem, Cornelius und David. 123.
Hegias. 202.
Heilbronn. 237.
Heilsberg. 270.
Heine. 13. 260.
Heinrich I., der Finkler. 250. 277.
Heinrichau. 253.
Helbrungen. 248.
Heliand (Dichtung). 259.
Hellespont. 181.
Hephäſtos. 193.
Herculanum. 130.
Herder. 249. 271.

Hermann von Thüringen. 249.
Herodot. 165. 167. 176. 177. 185.
Hesiod. 133. 224.
Hessen. 244. 247.
Hildesheim. 259.
Hinbukuh. 176.
Hippodamia. 192.
Hiram aus Tyrus. 134. 187.
Hobemma. 114.
Hoffmann von Fallersleben. 260.
Hohenstaufen. 239.
Hohenzollern. 239. 272.
Holbein der Jüngere. 93.
Holstein. 229.
Homer. 126. 133. 193. 198. 224.
Humboldt, Alexander von. 3. 66. 274.
Hundsrück. 228.
Hutten. 247.
Hyksos. 166.
Hypogeen. 169.

Iktinus. 201. 207.
Ilissustempel. 201.
Indien. 155.
Indogermanischer (kaukasischer) Stamm. 80. 150. 180.
Indus. 180.
Innsbruck. 229.
Ipsambul. 166. 170.
Iran. 174.
Isarthal. 242.
Japan. 155.
Jena. 248.
Jerichau. 274. 278.
Jerusalem. 187.
Jonien. 191.
Jonischer Stil. 194.
Josua. 137.

Kadmus. 138. 192.
Kailasa. 157.
Kairo. 171.
Kalamis. 202.
Kallar. 259.

Kallikrates. 201.
Kambyses. 166. 181.
Kammin. 267.
Kampaspe. 212.
Kanaan, s. Phönizien.
Kant. 271.
Karl der Große. 276. 277.
Karli. 156. 158.
Karnak. 168. 169.
Karthago. 189.
Kaulbach, Wilhelm von. 9.
Kenneri. 156.
Kepler. 238.
Khorsabat. 175.
Kleinasien. 176. 185.
Kleist, Heinrich von. 268.
Kleopatra. 166.
Klopstock. 260.
Knobelsdorf. 274.
Kobell, von. 243. 245.
Kobern. 88.
Kokalos. 193.
Kolmar. 228. 238.
Köln. 88. 89. 247. 278.
Königsberg. 269. 270.
Kopernicus. 60. 271.
Korinth. 196. 199.
Korinthischer Stil. 208. 220.
Körner. 225.
Korvei. 259.
Kos. 221.
Kreta. 183. 194. 200.
Kugler. 268.
Kurnah. 168. 169.
Khazares. 181.
Kyffhäuser. 248.

Laach. 278.
Laber, Habamar von. 243.
Laibach. 239.
Landshut. 240.
Laokoongruppe. 10. 77. 213.
Lausitz. 255.
Layard. 175.

Lech. 237. 239.
Leipzig. 251.
Lenagrotte. 158.
Lepsius. 165.
Lessing. 255.
Liesborner Meister. 260.
Limburg an der Lahn. 278.
Lindos. 197.
Linz. 242.
Löwen. 266.
Lübeck. 257.
Luther. 249. 250.
Luxor. 168. 169.
Lysikrates-Denkmal. 208.
Lysippos. 10. 211. 213. 224.

Magdeburg. 245.
Mahamalaipur. 156.
Mahmed von Baktrien. 159.
Mainz. 227. 245. 278.
Manetho. 165.
Marbach. 237.
Marburg. 249.
Marienburg. 270.
Marienwerder. 269. 270.
Masaccio. 225. 264.
Maulbronn. 238. 278.
Mecheln. 266.
Mecklenburg. 255.
Mediceische Venus. 77. 213.
Medinet-Abu. 168.
Medo-Persien. 180.
Meilen, Pfahlbau. 130.
Meinwerk, Bischof. 260.
Memel. 269.
Memnonsbild. 169.
Memphis. 165.
Menes. 165.
Mengs, Rafael. 255.
Merseburg. 248.
Meschede. 141.
Metagenes. 176. 195.
Mexiko. 149.
Midas-Denkmal. 185.

Mieris. 122. 123.
Mignon. 123.
Milon. 205.
Milet. 193. 194. 207.
Miller, Ferdinand. 243.
Miltiades. 199. 215.
Mitla. 149.
Mnesikles. 201.
Moriah. 187.
Moses. 19. 126. 136. 138.
Müller, Moritz. 54.
Münster. 257.
Mycherinos-Pyramide. 171.
Mykale. 199.
Myron. 200. 202. 203. 212.

Nanking. 154.
Napoleon I. 165.
Naumburg. 248.
Nebukadnezar. 175. 176. 181.
Necho. 176.
Neer, van der. 114.
Neuötting. 243.
Newton. 29. 51. 58. 59.
Nibelungenlied. 259.
Niedersachsen. 255. 259.
Nike-Apteros-Tempel. 201.
Nil. 164.
Nimrod. 175.
Nimwegen. 259.
Ninive. 92. 175. 178.
Ninus. 175.
Niobidengruppe. 77. 151.
Nuraghen. 216.
Nürnberg. 89. 247.

Obersachsen. 250.
Odilienberg. 141.
Odysseus (dessen Wohnhaus). 196.
Oldenburg. 257.
Olympia, Tempel des Jupiter. 93. 202.
Ombos. 171.
Onatas. 205.

Oppenheim. 279.
Ostade. 122.
Oesterreich. 239.
Ostfriesland. 262.
Ostpreußen. 266.
Osterwyck, Maria van. 123.
Otto I., der Große. 251.
Oudenarde. 266.

Paderborn. 259.
Päonios. 207.
Pästum. 196.
Palenque. 149.
Palästina. 176. 185.
Pamphilos. 211. 213.
Panänos. 205.
Pantheontempel. 219.
Paphos. 189.
Parma. 120.
Paropamisus. 164.
Parrhasios. 205. 212.
Parthenon. 201. 203.
Pasargaba. 181.
Passau. 242.
Paulinzelle. 278.
Pausanias. 242.
Peking. 154.
Pelasger. 191. 216.
Pelops. Peloponnes. 176. 191. 192.
Perilles. 200. 215.
Perikleisches Zeitalter. 199 fg.
Persepolis. 181. 184.
Persien. 180.
Phibias. 10. 76. 93. 94. 200. 212. 215. 224.
Phigalia. 201. 207.
Philä. 171.
Philipp von Macedonien. 208. 215.
Phönizien. Kanaan. 185. 186. 187.
Piloty, von. 9. 243.
Pisistratos. 195.
Platen, Graf von. 243.
Plato. 224.
Plinius. 173. 174. 176. 184. 212.

Polygnot, der Maler. 94. 200. 204. 205. 212.
Polyklet. 76. 200. 202. 203. 212. 224.
Pommern. 266.
Pompeji. 9. 130. 213.
Popp, Babette. 140.
Poussin. 115.
Pozzo. 120.
Praxiteles. 10. 118. 151. 162. 210. 213. 224.
Prenzlau. 274.
Preußen. 268.
Prienne. 207.
Prometheus. 193.
Psammetich. 175. 185.
Ptolemäus, Lagus. 166.
Ptolemäisches Zeitalter. 170.
Pygmalion. 193.
Pyritz. 267.
Pythagoras, der Bildhauer. 202.
Pytheus. 207.

Quedlinburg. 259.

Raabfluß. 239.
Rablstein (Berg). 141.
Rain. 239.
Ramisseram. 160.
Ramses. 166. 170. 174. 185.
Rafael Sanzio. 8. 93. 116. 119. 151.
Rasener, s. Etrusker.
Rauch. 274.
Ravenna. 88.
Regensburg. 240. 243. 279.
Rembrandt. 35. 117. 121. 122.
Reutlingen. 238.
Rhein. 246.
Rhodos. 194. 200. 207.
Rhökos. 133.
Ribbagshausen. 278.
Riesengebirge. 251.
Rigi. 110.
Robbia, Lucca della. 225.
Rom. 88. 90. 216. 220. 221.

Romanischer Stil. 278.
Rosa, Salvator. 115.
Rubens. 9. 114. 117. 121. 123.
Rudolf von Habsburg. 236.
Rudolstadt. 248.
Rügen. 230.
Runge. 32.
Ruisch, Rachel. 123.

Sachs, Hans. 247.
Saftleeven. 115.
Salamis. 199.
Salisbury. 139.
Salona. 88.
Salomo. 134. 138.
Salomonischer Tempel. 187 fg.
Salsette. 156.
Samos. 176. 194. 195. 200.
Sanct-Gallen. 237.
Sardinien. 216.
Sardis. 176. 195.
Sarto, Andrea del. 8.
Schadow. 274.
Schaffhausen. 237.
Schaffner. 238.
Schallen. 54.
Scheffler. 254.
Schenkendorf. 271.
Schiller. 14. 19. 106. 238. 249.
Schinkel. 274.
Schlegel. 260.
Schleich. 243.
Schlesien. 254.
Schleswig. 260.
Schlettstadt. 238.
Schlüter. 274.
Schön (Schongauer). 236.
Schopenhauer. 51. 61. 65.
Schühlein. 238.
Schwaben. 234.
Schwanthaler. 243.
Schwarzwald. 235.
Seibert. 141.
Selinunt. 196. 198.

Semiramis. 175.
Servius Tullius. 219. 222.
Sesostris, s. Ramses.
Sethos. 166. 169.
Seume. 254.
Shakspeare. 51.
Sharpe, Edmund. 278.
Sicilien. 216.
Sickingen. 247.
Sidon. 186.
Sikyon. 199. 200. 211. 212.
Skopas. 151. 204. 206. 213.
Snyders. 123.
Soest. 255. 259.
Sogdianien. 180.
Sokrates. 215. 225.
Soleb. 169.
Solon. 224.
Sparta. 206.
Speier. 245. 278.
Spervogel. 243.
Stargard. 267.
Steen, Jan. 122.
Steier, Steiermark. 243. 244.
Stendal. 274.
Stephan von Köln. 247.
Stettin. 267.
Stiftshütte. 136.
Stolpe. 267.
Stonehenge. 139.
Stralsund. 267.
Straßburg. 84. 86. 228. 236. 238. 278.
Straubing. 240.
Sundgau. 228.
Sürlin. 238.
Susa. 180.
Swinemünde. 267.
Sypilos (Berg). 186.
Syrakus. 196.
Syrien. 175.

Tacitus. 134. 138. 147. 243.
Tanfana. 147.
Tangermünde. 274.

Tarquinius I. 222.
Tarquinius II. 222.
Tauber (Fluß). 237.
Telephanes. 199.
Teniers. 122.
Teos, Tempel. 194.
Theben in Aegypten. 91. 166. 168. 169. 215.
Theben in Griechenland. 197.
Thegea. 206.
Themistokles. 199. 215.
Theodoros. 133. 176. 195.
Theseus. 192.
Theseustempel. 200.
This. 165.
Thorn. 270.
Thorwaldsen. 9.
Thrazien. 181.
Thüringen. 248.
Thutmosis. 166. 174.
Tiberius. 143.
Tibet. 155.
Tieck, Ludwig. 274.
Tigris. 174. 180.
Timanthes. 205.
Tirol. 242.
Tivoli. Vestatempel. 219.
Tizian. 8. 9. 35. 107. 116. 117.
Tolteken. 149.
Tölz. 241.
Trasyllus-Denkmal. 208. 209.
Triebses. 268.
Trier. 245.
Troja. Trojanischer Krieg. 193.
Tschin-Wang. 154.
Tuballain. 133.
Tyrus. 186.

Uhland. 14. 237.
Ukermünde. 268.
Ulm. 238.
Umbrien. 216.
Usedom. 267.
Urmal. 149.

Veji. 221. 223.
Belasquez. 117.
Velde, Wilm van der. 114.
Veronese, s. Caliari.
Vinci, Lionardo da. 8. 77. 93.
Vischer, Peter. 247.
Vitruvius. 4. 76. 195. 218.
Vogelweide, Walther von der. 243.
Voß. 260.

Waldstädte. 235.
Wasgau. 228.
Wechselburg. 253.
Weimar. 248.
Weinsberg. 237.
Weitzmann. 237.
Werner von Tegernsee. 243.
Wernigerode. 257.
Westfalen. 255.
Westpreußen. 266.
Wieland. 249.
Wien. 243. 279.
Wilhelm von Köln. 247.
Windelmann. 77. 274.
Windethurm in Athen. 209.
Wolgast. 267.
Wollin. 267.
Worms. 278.
Würzburg. 245. 246.
Wynants. 114.

Xanten. 259.
Xanthus. 198.
Xerxes. 180. 181.

Ypern. 266.

Zeitblom. 238.
Zell, Celle. 258.
Zeuxis. 205. 213.
Zieblanb. 243.
Zittau. 251.
Züricher See. 144.

Berichtigungen.

Seite 39, Zeile 16 v. u., statt: Farbentöne, lies: Farbenlehre
» 116, » 10 v. u., ft.: Porträtbüsten, l.: Porträtbilder
» 148, » 7 v. u., ft.: Tercalli, l.: Teocalli
» 204, » 10 v. o., ft.: Taelgemälde. l.: Tafelgemälde